ICU
リベラルアーツの心

回想のワース先生

回想のワース先生編集委員会

東信堂

■ 若き日のワース先生

ワース先生、後列右から2番目、イェール大学にて、アーネス・ポラード研究室のメンバーとともに。
1946-1949

ワース先生、ワシントンD.C.のご両親の家にて、アマチュア無線機と一緒に。

ケンタッキー州ベリア・カレッジのキャンパスにて、中央がワース先生、物理教室主任ワルドマー・ノル博士とともに。

■ 新しい家族

1948年のクリスマス。最初のお子様、ドナルド・バクスター（ドニー）とともに過ごすワース先生ご一家。ワシントンD.C.のご両親の家にて。

イェール大学学生寮、終戦直後結婚されたワース先生と奥様のアーディスさんの家となった。1947年夏−1950年夏。

ネブラスカにある奥様のご実家アーチ・W・バクスターの家。ここには、原島博士、久保田博士、金原博士らの先生方が訪れた。

■ ワース先生、ICUへ

コロラドにて、奥様のアーディスさんのご兄弟とその家族に会った。これからワイオミング、チェイニーを経て、日本への旅が始まる。ワース先生ご夫妻とお子様たち。(ドナルド・B、キャロル、アン)

1954年夏、ICU（キャンパスマップ）の前に立つワース先生ご夫妻。1953年9月に生まれた、次女アン・エリザベスとともに。

1954年。ICU本館の屋上にて、ワース先生ご一家、富士山を背景に撮影する。左から、アーディス、ドナルド・B、キャロル、アン、ワース先生。

1963年当時のワース先生ご夫妻。

■ ご家族と一緒に

1958年当時のワース先生ご一家。

ワース家の4人の子供たち。
　上左　ドナルド・B・ワース
　上右　キャロル・M・ワース
　下左　アン・E・ワース
　下右　ディビッド・S・ワース

1965年。ワース家家族写真。
　キャロル(15歳)、ドナルド・B(17歳)、
　ディビッド(10歳)、アン(12歳)

■ 活躍されるワース先生

ICU 着任間もない頃の
ワース先生。

第1期卒業時に。
当時の自然科学科
スタッフ勢揃い。

自然科学科第5期の卒業式
にて。
ワース先生ご夫妻、原島鮮
先生ご夫妻と一緒に。

■ 活躍されるワース先生

卒業を祝福して。ワース先生と青井浩也氏。

教会で歌うワース先生と奥様。

ワース先生のお宅には、たくさんのアドバイジーが訪れた。

エリザベス・グレー・バイニングさんとともに。
左から、篠遠先生、バイニング夫人、篠遠夫人、ワース先生。

vii

■ 理学館の建設に力を尽くされるワース先生

1966年3月理学館の建設が始まる。背景はICU本館。

ヘルメット姿のワース先生。

理学館建設のための会議。ワース先生、鵜飼信成学長、ショーラック財務副学長、細木盛枝管財部長、設計者稲富昭氏らもご一緒に。

1967年完成した理学館。

■ ワース先生、理学科での活躍

理学館での物理学実験。真空蒸着装置を前に学生に講義をされるワース先生。

毎年、5月に新入生とともに行くフレッシュマン・リトリート。野崎先生と一緒にアイスクリームを頬ばる。

フレッシュマン・リトリートでホームランを飛ばすワース先生。

ix

三宅彰先生とワース先生の還暦のお祝いの会にて。物理教室の先生方と一緒に、ICU大学食堂で。

数学教室にいらしたゴールド先生とそのご家族を囲んで。1985年頃、理学科スタッフ勢揃い。

1985年6月の「八期会」にワース先生は出席して下さった。

■ワース先生退職記念会

1989年3月。ワース先生は定年退職を迎えられた。先生が設計された理学館大講義室にて、最終講義を。

お茶の水のガーデンパレスで開催された退職記念パーティー。100人を越える多数の人々がかけつけた。卒業生の高須賀氏が感謝の言葉を述べる。

最終講義の後で。さわやかな表情のワース先生と奥様。

■ 退職後のワース先生

2003年、ICU創立50周年の折に、ワース先生は大学から招かれてICUにいらした。卒業生や理学科のスタッフと大学食堂にて。

ワース先生の歓迎パーティーで、マーク・グリンフィールド先生と大学食堂イーストルームにて。

退職後来日されたワース先生を囲んで。1〜3期生が集まって楽しい一時を過した。

2007年7月28日、ワース先生は天に召された。2007年11月3日、理学倶楽部の発足と理学科ホームカミング（NS Home Coming）が、理学館大講義室で行われた。ご子息のディビッド・ワース氏が、会に出席、ワース先生のお話をして下さった。

建設に際してワース先生が心血を注がれた理学館。

教養学部長時代のワース先生。

はじめに

吉永契一郎

　かつて司馬遼太郎は、キリスト教宣教が低調でありながら、キリスト教主義学校が栄える日本の不思議について述べたことがある(「新島襄とザヴィエル」1990)。確かに、日本の高等教育界においてキリスト教主義大学の果たす役割は、クリスチャン人口の割合に比して極めて大きい。

　しかしながら、キリスト教主義大学の本来のあり方は、リベラルアーツ・カレッジであると考える筆者のような者にとっては、日本のキリスト教主義大学の教育は徹底さを欠いているように見える。アメリカ・ウォバッシュ・カレッジ(Wabash College)のリベラルアーツ研究センターは、「リベラルアーツ・カレッジ」を、

1. 大学の理念・伝統が、職業訓練よりも、知育の開発に重きを置くこと。
2. 学生に対して、カリキュラムやキャンパス環境が一貫性を与えること。
3. 大学の理念・伝統が、教室の内外において、学生間・学生と教員間の交流を強調すること。

と定義している (*"Defining Liberal Arts Education,"* 2004)。これらの定義に従えば、狭隘なキャンパスで、大人数の学生に対して、法律学や経営学のような実用的な教育を一方的に行っている多くのキリスト教大学は、リベラルアーツ・カレッジではないということになる。

　だが、明治以降、絶えず排外主義の脅威にさらされ、脆弱な経営基盤の下で、地位向上を図ってきたキリスト教主義学校に対して、このような判断を下すのは厳し過ぎるかも知れない。また、教養教育よりも「パンのための学問」を求めたのは学生自身に他ならない(天野郁夫『学歴の社会史』1992)。そのため、戦後、国際基督教大学 (ICU) がリベラルアーツ・カレッジとして出発するためには、財政基盤の確立や占領軍の支持を得たキャンパス取得に加えて、大

学教育理念の根本的な転換とその理念を実現する教学システムの導入が必要だったのである。

2007年11月5日、ICU教会で開催されたワース先生の追悼記念礼拝では、永田牧師、スティール先生、広瀬先生、卒業生の宮内さんから、ワース先生についての心暖まる思い出をうかがうことができ、改めて先生のお人柄が偲ばれた。その数日後、本館の非常勤講師控え室で、絹川久子先生からはワース先生が手記を残されているということを教えて頂いた。筆者は、早速、図書館でその手記を閲覧し、ICU成立事情の一端を知ることができたように思ったのである。

ワース先生の手記 *Life Journeys* によれば、初期のICUには、短期・長期を含めてミッショナリー・スカラーが数多く在籍しており、アドミニストレーターとして、教学事項の基本的なデザインに関わっていた。後に、ワース先生が全米各地で再会されるのはこのような方々である。同じような教員を数多く抱えることは、アメリカの大学においても簡単にできることではない。出身大学からうかがえるように、彼らはキリスト教主義大学を日本に実現するためのオールスターであった感が強い。

ICUの実際の運営においては、アメリカ側と日本側で意見の対立もあったようである。ワース先生は、教授会における「根回し」や9月生に対する不信感への違和感を表明されているのみだが、選抜性を高めて入学後は自由放任という日本のエリート主義の伝統や、研究成果の披露が最上の教育とする研究至上主義、「自由と孤独」を基調とする大学教員のあり方など日本の伝統的な高等教育観はすべてリベラルアーツと対立する。高等教育機会の拡大・教養教育・単位制・双方向授業など戦後の新制大学構想は日米合作であると言われるが、日本においては、ICUにおいてのみそれらが実現できたのは、運営面にアメリカ人教員が深く関わったからであろう。

また、ワース先生の手記は財政面の背景も明らかにしてくれる。ICUの設立に際しては、日本側の募金がアメリカ側からの募金を上回ったことばかりが強調されるが、設立後もキャンパスの主な建物は、北米の教会からの援助で建設されたこと、また、かなり後になるまでノン・ジャパニーズ教員の給

料はアメリカ側負担だったことなどが明かされている。そのような財政的支援がなければ、リベラルアーツの特色である少人数教育を維持することは不可能であったろう。ICUにはキリスト教主義大学の連合大学院となる構想や、医学部・農学部を設立する構想もあったようである。しかしながら、結果的に、学部教育中心にしたことが、戦後日本の高等教育界に足跡を残すこととなった。

　そして、手記は、何よりワース先生ご自身のことを明らかにしてくれる。活動的で、他人への配慮に満ちたワース先生は、あまり御自身のことを語る方ではなかった。ブルックリン生まれで世界大恐慌時代に少年時代を過ごされ、カーネギー工科大学は早期卒業であったこと、戦時中は海軍の研究所に勤務されていたこと、G.I.ビル（復員兵援護法）でイェール大学大学院に進学されたこと、イェール大学神学部の宣教師たちとの交流を通じて宣教師を志願されたこと、当初の赴任先は南京大学の予定であったこと、チャリティ機関として著名なベリア・カレッジに勤められていたこと、シカゴ大学で一般教育の研修を受けられたことなどは、アメリカ教育史にとっても貴重な証言であるように思われる。

　特に、赴任先がICUに変更になったことに関して言えば、中華人民共和国成立後、キリスト教会による宣教師の派遣や支援の対象が、中国から日本に変更された事例は多い。ユナイテッド・ボードがICU支援に力を注ぐことができたのも、中国においてキリスト教主義大学が共産党に接収されたからである。

　また、ワース先生には中学校時代のアルバイトから、大学・大学院に通うための奨学金まで、経済的自立の思想が極めて強い。先生は軍事教練や兵役に自ら志願されていることにも示されるように、進んで公のために奉仕されること、自らに制約を課すことを信条とされている。多くの方が回顧されているように、先生の自己犠牲の精神は、ほとんど「聖人」の域にまで達している。

　さらに、手記には先生がキリスト教信仰に導かれたのは、近所に住むスウェーデン人宣教師夫妻によるものであったことも記されている。先生は、

終生、長老派の教会員として過ごされたが、それは、あくまでご自分の選択によるものであり、長老派の知的で寛容な部分に共感されたからである。先生のキリスト教に対する関心は、教義や家族の強制によるのではなく、教会関係者との交流を通じて、自然に育まれたものである。ワース先生の積極性・好奇心の強さは、幼少時からの特徴であるが、ICUにおいても、物理学教室の整備、教養学部長職、理学館建設、日本語教育プログラムの開始、国際交流の開拓等、その関心と活動範囲の広さには目を見張るものがある。そして、その活動力の源泉となっているのは、さまざまな人間と出会うことを生きがいとされる先生の価値観である。

　先生は世の中の「あいまいさ」を受け入れられるようになったのは、長い期間の異文化体験を通じてであると述べられているが、これはICUでの経験を指すものであろう。移民を両親として、東海岸に育ったワース先生が、日本で御活躍され、フロリダの別荘地帯に対する違和感からバークレーを終の住処とされたことは、先生の御生涯を象徴しているように思われる。特に、手記中、御家族で太平洋を眺めながらピクニックをされる光景や、京都御所でお孫さんの成長に目を細められる姿は印象的である。

　だが、残念なことは先生の温情主義ほど規律主義が学生には理解されなかったことである。学生紛争については、ICUやワース先生個人の問題ではなく、社会情勢に巻き込まれた感が強い。しかしながら、学生紛争に対する先生の深い慟哭は、他の出来事が淡々と記述されているが故に際立つ。

　近年、日本においては「リベラルアーツ」という言葉は乱用され、そのイメージだけが利用されている。しかしながら、ICUを可能にしたのは、資金でもキャンパスでもなく、ワース先生のような人材であったことを明らかにするためにも、追悼集の作成を通じて、手記の公表を呼びかけた次第である。賛同して頂いた永田先生・ラッカム先生・高倉先生、そして、追悼文・写真を寄せて頂いた卒業生・教職員の方々、多大なご寄付をして頂いた大口邦雄元学長、絹川正吉前学長、鈴木典比古現学長、また、手記の公表を許可し、昔のお写真を提供して頂いたアーディスさん、スケッチの使用を認めて頂いた佐藤勝昭画伯、出版の労を取って頂いた東信堂下田勝司社長に心からお礼を

申し上げる次第である。

　ワース先生が在職されミッショナリー・スカラーの影響下にあった時代が、ICU の離陸期間であるとすると、現在の ICU は次のフェイズに入っていると言えるであろう。今日の少子化・財政難・新自由主義経済は、今後、明治期にキリスト教主義学校が遭遇した以上の困難を ICU にもたらす可能性がある。また、国際化や教育課程の工夫、キャンパス・アメニティの充実は、時間が経てば、どの大学にも波及して行くものであろう。しかしながら、ICU の真価はキリスト教理念に基づく学生の人格形成に対する関心の蓄積にある。かつて、ウィリアムズ・カレッジの学長を務めたマーク・ホプキンスを讃えるフレーズを借りるならば、"The ideal of ICU is D. C. Worth on one end of a log and a student on the other" ということになろう。

　ワース先生が ICU に残してくれたものを総括するに当たって、最後に柏木義円の言葉を引用したい。1894年、一部に宣教師不要論が広がる中、柏木は日本における外国人宣教師の役割について、次のように述べている。

　「吾人の宣教師諸君に期する所は金力に非ざるなり、其働の成蹟に非ざるなり、実に其の人種生国の異同を忘れたる献身的の精神に在り。吾人鎖国的感念に浸染せしものに、人類同胞の活証を示して其の想念を醒すに至るなり。故に吾人は、吾人に十分の金力あり、宣教師の力を借らずして十分働き得るも、尚ほ外国人たる宣教師を要するなり。況んや今日の如き鎖国的感念未だ去らず、人類兄弟の観念を空漠たる妄想と執持する時に於ては、吾人は特に内外同心の必要を感じるなり（「独立問題に就て」）」。

　ワース先生が来日されたのは、太平洋戦争を挟んで、この言葉から60年後であった。ワース先生が柏木の期待に応えられたことに深く感謝したい。

ICU リベラルアーツの心──回想のワース先生──／目次

はじめに …………………………………………………吉永契一郎…xv

第Ⅰ部　回想のワース先生 ………………………………………3
　ドンちゃんを偲んで …………………………………宮内　邦雄…4
　ドクター・ワース：物理を通して開拓精神を教えて
　　下さった恩師 ………………………………………高須賀　清…13
　ワース先生から学んだこと …………………………安間　総介…23
　ワース先生の「ものづくり」教育 …………………永野　元彦…28
　ワース先生追悼 ………………………………………佐柳　文男…34
　できん坊に奨学金 ……………………………………古林　　宏…48
　ワース先生の思い出 …………………………………神戸　　宏…53
　ワース先生の思い出 …………………………………関口　和寛…59
　ICU とワース先生の思い出 …………………………池田三恵子…63
　ドクター・ワースの思い出 …………………………古屋　安雄…68
　Memories of a Christian Gentleman and a Scholar …………Randy Thrasher…71
　ワース先生の追憶 ……………………………………絹川　正吉…75
　使命感ある良きアメリカ人 …………………………大口　邦雄…81
　ドクター・ドナルド・ワースと ICU 理学科 ………勝見　允行…84
　ICU、ワース先生、トロイヤー先生 ………………北村　正直…90
　想い出すままに ………………………………………鎌島　一夫…101
　ワース先生の下で過ごした 30 年 …………………石川　光男…104
　視覚障害者の受け入れとワース先生 ………………田坂　興亜…110
　ワース先生と ICU への盲人学生受け入れについて ……吉野　輝雄…114
　お隣りのワース先生 …………………………………廣瀬　正宜…119
　地の塩、世の光 ………………………………………川上ヒメ子…122
　Don Worth—A Man of Good Deeds ……………………M. William Steele…127

Reflecting Upon the Life and Times of
　　Donald Calhoun Worth……………………David W. Rackham…130
「宣教師・教師」ワース先生………………………………永田　竹司…146
尊敬するワース先生へ………………………………………髙倉かほる…151
Book in Tribute to Donald C. Worth…………………Ardyce B. Worth…160

第Ⅱ部　わが生涯とICU（35年）……………ドナルドC. ワース著…167
　　　　　　　　　　　　　　　　　　　　　　　吉永契一郎　訳
　第 1 章　ワシントンD.C.での幼年時代 …………………………168
　第 2 章　通った学校 …………………………………………………174
　第 3 章　カーネギー工科大学 ………………………………………179
　第 4 章　二つの進路 …………………………………………………184
　第 5 章　第二次世界大戦 ……………………………………………189
　第 6 章　結　婚 ………………………………………………………192
　第 7 章　ニュー・ヘイブンでの生活 ………………………………195
　第 8 章　ベリア・カレッジとシカゴ大学 …………………………202
　第 9 章　初期のICU …………………………………………………208
　第10章　バージニア大学 ……………………………………………216
　第11章　ICUの発展 …………………………………………………221
　第12章　ウィスコンシン大学マディソン校 ………………………224
　第13章　理学館完成 …………………………………………………227
　第14章　ニューヨーク州立大学ストーニー・ブルック校 ………231
　第15章　学生紛争 ……………………………………………………236
　第16章　ワシントンD.C. ……………………………………………244
　第17章　ICUの再建 …………………………………………………249
　第18章　フロリダとバークレー ……………………………………255
　第19章　中国訪問 ……………………………………………………259
　第20章　再びバークレー ……………………………………………265
　第21章　最後の日々 …………………………………………………269

The Role of Faith in Science and the Role of Faith
　　 in Christian Life …………………………………………Donald C. Worth…274
　　　　Christianity-Week Lunch Time Special Lecture, May 27, 1988
　　　　（キリスト教週間ランチタイム特別講演）

Science and Christian Faith-A Personal Report ………………Donald C. Worth…278
　　　　（*The Japan Christian Quarterly,* Summer 1985）

第Ⅲ部　略年譜・主要業績目録 …………………………………………287
あとがき ……………………………………………………髙倉かほる…301
執筆者一覧…………………………………………………………………303

　　　　　　　　　　　　　　　装　幀　　　田宮　俊和
　　　　　　　　　　　　　　　全カット　　佐藤　勝昭

ICU リベラルアーツの心
回想のワース先生

第Ⅰ部　回想のワース先生

ドンちゃんを偲んで

宮内　邦雄
(ICU 2期生)

明日の大学に憧れて

　私は中学で肺結核になり、1年間休学し、その間敗戦を味わいました。英語大嫌い人間になってしまい、最低限の勉強でどうにか卒業し、病弱のせいで、試験勉強もあまり出来ませんでした。浪人した後、東京農工大学農芸化学科に入学しました。入学後、びっくりするほど健康になり、勉学意欲も湧き、勉強にも自信が持てるようになりました。

　子供の頃から好きだった数学と物理をもっと勉強したくなり、尊敬していた教授に相談したところ、他の大学に行って、始めから物理の勉強をやり直した方がよいと勧められました。そのとき、国際基督教大学が生まれて、英語と物理とキリスト教についても勉強できることを聞きました。さらに、誕生2年目の入学試験を受けられることを知り、その上、能力試験的な入学試験だと聞き、何も考えずに、試験を受けました。

ドンちゃんとの出会い

　1954年4月、誕生して2年目の国際基督教大学にすれすれで入学することが出来ましたが、そんなこととは露知らず、希望に胸をふくらませて、心は本当に春爛漫でした。入学する前に、米国人の物理の先生が教えてくれると聞いていたので、どんな勉強が出来るのかと興味津々でした。入学した時、ワース先生はまだ来日していませんでした。しかし、そのようなことを考える暇もないほど、驚きと死に物狂いの毎日でした。英語を正確に発音できず、聞き取りもダメだった私は特にフレッシュマン時の英語の集中訓練に苦しみました。

　自然科学科生ばかりの英語のクラス（Hセクション）は香港からの留学生を含めて全部で18名でした。ミッションスクールからの日本人学生は発音も

聞き取りも高校で勉強して来ていたので、楽しそうに勉強していましたが、私は発音の太田先生にいつも叱られてばかりいました。口の中に指を入れられて、発音を直されたのですが、とても恥ずかしくて、特に女子学生の前ではいたたまれない気分でした。どうにか1年が終わって、クラス全員が卓球場に集まり、5, 6人が台の上で踊り、歌い、地獄からの解放を喜び合いました。しかし、苦は楽の元、続く3年間は勉強が楽しいものとなりました

　夏休みが終わって、ワース先生が授業を始められました。その時、先生は30歳代前半だと思いますが、とても若々しく、私たちの「お兄さん」という感じでした。私たちHセクションのアドヴァイザーだったので、ICUに来られてから、直ぐに親しくなりました。クラスの仲間内ではワース先生と呼ばず、「ドンちゃん」と呼ぶようになりました。授業は、決して雄弁ではなく、訥々と静かに話をされるので、眠気を誘い易いものでした。最初の講義は、一般教養の「物理学序論」を他学科専攻の上級生が受けていたので、100人以上の学生が受講していました。分かり易い講義で、私にとっては楽しいものでした。学期末に試験があったのですが、全部で60問の試験で、びっくりしました。

　ここで幸運だったのは、毎年同じ問題が出ると聞いて、文化系専攻の先輩女子学生が数人私のところへ問題を解いてくれと来たことでした。〇×問題以外に計算問題もあり、50分で60問の試験に初めて遭ったならば、かなりきつい試験になっていたことでしょう。彼女らのために、全部解いてあげたお陰で、試験の時、私は最高点を取ることが出来ました。驚きだったのは、男子の上級生（社会科学科）が私と同点だったのです。私は彼をとても尊敬しましたが、在学中は専攻が違うので、あまり親しくなれませんでした。しかし、不思議な偶然の繋がりで、今は仲良くなっています。これも「ドンちゃん」が取り持ってくれた人生の暖かい縁だと思います。

ドンちゃんと共に

　18人のクラスは、とても家庭的でした。私たちが必ずしも優秀ではなかったせいもあると思いますが、大きな兄貴のようなドンちゃんのお陰で、いつ

も春の暖かい空気が溢れていました。クラス外でも、キャンパス内のドンちゃんの家に行って、ワース夫人から紅茶やケーキをご馳走になり、外国の家庭の雰囲気を満喫しました。時々は、私たちでキッチンを借りて、カレーライスなどの料理を作り、賑やかなホームパーティとなったこともあります。

　2学年になってから、専攻科目の授業が始まりました。米国で使われている物理の教科書を取り寄せてくれ、原書で物理を勉強する体験をしました。私はついて行くのが精一杯でした。授業中に疲れて、寝てしまうことが多く仲間から冷やかされてばかりいました。それまで、英語を勉強するのに、内容は自分の興味と関係なかったものばかりでしたが、物理学を英語で学び、考えるという体験を初めてして、日本語抜きで考えることに慣れたことが、現在も私の財産になっています。

　物理科目の試験の前では、クラスの仲間がいつも教室で一緒に試験勉強をしました。私は怠け者であまり勉強しませんでしたが、真面目な何人かが、どうしても分からなかったところを黒板に書き、それを皆で知恵を出し合って解きました。皆が難しいと思った問題が試験に出る確率が高かったので、自然科学の成績は思い掛けず全Aでした。そのお陰で、第2学期から授業料の3分の2が免除され、貰っていた日本育英会の奨学金とドンちゃんが用意してくれたアルバイトで、大学を無事に終えることが出来ました。

　ドンちゃんがくれたアルバイトは、他の日本の大学では多分無いと思います。それは物理の実験装置製作の仕事でした。大学が誕生したばかりで、教育用の物理の実験装置がまだ完備していませんでした。大学のワークショップで、金属を削る旋盤を始め、いろいろな工作機械や道具の使い方からドンちゃんが教えてくれました。その博識は、私にとって驚異でした。核物理学の専門家が、工作機械の使用に熟練しているなんて、宇宙人にでも遭遇したような気分でした。ドンちゃんのようになりたいという願いが強まるばかりでした。

　日本人の感覚と大分違うなと思ったのは、アルバイトの仕事のしきり方でもありました。先ず実験装置の設計図の説明がありました。それを製作するに当たっての工作図面の見方から勉強しました。加工する材料の手配はドン

ちゃんがやってくれました。当時、大学内の一般アルバイトは時給40円でしたが、特殊なものが50円で、例えば電話交換手の仕事は50円でした。私のアルバイトも特殊な仕事にされていました。さらに、ドンちゃんから受ける指導は教育のようなもので、私の方が授業料を払っても良いぐらいなのに、ドンちゃんが教えてくれる時間は全てアルバイトの時間に参入しなさいと指示されました。

　自分の自由時間にワークショップで実験装置作りに励みましたが、深夜でも働くことを許されました。これらの時間は、全て自己申告で、完全に学生は信用されていました。当時ワークショップのあった本館は、午後8時か9時に建物の出入り口が閉まり、教育職員も帰宅していました。大学から三鷹への最終バスは午後9時でした。私一人がワークショップで仕事しているのは、保安上その他で良くないと助手の先生から苦情が出ました。しかし、ドンちゃんは「自分が責任は取るから」と皆を説得してくれて、無事済みました。機械を夜遅く動かしていて、分からないことにぶつかった時、キャンパス内の住宅に電話すると、直ぐ飛んで来てくれて、嫌な顔をせず、優しく教えてくれました。私は幸せ過ぎでした。

ドンちゃんと大学作り

　生まれたばかりの大学ですから、試行錯誤で先生方も事務職員の方々も皆苦労されていました。しかし、大学のシステムは和洋折衷というか、下手をすればダブルスタンダードに近い矛盾があちこちに生まれていました。日本の大学の慣行形式と新しい米国の教育方式の間に微妙な「ボタンの掛け違い」があったのだと思います。

　大学の現状とあるべき姿に対する私たちの疑問や提言をほとんどのファカルティは耳を傾けてくれました。大学側と学生が力を合わせて、「明日の大学」を模索し、少しずつでもそれに近付こうという努力をしていました。そういう意味でも、図書館の開架式展示は注目され、日本中から見学があったと聞いています。一日中、授業に追われ、放課後30分程度で、図書館は閉まっていましたので、先ず図書館の開館時間の延長を学生課にお願いしまし

た。しかし、女性職員が大半であり、さらに当時のバスは大学構内に入って来ず、最終バスも午後9時よりもずっと前だったため、職員が遅くまでいるのは、職員の安全の観点からも難しいとされていました。

　私たちは大学内での学生アルバイトを奨励されているのだから、寮生に夜間開館を任せてくれないかと陳情しました。しかし、なかなか許可されませんでした。表立っては言われませんでしたが、貴重な書籍や資料が一杯あるのに、学生を信用して良いか、仮に信用できても、紛失などの事故があった時、誰が責任を取るのかという不安が不許可の理由でした。私はドンちゃんに泣きつきました、何故学生を信頼してくれないのかと。自分たちが信用・信頼できない学生たちを卒業生として社会に送り出すのは無責任ではないかと。ドンちゃんは、この問題を次の教授会に掛けるから待っていてくれと約束してくれました。

　それから、暫くして今とほぼ同じような夜間開館が実現しました。大学職員の方も一人程度交替でアルバイト学生に付き合ってくれました。それ以後、私たちの卒業まで不祥事は聞いていません。当時寮は基本的に4人部屋でしたから、静かに勉強したい人は図書館に集まりました。私は歩いて通学でしたから、授業で指定された参考書類を見るために夜遅くまで図書館を活用させて頂きました。宿題に飽きると、自分の専門外の面白そうな本も読み漁りました。

　ドンちゃんを筆頭に、湯浅総長も篠遠自然科学科長（当時）も気軽に私たちに会って、話を聞いてくれました。湯浅総長は多いときは1週間に1回程度私たちの意見や考えを聞いてくれました。特に「明日の大学」について夢や思いを語り合って、そこにはとても充実した学生生活がありました。

失敗の日々

　失敗した過去を悔やむより、明日の自分の生き方を悩むことが自分の生き甲斐となりました。ドンちゃん始め、先生たちと未来について語り合う習慣が体に染みこんだせいでしょうか。何もしない失敗より、何かをしてやらかした失敗の方に意義があると思います。小さな失敗、大きな失敗をいくつか

お話しします。

　ワークショップでドンちゃんと過ごす時間が長くなり、お父さんからお兄さんに変わることもしょっちゅうありました。大げさに言えば、アメリカの人という意識すらなくなる時がありました。そういう時、私が話す言葉が英語と日本語としばしばチャンポンになり、ドンちゃんはにやにやしながら頷いてくれるので、そのまま話を続けることが多くありました。ドンちゃんは、日本語を勉強していましたが、普段は英語しか話しませんでした。私たちの語学教育に良くないと考えて、英語で通したのだと思います。

　失敗と言えるかどうか分かりませんが、私も恋をしました。勉強への集中度が低下し、何も言われませんでしたが、ドンちゃんはかなり心配されていたようです。2年生の頃から、身の程知らずに、ミスICUに恋をし、1年近くデートを重ね、ようやく手を取り合って歩く程度になったところで、敢え無く、スマートな男子学生に持って行かれてしまいました。最初の失恋のショックは大きく、勉強に身が入らなくなり、電磁気学で初めてのBを取ってしまいました。

　自分としては、口惜しくてなりませんでした。4年生になって再履修して、Aを取ろうとしました。しかし、また魅力的な女性に出逢ったのが運命の皮肉でした。勉強なんかそっちのけで、夢中になりました。高望みだったのでしょうか、敢え無くまた失恋しました。自殺を考えて家出をして、小貝川（鬼怒川の支流）の土手に座って、何日か呆然と川面を眺めていました。自殺を思い止まって帰りましたが、電磁気学の成績はもちろんまたBでした。

ドンちゃんの贈り物
　ドンちゃんは私にキリスト教の話はしたことがありませんでした。彼は二つの使命を持って来日したと聞かされていました。ひとつは大学で物理学を教えることです。もうひとつはキリスト教のミッションでした。プレスビテリアンでしたが、大学では全く宗教的教えを聞いたことがありませんでした。しかし、ドンちゃんの行動全てが素晴らしいクリスチャンそのものでした。無教会派だった篠遠先生とドンちゃんがキリスト教の大切なものを深く心に

刻み込んでくれました。言葉でなく、行動で「真の人生の師」であった方でした。

3, 4年生のときは、勉強熱心な学生ではなくなったのですが、ドンちゃんは変わることなく、相談に乗ってくれ、いろいろと心配してくれました。この温かい思いやりは、同じクラスの仲間たちにも分け隔てなく注がれました。それは、クラスの仲間がドンちゃんとの話を良くしてくれていたので、間違いないと思っています。

卒業に当たって、クラス全員がドンちゃんと過ごせた4年弱に心から感謝していました。卒業してからも、大学に顔を出すと、他のスタッフからは小言を言われることが多かったのに、ドンちゃんはいつも笑顔で迎えてくれました。その一貫した、温かい態度はどれだけ私たちを力付けてくれたか測り知れません。

卒業、大学から送り出されて

卒業後、直ぐに大活躍した同期生も沢山いましたが、私は日立中央研究所の就職試験に落ち、特許事務所からの信じられないほどの月給を呈示した求人に悩まされました。失恋の心の傷からまだ立ち直れないままに、原島鮮教授の紹介で東京都立大学大学院を受け、運良く合格しました。その翌日、湯浅総長が来て「宮内君、東京大学から来ないか」と言っているが、行かないかと言われました。もう都立大の方へ入学しますと挨拶したので、丁寧にお断りしました。

当時のICUが、いかに家庭的で、多くの先生が学生に親身になってくれていたかよく分かる出来事でした。その間も、ワース先生は人生相談に親切に付き合ってくれました。大学院に行ってから、フルブライト奨学生に応募するチャンスがありました。投げ遣りな気分のまま応募したところ、合格の通知を貰い、びっくりしました。出身大学の先生の推薦状が必要だとのことで、早速ドンちゃんにお願いに行きました。

ところが、初めて先生は深刻な顔で、私が米国の大学院でホームシックにかかって挫折すると断言し、否定的な反応を示されました。気弱になってい

た私が、ドンちゃんから受けた人生最大のショックでした。そして、フルブライト奨学生になることを断念しました。この決断が正しかったかどうかは分かりません。先生の言葉は、私にとって絶対でしたし、その後、日本での私の研究生活はかなり充実したものでしたから、後悔はありません。

理化学研究所でのドンちゃんとの交流

　大学院で少し不真面目な生活の後、それでも福島教授が理化学研究所の福井研究室に世話をしてくれました。物理学とは少し離れた工学系の研究室でしたが、力学問題が中心であったので楽しく研究が出来ました。折りに触れて、ドンちゃんのところへ報告に行きました。その後理化学研究所で素晴らしい女性（私にとって）に出逢いました。1962年に篠遠先生ご夫妻の媒酌で、シーベリーハウスで結婚式を挙げましたが、ドンちゃんご夫妻ももちろん出席して、祝ってくださいました。

　私が国際会議に初めて出席したのは、1968年でした。それは、イタリアのトリノで開かれたので、ヨーロッパから米国に渡り、ニューヨークで妻と落ち合い、二人でニューヨーク郊外ロングアイランドのポート・ジェファーソンに住んでおられたドンちゃんを訪ねました。先生は駅に迎えに来てくれていて、とても楽しい1日を過ごすことが出来ました。

　私は、弾塑性力学の研究で、1823年にコーシーが発表したせん断応力の仮説に疑問を持ちました。現在世界中で信じられ、広く用いられている、数値力学解析の基本方程式に、真実の現象と合わないものを発見し、発表し、多くの学者から宮内は気が狂ったのではと騒がれました。ずいぶんと辛い思いをした時も、ドンちゃんのところへ駆け込み、私の論文を読んで貰いました。彼の感想は少し頼りないものでしたが、私が間違っているとは思わないと言うものでした。ただ、200年近く、世界中で信じられて来た仮説だからもう一寸検証の研究が必要ではないかと言うものでした。いずれにしろ、ドンちゃんは私の先生であり、相談相手でした。

　その後、米国からドンちゃんが来日して、Hセクションの卒業生が集まって、ドンちゃんを囲んだことがありました。とても楽しい集まりでした。ま

た、数年経って、ドンちゃんご夫妻がICUに来られて、皆が集まりました。久し振りに会えて、嬉しかったのですが、加齢による衰え振りに驚き、胸が締め付けられる思いでした。いつまでも元気でいて下さいと祈りつつお別れしたのが、最後となりました。今も、ドンちゃんは私の「心の師」です。前にも書きましたが、先生は牧師のような話をされたことはありませんでした。先生の生き方そのものがキリスト教の教えでした。先生のご家族も一緒に、私たちと過した時間が敬虔なクリスチャンの鏡でした。先生のすべてを通して、私の世界観、人生観は育てられました。

　研究生活に入ってから、多くの若い外国の研究者を育てて来ました。彼らから「私から受けた恩は一生忘れない。どんなことをしても恩返しをしたいが、どうすれば良いか」と聞かれたとき、私は「私があなたにしたことを、あなたの若い人たちにしてあげて欲しい」と言いました。彼らは今それを実行してくれています。ワース先生が教えてくれたことは、これに尽きると思っています。

　私がこれまでの自分の人生を悔いのないものに感じることが出来るのは、ワース先生のお陰です。ワース先生の薫陶を受けた多くの先輩後輩が、私以上に先生の志を継いで、人類のために頑張って来たと確信しています。ワース先生、本当に有難うございました。

タンポポ

ワース先生：物理を通して開拓精神を教えて下さった恩師

高須賀　清
（ICU 3期生）

実社会で120％役立ったICUの教育

　台風が去った7月の初めのある日、就職部から呼び出しがあった。NHKから人事部の薄井さんという人がテレビの説明に来られたので、興味のある人は来て下さいということだった。誰も来ないので2度目の召集がかかった。4, 5人で良いから、NS（自然科学科）の4年生で空いている人は、30分ほど話を聞いてくださいと就職部の飯田先生に召集を頼まれて、卒論制作中の6人ほどが就職部に集まった。NS専攻は10人（物理4人、化学4人、生物2人）で全員進路は確定していて、テレビに関心のある人は誰もいなかった。当時理科系は売り手市場で、夏休み前にほとんどが就職内定していた。ICUの1期生、2期生はアメリカ留学が目標で、かなりの卒業生がアメリカに渡ったが、3期生が卒業の時、日本国内に残ったほうがICU建学の精神に合うというふうに大学の方針が変わった。

　Dr. Worthに教わった物理専攻の4人の進路は、東京工業大学大学院、東京教育大学大学院、動力燃料公社就職内定、唯一の女性がアメリカ留学予定であった。NHKテレビからの就職説明がなぜNS専攻学生になのか疑問を持ちながらも、とにかく話を聞くことになった。昭和28年に開局したNHK TVは、昭和34年1月から教育TVを開局することになり、理科系の学生を募集することになった。テレビで教育が出来るかどうか誰も確信が持てないばかりか、理科の学習をTVに任せるような学校は皆無に等しい時代に、テレビ紙芝居と言われていた番組を作るために、科学の内容を理解して番組制作ができるような人材が集まるはずがなかった。NHK人事担当者は、各大学に説明に走ったが、理科系の卒業生を獲得することが大変困難であることを縷々説明した後で、理科番組制作要員については、試験なしに面接だけで採用する方針であると力説した。誰も興味を示さず質問もしないので、私は

つい手を上げて、「誰がその番組の内容を決めるのですか」と聞いてみた。「それは貴方ですよ、誰も作り方も内容もわからないのですから、貴方がそれを開拓するのですよ」と薄井さんは必死に私を説得し始めた。湯浅八郎学長の口癖「明日の大学、日本のパイオニヤーたれ！」を4年間聞いて育った私には、この開拓の場に卒業してすぐ就けることに大いに魅力を感じ、面接だけでも受けてみますと約束した。私は、動力燃料公社に就職が内定し、東海村の2号原子炉の主任運転員になるはずであった。ワース先生に原子物理学を学んでいて直感的に感じていたことは、核の利用開発は50年、電子の利用開発は20年、自分が働ける時期にどちらが早く花咲いているかを考えるとどうしても電子の利用開発であろうと思った。TVは電子の利用開発というには、少々こじつけになるかもしれないが電磁波の利用であるから、この分野の利用開発なら現役時代に結論が出るだろうと確信し、またそれを確かめてみたくもなっていた。

　10月末の面接の日、内幸町のNHK本部に25名ほどの面接者が招集され、一人ずつ会議室に呼ばれた。広い会議室に面接官が並び、大学での専門分野、家族関係、経済状況、思想関係、友人関係と細かく質問された。それぞれの担当が詳しく手元の書類に記入するので、その人それぞれに向かってゆっくりと話しかけた。「繰り返しましょうか、大学院に行きたいけれど学費がないので就職することにしました。原子炉の主任運転員の内定をもらっています」、思想関係の担当者には、「反戦運動、原爆反対運動には参加しましたが、赤軍の思想には賛成できません。原子力の平和利用を推進するつもりです。」最後に川上教育局長が質問した。「君はどうしてNHKに面接に来たのかね。」私は即座に、「私が試験を受けても採用されないでしょうが、他の会社に就職が内定している者でも科学番組制作に興味があれば、面接だけで採用するから来て見なさいと、薄井さんに言われたので来ました」と臆面もなく応えた。教育TV推進責任者の川上教育局長は二の句も告げずに面接は終わった。人事部の面々は苦虫を噛み潰したような顔をしていたのでだめかと思った。東京大学、東京教育大学（現筑波大学の前身）、早稲田大学、国際基督教大学の4校に声がかかり、25名の面接者から5名が採用された。NHKの科学番組

はこの5名の理科番組要員によって推進され、川上教育局長から後々よくお褒めの言葉を頂くようになったと同時に、面接の時のICU卒業生の世慣れた態度は、人事部の話題になったと聞かされた。

　NHK内定と同時に人事部から、可能な者は番組製作現場に顔を出してほしいという連絡があり、東大と早稲田組は12月から手伝いを始め、即戦力が必要な科学産業部に配属された。卒論を年内に終わらせたICUの私と東京教育大の2名は、正月から事前研修という名目で学校教育部に配属され、番組制作を手伝った。4月に2千名の新人採用者が入局したが、私たち5名は研修期間中、居眠りばかりしていた。研修が終わるとスタジオのリハーサルに参加し、次の日の本番の準備が終わって帰宅するのは毎日夜中であった。

　そんな訳で、4月採用の昭和34年組には先輩と思われ、昭和33年秋の大学院や他社から転職した半年先採用組と同じ仕事をした。東京タワー330メートルが完成した年の33年組との半年、3カ月の差が、役所と変わらないNHKでの人間関係で重要な意味を持った。1カ月が1年の差となるような変化が毎月起こっていた。3カ月の研修期間を終え、正規職員としての学校教育部初等課の辞令をもらった時には、PD（プロデューサー）としてスタジオの副調整室に入ることが許された。芸能番組で15年、報道番組でも10年しなければPDにはなれずにFD（フロアーディレクター）を続けていた時代、入局したその年の7月、中継車の中で40人あまりのスタッフに指令を出し、20分、30分の中継番組を送出していた。学校放送番組制作はスタジオがないので、国立科学博物館やお茶の水女子大学付属小学校の教室を仮スタジオにして、電源車と中継車が副調整室の役割を果たしていた。中継車で画面を切り替えるTD（テクニカルディレクター）さんが、昼休みにポツリと漏らした一言「俺も孫の命令で仕事をするようになったか。もう引退だね」は、技術の総責任者として放送システムは熟知していても、番組の内容については、大学卒業したての若造に指図されることを実感し、時代の激変を肌で感じていたTDさんの言葉であった。

　中学校の理科、高等学校の理科も担当するようになり、天体望遠鏡で見る星空の画面をTVに出したいとTDを困らせ、顕微鏡下の世界をTV画面

に出すために、特殊顕微鏡を製作してもらったり、ウイルソン・チェンバーを自作して放射性物質の出す α、β、γ 線の飛跡を生放送で見せた時には、NHK 人事部の薄井さんの言葉は本当であり、私の直感は正しかったことを実感した。このウイルソン・チェンバーは、高須賀チェンバーと名づけられ長く愛用された。今も現役である。

　ワース先生に鍛えられた物づくりの精神は、幾多の実験器具を作り出した。実験器具ばかりではなく、TV スタジオの設計にも参加し、世界に類のない実験室付きのスタジオが完成した。東京オリンピックのために内幸町から代々木に移転した NHK の新スタジオを、最初に使用したのは理科番組と料理番組であった。その当時から環境問題にも配慮し、実験室の地下には薬品の中和槽と排水処理装置を備え、スタジオの下に温度調節のための巨大なプールが、建設当初から備えられていた。入局早々の若造が建築本部に出入りし、スタジオの設計や省エネ照明、スペース活用のための格納システムなど、理想的な計画を次々と提案しておいた。オリンピックの放送研修で代々木のスタジオ設備を見た時、東京オリンピックの名の下に最新設備が整っていて、ほとんどの希望が満たされていたことには自分ながら驚いた。

　NHK に入局して 20 年、教育 TV の視聴率は 80％を超え、全放連（zenpouren）と呼ばれる放送を利用する学校の先生方の研究会・全国放送連盟は世界中から注目を集め、日本賞番組コンクールとともに、世界の教育現代化に貢献した。私が最初に担当した番組は、小学校低学年の理科番組であった。学校教育部は文部省と同じように初等科、中等科、高等科に分かれ、ラジオ番組担当者も TV 番組担当者も机を並べて仕事をしていた。伝統的にラジオ番組担当者は、きれいに整理された机でテープ編集を静かに続けているのに比べ、TV 担当者の机の上にはあらゆる実験器具が積み上げられ、写真やパターンが今にも崩れそうになっているし、机の下には映画フイルムの函と虫かごやビーカーが転がり、アマガエルが飛び出すこともあった。プロデューサーの居室のほかに実験室用倉庫を確保していた。小学校班、中学校班、高等学校班の科学番組担当者が共同で番組開発をしたらどうだろうかと、3人の新入り科学番組要員が提案し、科学番組担当者全員の賛同を得て部長に進言した

結果、学校教育部の組織改変が行われた。理科班、社会科班、音楽班等が出来、同じ内容を扱う PD 達が机を並べることになって、内容の継続性、発達段階の違いによる演出の違いなどを論じられるようになった。中等科、高等科も組織替えになり、代々木に移転してからは、私たちが設計した実験室付きのスタジオで、理科班は急速に番組数を増やしていった。

　「科学の目」、「僕らの実験室」という総合 TV 番組から、「理科教室〇〇年生」という教育 TV 番組が放送されるようになった。私がコイルモーターの番組を放送した時、荒川区の小学校の先生から猛烈な反論が来た。全くのでたらめだ。鉄心のないモーターが回るはずがない。時の理科番組班長は返答に窮し、御法度であったディレクターに直接電話をつないだ。リハーサル中の私はその反論の内容を聞き、鉄心がなくともモーターは回ったでしょう、指導要領よりも事実が大切なのです。モーターを持って学校に行きますから、都合の良い時間を知らせて下さいと言って電話を切った。この電話が大騒ぎになり、文部省の指導主事を呼んで、荒川区の小学校で実験授業をする羽目になった。鉄心のないモーターは磁石にならないから回らないと主張する東京理科大学出身の和田先生と、磁石の間（磁場）にコイルを置き電流を流すとコイルは回転する。その回転の力を強くするために、鉄心を使っているのだと主張する私との対決になった。

　ワース先生の講義で、理論的には自信があったが、生徒の前でどう説明するか、ベテラン教師との対決に不安を感じた。対決の当日、自作のコイルモーターを5個ほど持って教壇に立った。文部省から数人、荒川小学校の理科の先生方全員が集まっていた。生徒を5つのグループに分け、コイルモーターを配り、教壇には大きなデモンストレーション用のモーターを置いた。モーターが回る原理は、「何の力が何に働いているかを調べればよい。永久磁石の間に銅線をおき、電流を流します。この銅線ブランコは大きく動きましたね。今度はコイルに変えてみましょう。さっきよりも大きく振れましたね。このコイルが回転できるように軸を付けて、回転しても電流が流れるように工夫したのが、皆さんの前にある TV で見たコイルモーターです。ではみんなで電池をつなぎ、モーターを回してください。」生徒たちのあの輝く目は

一生涯忘れられない。TV製作者にはTVを見ている生徒の反応はわからないが、このときの生徒の自然を探求する目の輝きが、私のその後の番組製作の原動力になった。対決授業の後、校長室での指導主事と和田先生との話し合いは、TVを使った理科教育の方向性を決めた。

　和田先生は理科大学の出身だけあって、あれだけ強行に反対していた主張をあっさりと取り下げ、文部省に対し、鉄心の磁石と永久磁石の反発力でモーターが回るという説明は変えましょうと、言い出した。指導主事は即答を避けたが、「検討しましょう。それよりもデモンストレーションが素晴らしかった。TVは間接経験といわれているが、実物と一緒に実験をすれば素晴らしい理科の授業になる。みなさんTVを使った新しい教育方法を考えてください」と言ってくれた。和田先生は、その後頻繁に実験室に来られて、放送に出る実験のデモンストレーションを準備する打ち合わせをして、TVを使った理科授業の日本のリーダーとなり、校長になり、全放連の会長にまでなった。

　この対決に立ち会ってくれた指導主事は、広島大学で生物を専攻した方であったが、小学校の理科の指導要領を改訂するに当たり、比重の概念がわからないから実験をさせてほしいと、実験室に通うようになった。「ものの浮き沈み」と言う番組を、水を標準にするか、油を標準にするか、物体を標準にするか、という3つのタイプの台本を作り、試作し、フイルムにして学校現場で視聴させ、どの概念が子供に理解され安いかを調べた。私たちは、毎日のナマ番組の合間に、試作番組を作り、指導要領の指定する個々の科学概念形成過程を検証し、指導主事が納得する指導要領改定に参加した。文部省の指導主事には、このような実験・研究の場は、この時以外は与えられていないと思う。この指導主事のフイルムデモンストレーション番組の全国行脚で、TV理科番組の視聴率は他教科にくらべて格段に高くなっていった。理科番組要員が5名では足りないので、ICU5期生の浦川君（NS生物専攻）と須山君（NS化学専攻）を面接で採用し、安間君（NS物理専攻）は科学産業番組の方で採用され、総合TVの科学番組で活躍した。

ICUでの授業とワース先生の思い出

　ワース先生に初めてお目にかかったのは、ICUでの面接であった。どうして物理を専攻するのですかと言う質問に、今後50年で原子力関係は大発展すると答えた。英語で答弁すれば合格かなとは感じていたが、すぐに英語にはならなかった。化学の平野先生が訳してくださったのでワース先生はYes, Yesと頷いて下さった。体は大きいがキューピー人形の顔を思い出させた。2年生の夏休みと記憶しているが、1期の露木氏が結婚式を挙げたとき、ワース先生がアメリカへ帰国中の住宅の留守番を頼まれ、新婦と新婦の御両親をチャペルに送り出したことが思い出される。ホームカミングで職員住宅に良く伺っていて、ボイラーの焚き方や戸締りの仕方を良く知っていたので、露木先輩が私に頼んだのだろうと思う。お子さんたちとよく遊んだ記憶がある。

　ワース先生との人間的な付き合いは、専門コースが始まってからであった。物理実験といっても、ほとんど実験器具がないので、実験器具を作るところから始まる。力学関係の実験器具はほとんど作った。アットウッド・マシーンを作ったとき、モーメント・オブ・イナーシアという物理概念が実験する前からしっかりと頭に入っていた。ワース先生の教育方法は、講義だけでなく実際に体験することによって理解させる、というものであった。ワース先生が準備してくださったワークショップには旋盤もあり溶接器具もあった。木工・金工・エレクトロニクスと工科系の大学に入ったような指導を放課後に受けた。3年になってからではあるが、草刈のアルバイトだけでは勉強にならないだろうと、ワークショップ（工作室）の備品を作るアルバイトを用意して下さった。その延長線上で、卒論も、2期の芦田先輩のあとを継いでX線発生装置の製作と、Na・Cl原子間距離の測定を選んだ。

　ICUの入学試験を受ける時、父と約束した。国立大学なら学費を出してやるが、もしICUに合格したら入学金だけは出してやるが、学費は自分で払いなさい。アルバイトでやって行けるなら受験してもいい、という約束であった。東京教育大学の数学科も受験したが、試験の最終日、化学と人文地理の試験用紙を白紙で提出した。それまでの科目の出来具合を予測してみると、化学1科目白紙では不合格になりそうもない。もう1科目人文地理を白紙に

するかどうか最後まで迷ったが、結局答案を消して白紙にした。ICUの合格発表の日の前に東京教育大学の発表があった。茗荷谷の教育大学正門を嬉しそうにぴょんぴょん跳ねながら出てくる私を洋服屋さんが呼び止め、ハイ、背丈、肩幅、胴回りと計り始めた。違う、違う、制服は要らないんだ、落ちたんだよ、落ちたんだよと叫びながら洋服屋さんを振り切って帰ってきた。ICUにはすれすれで合格していたが、それから合格発表までの1週間は生きている気がしなかった。

　長島君のように他大学入学を振ってICUに来た同期生は他にも沢山いた。学費は4年間、アルバイトをして得たものと育英資金、ICUの学費免除で父との約束を果たした。三角先生に見せて頂いた私のICU入学試験の成績は、英語だけ合格ラインを下回っていた。「ICUは点数ではなくて、伸ばす特性があれば入学させるのです。英語は喋っていれば自然に使えるのです」と言われた三角先生の言葉で、安心した学生生活が送れるようになった。ワース先生のジェネエド（General Education、一般教育）のクラスで、ハワイからの留学生が、講義が終わった後、高須賀さん教えて下さいとノートを持ってきた。貴女英語は得意でしょう、何が解らないのと言うと、英語は解っても物理は解らないですよとのこと。言葉より内容の理解が大切だと悟った。

　3期生までには数学メジャーがいないので、物理の学生をターゲットに数学の授業が行われた。4人の物理専攻学生に物理科4人、数学科4人の先生方が付きっ切りという贅沢さだった。数学の先生は、前の物理の授業が終わるのを待って、すぐ自分の数学の授業を始められる毎日であった。トイレくらいには行かせてくださいよと叫んだことが何度かあった。

　絹川元学長（当時助手）は学期末試験で、「みんなの成績はつけてあるから今日の問題を解けるところまでやってみなさい。食堂に行って夜食を食べても良いから一人ずつ行きなさい」とおっしゃった。相談してはいけないということらしい。半分くらい解答して、食堂に行って返ってこない者もいたが、私は6時間くらい頑張って夜の9時に全部解答して提出した。絹川先生は全員の答案をその場で採点し、君のは6割正解というところかなとの事。実は試験問題の半分しか講義は進んでいなくて、後の半分は来学期に勉強する

ところであったことが、次の学期の授業で判明した。高須賀君はこのように解いたが実は別の解があるのだ、と講義の資料として試験解答を活用されるようなこともあった。その講義は実によく理解できた。

　ワース先生の授業が、途中でガクンとスピードが落ちることがあった。仲間と顔を見合わせながら、何か我々が追いついていけないからと、ワース先生が心配して下さったためかと思ったが、後で助手の北村先生の話を聞いてその訳を理解した。3期の学生は理解が早く、用意していた講義ノートが終わってしまって、冷や汗ものだったとワース先生がもらしたそうだ。講義ノートが終わってしまうことは、1度だけで2度となかった。教授の講義予習も大変だとわかった。物理の試験で電気回路の抵抗を求める問題を、私が数学の授業で学んだばかりのテンソルの式を使って解答した。答案用紙を返却してくれた時、ワース先生はこう言われた。「答えは合っています。しかし、私はテンソル式の解き方が解らないので、点数は付けてありません。」本当に正直な人だと益々尊敬の念を深くした。

　卒論で組み立てていたX線発生装置のオイル・ディフュージョン・ポンプの蓋を溶接していた時、教授住宅に帰られる途中だったワース先生は、難儀している私のバーナーを手にとって、こうすればいいと教えてくださったが、バーナーの熱量が足りなくてうまく溶接できなかった。家では子供さんたちが久々の夕食を待っているために、明日にしようと諦めてしまった。私はポンプの蓋が放熱しないようにアスベストで囲み、何度かの失敗を繰り返した後、是政線の終電に間に合う時間にやっと成功した。次の日の昼休み、ワース先生が呼び止めるので、溶接の仕方が問題なのかと心配したが、「君に謝りたい。あの溶接は大変だったろう。私の責任で完成すべきだったものを、君一人にまかせてしまった。私の怠慢です」と謝られた。こんな人は日本人にもいないし、こんな先生に教わって本当に幸せだと感じた。

　NHK在職中、中国の放送大学の開学を手伝った。ICU視聴覚の教授であった西本三十二先生を訪中団長にして、国務院の招待により北京で1週間、教育TV放送の講演をした。私は休暇をとって参加し、放送システムや番組制作方法を伝えた。世界銀行からの融資もお世話して、毎年百万人の学生が勉

強する放送大学が中国に誕生した。文化大革命により下放された7,000万人の学生に大学教育の機会を与えた。中国の発展はこのテレビ放送大学に負うところ大である。ワース先生が退職される少し前だと思うが、お宅に伺って放送大学の一件を報告した。英語が苦手だった私も2時間近くしゃべり続けていた。ワース夫人が涙を流して喜んで下さった。ワース先生はもともと中国に行きたかったようである。当時は国交がなく、やむなくICUへ赴任された話を聞いていた。ワース先生の夢が、私を中国放送大学実現に駆り立てたのかもしれない。

　退職後もたびたびワース先生にはお目にかかり、ベンチャー・ビジネスの報告をした。NHK退職後20年経った今も続けている研究は、ナノ・カーボンの遠赤外線面発熱体の商品化や、水分解ガス（ブラウンガス）バーナーの製造と応用機器の開発等である。ワース先生に報告することを楽しみにしていたが、もう出来ないと思うと残念である。東京工業大学大学院に行って複炉心の研究をした芳賀氏から、早く論文を提出するようにと急かされているが、50年経った今も、CO_2レス新エネルギー発生器を設計したり、エマルジョン燃料製造機を製作したりして楽しんでいる。博士号はとってないが、特許は8件ほど申請中である。

　ワース先生から私が頂いた、ワース先生お別れ会の礼状の最後には、"We remember many interesting things you have done!"と直筆で書かれていた。この追悼文はその礼状を読み返しながら書き終えたところだが、ワース先生は今も私の中に生き続けていることを実感している。

ワース先生から学んだこと

安間　総介
(ICU 5期生)

ワース先生から学んだ２つのこと

　僕は当初、社会科学科を専攻し、途中から自然科学科に入れてもらった。その主な理由は社会科学科の学生は皆英語が得意で、まるでアメリカ人のような発音の英語を話すことを目的にしているのではないかという思いに、反発したことにあったようだ。しかし、自然科学科物理専攻に転向してみたら、僕の担任教授がなんと日本語の話せないワース先生になったのは、なんとも皮肉な話であった。この話は、卒業するまで学内の誰にも話した記憶はない。

　そんな事情があったから正直なところ、僕は学業に情熱を燃やしたとは到底言いがたい。卒論に、"Some Aspects of Liquid Scintillators" と題する、ガンマ線を放出する物質を使った、実験に基づいた英語の論文をワース先生に提出していたことすら、ついこの間まで忘れていたほどであった。東京工科大学の教授に就任するにあたって必要になるかもしれないと思い、母校の物理教室を訪ねて論文のコピーを頂くまで、40年間も記憶の外にあったことになる。

　この度、この稿を書くにあたって「ワース先生から何を学んだのか？」を熟考せざるを得なかった。ICU の時代に限って考えれば「いつもやさしい笑顔」、「暖かく、ゆっくりした話し方」くらいしか出てこない。そこで、「古希を過ぎた僕の人生にとってワース先生から得たものは何か？」という視点で追憶してみた。その結果、僕がワース先生から学んだことは「物理学に関する英語の専門用語」と「論理的な思考方法」の２つに凝縮できることに思い至った。この２点こそ、社会に出てからの僕の考え方を規定し、そこそこの成功に導いてくれた要因であった。

英語の専門用語

　僕が大学の専任教授を退任する記念に、大学・NHK の有志たちが、「ある

ドキュメンタリストの足跡〜真実を追い求めた男・安間総介」と題する、2時間のビデオを制作してくれた。このビデオはNHK入社から現在まで、僕の周辺にいた人々へのインタビューを軸に構成されたドキュメンタリーで、NHKや米国のテレビ制作者、家族など10数名がこもごも僕の人物像について語っている。それによればテレビ・ディレクターとして頭角を現した要因に、英語で交渉する能力が挙がっている。

　英語交渉能力について言えば、僕の人生を左右した方が3人いる。高校時代のイングリッド・ビスト (Ingrid Vist) 女史、大学時代のワース先生そしてNHK時代初期の江崎玲於奈博士である。スエーデンの宣教師であるビスト女史は浜松の田舎高校生であった僕に外国人とコミュニケイトする勇気を教え、江崎博士はJapanese Englishの重要性を教えてくれた。

　5期生の僕がNHKに入社した時、ICU卒の先輩は4名しかいなかったと思う。国立、私立の有名大学出の、1万5千人の中の4名でしかなかった。当時、ICUはまだその実力に見合った評価を得ておらず、数多くの新制大学の一つぐらいにしか思われていなかった。もっともNHKには学閥のような意識がほとんどなく、出身大学で思い悩むことは全くといっていいほどなかった。

　しかし、NHKのテレビ・ディレクターとして一本立ちが近づいた頃、教育局に所属していた僕は、科学映画の抜き焼きをした時、著作権処理のトラブルに巻き込まれた。そのため、100名以上いた同期の中で最低ランクの成績を貰ってしまい、辞職のことまで思い悩む日々を過ごしていた。日本では東京オリンピックが終り、米ソの月探索競争が世界的な話題になっていた頃の話である。一人悶々とした日々を過ごしていた僕は、NHKの図書室で1冊の週刊誌に注目した。それは航空宇宙技術を扱った米国の専門誌であった。ロケットや宇宙船の専門用語で綴られたこの週刊誌を、常時読んでいる記者やディレクターはほとんどいなかった。テレビのロケや編集の合間に、半年ほどその週刊誌を読み続けた僕は、米ソの月旅行の技術開発を、「月をめざして」と題した20ページほどの小冊子にまとめてみた。上司から指示された仕事ではなかったので、それはわら半紙に謄写版印刷した見栄えのしないものであった。

ちょうどその頃、華の報道局では「宇宙時代」という30分8回の海外取材番組を企画していた。当時のNHKは毎年1度か2度、海外取材番組を制作し、団長、カメラマン、ディレクターの3名が世界中を飛び回って目玉番組を作っていた。今でいえばNHKスペシャルの大型企画番組である。僕が「宇宙時代」のディレクターに選ばれた時、同僚はもとよりNHK中のディレクターが驚いたという。入社わずか4年目の無名のディレクターである上に、報道局の企画に、教育局のディレクターが選抜されるのは稀有のことだったからだ。ワース先生のもとで、科学技術の専門用語を英語で拾い読みする技能の取得がなければ、今の僕は存在しなかったとつくづく思う。

　「宇宙時代」の取材で米国、英国、仏国、ソ連などを3カ月撮影して回ったが、NHKはこの取材にあたり、宇宙開発に深く関与していたIBMに協力を申し出た。IBMが米国取材の間、ガイド兼通訳として派遣してくれたのが当時IBMの研究員をしていた江崎博士であった。もちろん江崎博士がノーベル賞を受賞する前のことである。「宇宙時代」では、日本のテレビでは初めて、NASAの実験機に同乗して無重力飛行を撮影したり、世界で最初に宇宙遊泳したソ連のレオノフ宇宙飛行士とインタビューしたりして、面白い番組になった。ディレクターの重要な仕事である、取材相手の科学技術の専門用語だらけの説明を理解した上で、番組に必要な箇所を決定し、撮影計画を立て、撮影の演出をする上で、ワース先生の授業やお付き合いで得た英会話技能が、大いに役立ったことはいうまでもない。

　さて、米国の撮影が終わった時、江崎博士は私たちを自宅に招待してご馳走してくれた。その時の一言が今も忘れられない。「安間さん、君は英語を上手に発音しようとしない方が良いよ。」「アメリカ人のような発音になると日系アメリカ人と間違えられるからね。」

　そう言われてみれば、江崎博士の英語の発音は、ICU流にいえばとてもAクラスとはいえない典型的なJapanese Englishなのに、どこの工場に行っても良く通じ、コミュニケーションに何の支障もなかった。その方が自己紹介なしで、この人はハワイからではなく東京から来た人だと一瞬のうちに相手に伝わる。それ以来、僕はJapanese Englishに劣等感を持つことなく、今でも毎

年海外から研修に来るテレビ・ディレクターに Japanese English で講義をしている。

論理的な思考方法

　ワース先生は大きな体に似合わず優しく甘い声でお話をする。一見日本人と似た感性をお持ちのようだがお話の内容は常に論理的である。それは先生のお人柄や物理学という専門性に加えて、英語の持つ言語の構造に由来していたのかも知れない。僕は２年間大学構内の寮で生活したが、ルームメイトは米国人と香港人で、共通語は英語であった。こういった環境が、卒業以後の僕の人生に大きな影響を与えたことは薄々感じていたが、前述した専任教授退任記念のビデオを見て明確になった。そのビデオの中で、一緒にテレビ制作をした同僚や上司が僕を様々な視点で分析しており、もう一人の自分を見る思いがした。

　小出五郎（同僚、元 NHK 解説委員）
　　「安間さんは理詰めのドキュメンタリーを作っていった。多くのドキュメンタリストというのは、人間の心の襞みたいなものを描くというのがドキュメンタリーの主流だったわけなんだけども、そういう主流とはチョット違う新しいスタイルを生み出した。」

　日向英実（同僚、NHK 放送総局長）
　　「プロデューサーとして一緒に安間さんと仕事をし始めた時に、周りからまた色々彼の人物評が聞こえてきて、一番典型的なのが"日本のユダヤ人"。そこが特に NHK のディレクターの人って合理的な考え方をする人がいないので、そういった意味でも非常にユニークだったんじゃないかなと思いましたけどね。そこがまたいろんな優れた番組を作る原動力になったんだと思います。」

　鈴木幹夫（上司、元 NHK 理事）
　　「安間さんというのは、恐らく NHK で外国の人の中で最も有名なディレクターだと思う。なぜかというと例えばイタリア賞とか、もちろん一人で２回貰うことは不可能なくらい難しい。その他、彼がいくつ国際賞

を貰ったか分からないくらい多いけれども。それはなぜかというと、彼は基本的に論理的な思考をする国際人だったと思う。彼が作ったものは、世界中のどんな文化の中でも、良く分かる、よく通じる、よく説得するというパワーがものすごく強かった。NHKの中でももちろん優れたディレクターはいますけれども、その中でも群を抜いている。だから彼がなぜ色々な評価に応え得たかというと、基本的には、彼はどこの国でも通用するテレビ屋だということに尽きると思いますよ。」

　彼らの人物評は、30年近く一緒に仕事をしていても、直接聞いたことはなかった。その要旨は、「安間は映像言語を使って物事を伝える時に、論理的思考法で伝える。それが日本のテレビ制作者に少なかったので、新鮮なスタイルを生み出した。論理的な構成なので、文化の異なる国の人にも理解でき多くの賞を受賞した」ということであろう。
　ICUは、日本国内で米国の大学に留学したような環境を与えてくれた。それも治安、費用や知的水準など多くの点で、良い部分だけを与えてくれた大学であった。ワース先生はそれに加えて、物理学の持つ論理的な思考法と、科学技術の専門用語を英語で読み取る技能を伝授して下さった。そのことが、如何に多大な影響を僕の人生に与えて下さったのか、今にしてようやく噛み締める事ができたと思うこの頃である。
　ワース先生のご冥福を、ここに心からお祈りいたします。

ワース先生の「ものづくり」教育

永野　元彦
(ICU 5期生)

　ワース先生の追憶文集が企画され、多くの方が賛同されていると伺った。それだけ多くの方がワース先生の薫陶を受けたということであろう。私は東京大学宇宙線研究所を1998年に停年退職し、現在福井工業大学宇宙通信工学科で学部学生の指導を中心としながら、専門の宇宙線物理学の研究も続けている。この研究分野で少なからぬ貢献をできたと思っているが、この研究分野に進み、研究の成果をあげることができたのは、ICUの社会科学科に入学したにもかかわらず、ワース先生からの一通の手紙により自然科学科物理専攻に変更し、その後先生から受けた指導の賜物である。先生に深く感謝しつつ、ICU時代の私について書かせてもらおうと思う。それがワース先生の教育そのものだったと考えるからである。

　私がICUに入学したのは、昭和32年 (1957年) で、富山県からは2人目のICU入学生であった。ICUを志望したのは、大学受験案内を見て、一般的な大学受験勉強をしなくとも合格の可能性があるという単純な理由からであった。ICUの存在は、富山県の一般の人は勿論、両親、出身高校の先生方も殆ど知らず、何故そんな大学を受けるのか、浪人覚悟で別な大学を志望するよう、何度も説得されたのを覚えている。しかし勉強せずに合格しようという甘い目論みは見事に失敗し、「勉強をしなければ入れない大学なら」と、父親はやっとICUの受験を認めたのを思い出す。

　一年浪人の間それなりの勉強をし、社会科学科へ入学できたのであるが、オリエンテーションの間にワース先生から手紙をもらった。詳しい内容を忘れてしまったが、結論として「まだ世に知られていないが、ICUでも物理を学ぶことができる。君の高校の成績や入学試験の結果を見ると、物理に専攻を変更する方が向いていると思う。自然科学科物理専攻に変更したらどうか。」という内容であった。確かに、高校の成績は、物理、数学は人並みであっ

たが、それ以外のある程度記憶を必要とする学科はからっきし駄目であった。まだ将来の方針を全く決めていなかった私には良い選択肢に思えた。4期生の物理学生は平岡さん一人だけだったから、ワース先生は全受験者の成績などを見て、物理に向いていると思われる学生一人一人に手紙を出されたのだと思う。

当時（今もそうかも知れないが）入学生に、上級生が生活面も含めて、いろいろ面倒をみてくれる "Big Brother and Sister" 制度があり、3期生の高須賀先輩（ICU卒業後NHK教育テレビのプロデューサとなり、停年後ベンチャー企業教育メディア開発コンサルティング株式会社を創設）が私の "Big Brother" としていろいろアドバイスをしてくれた。高須賀さんは物理専攻であり、原島先生やワース先生の指導法について熱心に話してくれた。ワークショップ（工作室）には旋盤、ドリルなど工作機械がそろっていて、望遠鏡を作れるということが決定的魅力だったのだと思う。早速物理に専攻を変更した。

私達5期の物理専攻学生は7人。ワース先生の一般物理学（General Physics）から始まった。当時の授業の様子を思い出そうと、ノートを探したが全く残っていない。教科書のみ残っている。F.W. シアーズ・M.W. ゼマンスキー著、*University Physics,* Complete Edition, Addison-Wesley Press, INC, 1950 で、850ページの大部の本である。1958年3月1日購入、1959年1月31日読了と巻末に記入してあるから、2年生の時に1年かけて読み終わり、感慨無量だったのであろう。初めての物理を英語で、しかも米国の本だから、演習問題にでてくる単位は、feet, inch, pound, slug などで、よく皆ついていったと感心する。現在はMKS単位系に統一され、とても inch, lb などを換算して使う気になれないが、当時は日本でも g, cm, dyne などが基本であり、最初の物理学の授業だったから出来たのかもしれない。

フレッシュマン・イングリッシュなど、英語づけの1年に耐えきれず、1年から小塩先生のドイツ語をとったりしていたが、最初にこの大部の英語の物理教科書で鍛えられたおかげで、その後の英語の教科書や、卒業研究を英語で書くことに全く抵抗がなくなった。私は、現在物理を初年度の学生に教える際、学生が読まないからといって、薄い手ごろな教科書を選んでいるが、

ワース先生は最初が肝心として、普通の理学部物理学科の教科書を選び、1年間で最後まで読ませ、章末にある演習もこなす指導をされたようである。並々ならぬ熱意だったのだと思う。

ワース先生の授業は懇切丁寧だったと記憶するが、一番記憶に残っているのは、実験の指導だった。ICUは出来たばかりだったので、実験には装置の部品を作ったりすることが必要だった。市販の物理実験装置を購入する前に、ワース先生は先ず最小限の機械でワークショップを整備され、学生に装置を自分で作って実験を行う方針だったのだと思う。物理実験は2学年から始まったと記憶するが、物理実験の授業が始まる前の1学年から、旋盤の使い方、バイトの研磨方法など、指導を受けたと記憶する。その指導はワース先生と、大学院を出たての今田先生であった。私は高須賀さんにひっぱられて、授業の合間はワークショップに入り浸りになり、旋盤をまわし望遠鏡の製作に夢中になった。当時のアマチュア天文愛好家の望遠鏡作りは、反射鏡の研磨から始めるものであったが、私が入学した時には口径20cmの反射鏡は既に購入済みであった。従って我々の仕事は、反射望遠鏡を稼動する赤道儀を製作することであった。現在は廉価で赤道儀を購入できるが、当時赤道儀は高値の花であった。授業の合間を縫って、ワークショップに入り浸り、完成したのは3年の夏頃だったのではないかと思う。

本館屋上にブロックを並べ、レールを敷き、移動式建物をL型アングルで組み上げ（当時はまだ穴あきアングルはなかった）、トタン板で覆って望遠鏡を格納した。これを期に、ワース先生顧問の天文同好会を結成したが人が集まらない。女子学生を集めるために、ICU祭にギリシャ神話の影絵劇を演じることにし、会員の募集をしたら、10人位集まり大成功だったことが懐かしい思い出である。しかし折角人数は集まったが、肝心の天体観測を殆どできなかったためか、その後天文同好会は長続きしなかったようである。

ワース先生の授業は勿論英語であるけれど、丁寧に黒板に書きながら説明して下さり、あまり苦労した記憶はない。また教科書の各章の終わりの問題集に沢山印がついているが、これが宿題だったのか、レポート提出だったのか、全く記憶がない。ということで、ワース先生の指導のもとに行った卒業

研究について述べようと思う。

　ワース先生は、当時の物理学では最先端の分野である核物理学がご専門であった。この分野は米国が先んじていたが、日本でも、1955年に田無市に全国共同利用研究施設として、東京大学原子核研究所が設立されたばかりであった。ワース先生は原子核研究所に完成したばかりの加速器 SF サイクロトロンを使った原子核反応の実験グループに属され、研究活動をしておられた。3年の終わり頃だったと思うが、ワース先生は原子核研究所の見学に連れて行ってくれ、原子核の構造を調べるには、陽子を加速し、原子核に衝突させ、その破砕物を検出器で集める必要があることを説明してくれた。加速器の巨大さばかりでなく、粒子を検出する装置の精密さに驚嘆したのを覚えている。その当時日本では原子力研究が華やかで、3期、4期と原子力分野に先輩が進学していた。私は工学系にはあまり関心がなく、理学系である原子核研究分野に進学することを希望し、卒業研究には、「Scintillation Counting of Alpha Particles」を選択した。ワース先生はその頃米国で使われ始めたプラスチック・シンチレータを手に入れて持っておられ、そのシンチレータに対する荷電粒子の特性を調べるという最先端のテーマを与えて下さった。当時放射線測定には、NaI, CsI などの無機シンチレータ、アントラセン、スティルベンなどの有機シンチレータが使用されていたが、装置を大型化するために、有機シンチレータとして、米国ではプラスチック・シンチレータの開発が進んでいたのである。アルファ線というのはヘリウムの原子核で、空気中ではすぐ吸収されてしまう。従ってアルファ線をシンチレータに当て、その特性を測定するには、放射線源、シンチレータ共に真空チェンバーに入れ、線源とシンチレータの距離も変化させる必要がある。

　測定に要する高圧電源、増幅器、波高分析器、スケーラーなどは既製品が購入されていて、4学年1学期はガンマ線を使って一般的な放射線測定法の勉強や、幾つかの論文を読み、研究方法などについて学んだ。夏休みから2学期にかけて、望遠鏡製作で鍛えた工作技術を使い、真鍮を削って真空チェンバーの製作、今田先生からガラス細工を学びながら真空装置の製作に没頭した。

11月になってワース先生は、原子核研究所からポロニウム・アルファ線源を借りてきてくれ測定を開始した。3学期に入っても、測定条件を変えながら測定を続行した。得られた結果は、殆どがすでに発表された論文の結果と同じであったが、ある一定量のアルファ線を照射すると、プラスチック・シンチレータが損傷を受けることがわかった。どの程度照射すると発光効率がどの程度落ちるのか、定量的に測定すれば、専門学術誌に論文を投稿できると励まして下さったことが懐かしく思い出される。定量的測定には、時間を要し、かつ使用した放射線強度も弱すぎた。当時は図を手書きし、文章もタイプライター書きだった。ワース先生は何回程度論文を修正してくれたか記憶にないが、香港からの留学生孫君と一緒に、何回も徹夜してタイプを打ち直したのを思い出す。自分で今回読み直してみて、4年生の英語卒業論文として、よくぞ書けたものと思う。

　ワース先生の指導のお蔭で、私は希望どおり、東京工業大学大学院物理学科の原子核実験の研究室に入学できた。小田幸康先生が指導教官で、東工大にあったベータトロン、東京大学全国共同利用施設原子核研究所のSFサイクロトロンを使用して、原子核反応実験により原子核の構造を研究する研究室である。

　当時、研究室では、毎週自分の好きな論文を紹介するセミナーが行われていた。その頃の核物理学は花形の研究分野であり、新しい結果が続々発表されていた。しかしその解釈をめぐる論文は細かすぎて理解不十分であり、論文紹介をしても先生に突っ込まれると答えることが出来なくなる。そこで、先生が知らないだろうと、当時発表され始めた「宇宙線中の原子核成分の観測結果や、その解釈」などの新着論文を紹介したりしたが、先生の博識にかえってやり込められていた。修士課程2年の夏、東京大学原子核研究所宇宙線部で助手の公募があったのだが、そのような皆と違った論文を取り上げていたことが幸いして、小田幸康先生が原子核研究所宇宙線部主任の小田稔先生（X線天文学の創始者の一人、文化勲章受賞）に宇宙に関心ある私を紹介して下さったのである（当時、宇宙関係は学生にはあまり人気がなかった）。私はもともと天文分野に行きたかったが、天文学の基礎がなくあきらめていた。けれ

ども、宇宙と関係がある宇宙線分野ということで早速応募した。修士論文のための実験装置を製作し、ようやく実験を始めたばかりで、出版はおろか、投稿した論文が一編もない。仕方がないので、面接には ICU の卒業研究論文を持参した。面接では、修士論文研究の途中経過を発表し、試問を受けたと思うが、幸いに採用された。博士論文や他の出版物など実績ある研究者と競争して、学部の卒業論文だけで、助手に採用されたのは、その後の私の経験でも聞いたことがない。後で聞くと、ICU での卒業論文が、「実験装置を自作し、それを使って実験をし、結果の評価と今後の課題」を英語論文としてまとめたことが高く評価されたとのことであった。尤も小田稔先生は、他の公募では、ある人が「一斗の米俵を軽々と背負える」と面接で述べたことを評価して採用したとおっしゃっていたので、採用基準に変わったところがある先生だったのかも知れない。しかし全国共同利用研究所の運営委員会での人事は、多くの大学からの先生方の投票で決まるから、ワース先生指導の ICU の卒業論文が一般的に高く評価されたことは間違いない。

　私のその後の人生はそれで決まったといって良く、1998年に東京大学宇宙線研究所を停年退職するまで、宇宙線分野の最先端の研究にたずさわることが出来た。私が始めた頃の宇宙線研究は人気がなかったが、現在は新しい発見が続き、宇宙物理学を牽引する分野に発展している。

　ワース先生の一通の手紙によって、社会科学科から自然科学科物理専攻に変更し、入学直後から実験に必要な装置を自ら作ることを叩きこまれた。最近教育における「ものづくり」の大切さが強調されている。ワース先生の教育の原点であり、若き日にその教育を受けることが出来た幸いに、あらためて深い感謝を捧げる次第である。

ワース先生追悼

佐柳　文男
(ICU 8期生)

はじめに

　私は1960年4月にICU、国際基督教大学に入学した。入学式について2つのことが印象に残っている。1つは湯浅八郎学長の式辞である。湯浅学長は私たち新入生に対して、「入学する前に考えていたことをすべて忘れなさい」と言われた。大学進学の目的やICUを選んだ理由などを忘れて、ICUで学ぶ間に新しい人生の目標、目的を定めて欲しいと言われた。今1つ印象に残っているのは、式の中で「世界人権宣言」を受け入れるとの宣誓書に署名を求められたことである。用紙が配られている間に湯浅学長は「宣誓書に署名するかしないかは自由であり、世界人権宣言に賛成できない諸君は今ここから立ち去る自由をお持ちです」と厳粛に宣言された。その瞬間に私はICUに入学できて本当に良かったと感じた。あの時の感激を私は今も忘れない。

　当時のジャーナリズムを賑わしていた問題のうち、私は2つの問題に関心を寄せていた。1つは宇宙開発競争である。その背景には東西冷戦があった。もう1つの問題は経済開発である。これは南北問題を背景にしており、第三世界という言葉もその頃に使われ始めていた。メコン河開発計画がジャーナリズムでよく取り上げられていた。その中で東南アジアの国々の多くの人々は、まだ電気の恩恵に預かっていないとの報道があった。それで私は将来メコン河開発に関係した仕事をしたいと思うようになっていた。宇宙開発が軍事色を濃く持つものであったのに対して、経済開発は民生の安定に関係があると思われた。ソ連がスプートニク打ち上げに成功し、遅れをとったアメリカが「国の威信」をかけてアポロ計画を推進していると新聞などが盛んに報じていたが、私はこの「国の威信」という言葉が好きではなかった。あるいは人工衛星を打ち上げることで「国の威信が上がる」という考え方が嫌いであった。もし「国の威信」というものがあるとすれば、それは民生を安定させ、

国民に基本的人権を保障することによって表されると考えていた。人種差別を地上に残しながら宇宙開発に成功すれば国の威信が上がるとは思えなかった。もちろんこのように論理的に言い表すことは高校生の頃の私には出来なかったが、そう感じていた。将来は東南アジアで経済開発、とくにエネルギー開発に携わり、広く電気を供給して民生を安定させるために働くことが私の使命のように感じていたが、その根底には「国のため」ではなく「人のため」に働きたいという考えがあった。ICUの入学式で「世界人権宣言」への忠誠を求められた時の感激はそこから来ていたと思う。今でも中国が人工衛星を打ち上げて「国の威信」が高まったと喧伝しているが、中国はそれよりも国内の人権問題や政治家・公務員の腐敗の問題を解決しなければ「国の威信」は高まらないと思う。

　私はICU卒業後、東京神学大学に進み、牧師となった。この進路変更は特に湯浅学長の入学式式辞を念頭においてしたことではなかったが、結果としてはICUによって人生の新しい目標を与えられたことになる。私は「国のため」ではなく「人のため」に働こうと思っていた。ICUは「神と人とに仕える人間を育てること」を教育理念として掲げていた。この理念は私を強く刺激した。文明の恩恵に浴していない人々がいることを忘れたのではないが、1960年代にメコン河開発が計画されている地域の政治情勢が不安定になっていた。「ゲリラ」という言葉がジャーナリズムで頻繁に用いられるようになった。そのうちに開発計画そのものも雲散霧消し、時局はベトナム戦争へと突き進んで行く。それにICUでは橋や道路やダムの建設について学ぶことは出来なかった。東南アジアの人々に文明の恩恵をもたらすという計画は私にとって実現不可能になった。私は「神と人とに仕える」というモットーに基づいて人生の目的を考え直し始めた。文明の恩恵に浴さず、基本的人権を蹂躙されている人々に仕えるために働く道が何かを考えた。個人的な体験も加わり、私は人々に文明の恩恵をもたらすことよりも、人々が心に持つ問題のために働くべきであると考えるようになった。ICUのジュニアー（3年生）の時に牧師になろうと決心した。その後、思いも寄らぬ形で私は東南アジアへ行くことになった。タイ国チェンマイ市にあるパヤップ大学神学部に神学

の教師として派遣されたのである。話は先に進み過ぎた。ICU 入学時の話に戻ろう。

アドヴァイザーとしてのワース先生

　私は「自然科学科」に入った。新入生は180名ほど（応募者は1,887名いたという）で、そのうち自然科学科生は20名足らずだったと思う。そのほとんどがワース先生のアドヴァイジーであった。ワース先生は1964年度途中からサバティカル休暇をとられたので、私が先生のアドヴァイジーであったのは3年間である。卒業論文は原島鮮先生のもとで書くことになった。主要なテーマは、古典力学を用いずに、統計力学的にプランクの定数を導き出すというものであった。

　卒業論文を書いていた頃、先にも触れたが私は既に進路を変更していた。将来は牧師となるために、ICU を3年で中退して神学校に行こうと考えたこともあった。多くの人々の反対や忠告に従い、ICU を卒業することにした。しかし牧師になる決心は変えなかった。進路を変更したときにワース先生にも相談をした。どういうアドヴァイスを受けたか、もう何も覚えていない。先生がサバティカル休暇でキャンパスを離れられる直前にも私は先生をご自宅にお訪ねしたと思われる。先生からラインホルド・ニーバーの著書、*The Nature and Destiny of Man: A Christian Interpretation* を頂いたが、その書の扉に1963年7月に Dr. Worths から頂いたと書き込んである。ワース先生ご夫妻にお会いしたということである。この書物を下さったのは、私がリチャード・ニーバーに関心があると申し上げたからだったと思う。ラインホルドはリチャードの兄である。

　実は私は ICU の入学式前にワース先生をお訪ねしていた。入学式前に ICU から来た通知の中にアドヴァイザー制度についての説明があり、私のアドヴァイザーはワース先生だと知らされた。相談ごとがあれば、何時でも会っていただける旨のことが書いてあったのだと思う。私には相談したいことがたくさんあった。それで勇気を奮ってお訪ねした。どうやってアポイントメントを取ったのか、どのような英語でしゃべったのか、全く覚えていない。

当時の私の英語力では電話や手紙でアポイントメントを取ることは無理だったと思う。それに私の家には電話がなかった。おそらく大学の事務を通してお会いする許可を得たのだと思う。先生のお宅の富士山の見える部屋で初めてお会いした。入学してからも、卒業後もその居間と隣の食堂とに何度もお邪魔することになった。

　私は多くの問題を抱えていた。私は都合2年間の「浪人生活」をしていた。それも予備校に通わずに自宅にこもって自己流の受験勉強をしていた。新しい環境に適応するのが先ず問題であった。浪人1年目に静岡大学工学部の入試に合格した。なぜ静岡大学工学部を受験したのか、動機は思い出せない。しかし当時私の兄が某光学器械のメーカーで働いていたことが何か関係していたのだと思う。その会社は現在コピー機の有力メーカーになっているが、当時はその開発を進めていた。私の兄の専門は光学の分野であったが、光学と「弱電」が結び付かなければいけないと言い、弱電関係の勉強をし直していた。兄は私にも弱電を勉強しろと言っていた。私は兄弟で協力してコピー機器の開発をやろうと誘われていた。静岡大学工学部の前身は浜松高等工業学校で、世界で初めて電気的に送信された映像をブラウン管に映し出したことで知られる。兄からその話を聞いて、この大学を志願したのではなかっただろうか。しかし静岡大学で私の知り合いが教員をしており、彼に諭されて、もう1年浪人して東京の大学を目指すことになった。それに私はあまり「弱電」には関心がなかった。2年目には東京工業大学とICUとを受験し、両方に合格した。どちらに入学するかが問題であった。私はICUに行きたかった。当時、学費は国立大学が年額9,000円であったのに対し、ICUは36,000円であった。それだけでなく、ICUよりも東京工業大学に入学する方が「あらゆる意味で良い」と一般に思われていたから、親からも友人からも反対された。兄は私に賛成してくれた。どちらの大学に進むかで悩んでワース先生にお会いした。

　私はICUの「I」「C」「U」のすべてに関心を持った。ICUがこれまで日本になかった「新しい大学」であることが魅力であった。私は東南アジアに関心を持っていたから、世界に開かれた大学で学びたかった。私はICUに入学

した年のクリスマスに洗礼を受けたが、3代目のキリスト者である。祖母が入信し、私の両親もキリスト者であった。親族もほとんどがキリスト者である。私は幼い頃から教会に通い、聖書を読んでいた。私は仏教や神道の年間行事を全く知らずに育った。だからといって特にキリスト教的な雰囲気が家庭にあったのでもない。キリスト教主義の大学に進学することは全く考えていなかった。しかしICUは少し違っていた。ICUには原島鮮先生がおられた。先生は東京工業大学からICUに移っておられた。原島先生は九州大学理学部に長くおられたが、私の叔母の連れ合いがそこで教えており、彼を通して原島先生のお名前を知っていた。先生はキリスト者としてICUで教えることに使命を感じておられたが何かの事情で東京工業大学に行かれたと伺っていた。これらのことはワース先生にお会いする前に私の心にあったことであるが、ワース先生にお会いして、ICUに入学する決心を強めた。そして父を説得することができた。

　入学して間もなくの頃、ワース先生のお宅にアドヴァイジーが招かれ、食事をした。私はそれまで日本人以外の家庭に招かれ、食事をしたことがない。そこではワース先生だけでなく、奥様やお子さんたちも一緒であった。そこで私は鋭い衝撃を受けた。そこに見る夫婦関係、親子関係は私には驚きであった。夫婦も親子も互いにyouで話し合っている。一人一人が固有名詞で呼びかけられていた。「おい」、「お前」がなかった。それが何よりも衝撃であった。そして家族全員が醸し出している雰囲気が私には全く新しいものであった。単に仲が良い夫婦、親しい親子というのではない。上下関係というか支配・従属の関係が全く見られなかった。家長・主人と一族郎党というような雰囲気が全くなかった。人間関係が民主的であった。私は「クリスチャン・ホーム」で育ったが、私の家にそのような人間関係は実現していなかった。私の父は強権的な「家長」であった。ワース先生の家庭に見たものは私が知り体験していた家族関係とは全く違うものだった。互いが敬意によって結ばれ、一人一人が独立した人格として生きているように思われた。その後、他の教授がオープン・ハウスをなさる時には出来るだけ多くお訪ねするようにし、そこに展開される家族の人間関係を観察した。基本的人権が日常的に守られてい

る光景がそこにあった。

　アメリカ人教授の家庭だけでなく、日本人教員の家庭にも頻繁に招かれた。湯浅学長や篠遠喜人先生、神田盾夫先生などの長老教授たちだけでなく、古屋安雄先生、秋田稔先生、星野命先生、斉藤和明先生ら、ジュニアー・ファカルティのお宅にも何度も伺った（「押しかけた」という方が当たっているかも知れない）。独身であられた絹川正吉先生をお訪ねしたこともある。絹川先生は教室では非常に怖い先生であったが、独身寮でお会いする絹川先生は親しみ易い先輩だった。教員ではないが、郵便局長をしておられた三木喜之介さんのお宅にも頻繁にお邪魔した。三木さんのお宅で讃美歌を歌う会が毎週あった。私はミセス三木のオルガン練習のお手伝いをしていたので、讃美歌を歌う会にもほとんど欠かさずに参加した。同じく職員であった細木盛枝さんや遠藤左門さんのお宅にも何回か招かれた。その他に一度だけお訪ねした家庭もたくさんある。アメリカ人の家庭、日本人の家庭を親しく観察しながら、日本にも「民主主義的傾向」（ポツダム宣言にある言葉を借りれば）があることを認識したように思う。その民主主義的傾向が新島襄や新渡戸稲造、内村鑑三を源流とするキリスト者の間で明治以来営々と築かれてきたこと、それが湯浅学長や無教会派の先生方を通してICUに流れ込んでいたことを私は後に理解することになる。私がキリスト教に惹かれたのは書物を通してではなく、アドヴァイザーであったワース先生を初めとする教授や職員たちの家庭を通してであった。私にとって教員も職員も全員が教育者であった。

　ここでついでに触れておきたいことがある。長清子先生の『未来をきり拓く大学』62頁に「信仰なしに神学を論じる人」が日本にいるというエーミル・ブルンナーの言葉が伝えられる。長先生も「これは鋭い観察である」と言われるが、本当にそうだと思う。神学は「信仰箇条」に関する議論である。「信仰箇条」は英語で言えばbelief、ラテン語ではfidesである。それは神、イエス・キリスト、聖霊、教会、人間、世界、歴史などについての考え方を明文化し、それを定式化した知的命題である。信仰箇条によって教派が分かれる。それに対して「信仰」とは「信頼」である。英語ではfaithあるいはtrust、ラテン語ではcredoである。それは心の態度である。人の信頼はあらゆるもの

に向けられる。「神」に向けられるだけではない。自分の人生に意味あらしめると思われるものなら何にでも向けられる。それは「国」であることが多い。財産や社会的地位に向けられることも多い。人は何ものかを信頼して生きている。何にも信頼しないで生きている人はいない。「信仰なしに神学を論じる人」は神に信頼せずに様々な信仰箇条について議論している。彼らも何ものかを信頼しているはずであるが、その信頼は神以外のものに向けられている。ICU のキリスト教は「エキュメニカル」である。あらゆる教派が協力しあっている。異なる教派は異なる信仰箇条を持っているが、同一の神、イエス・キリストの父なる神に信頼することにおいて一致している。「教会」に関する理解、信仰箇条が異なっていても、神に対する信頼において一致している。私は ICU で神に信頼して生きる様々な教派の多くの素晴らしい人々に出会うことが出来た。

　奨学金のことではワース先生にずいぶんお世話になった。私の父は戦前、中国大陸で仕事をしていたため、敗戦と共に職を失った。私が ICU に入学した頃の日本は「もはや戦後ではない」と言われていたが、私の父はまだ半ば失職状態にあった。私はアルバイトをすると父に約束したが、生活費はともかく、学費まで稼ぐことは無理であった。入学前にワース先生にお会いした時にも奨学金のことを伺った。先生に相談しながら、奨学金とは何かについて教えられた。お金があっても学力がなければ大学で学ぶ権利はないが、学業を続けることの出来ない理由が経済的なものだけであるのなら、退学をさせずに奨学金を出して学業を続けさせるということであった。ワース先生がはっきりそう言われたのか、先生のお話を伺いながら私がそう解釈したのか、どちらかはもう思い出せない。いずれにせよ、ICU に奨学金制度が整備されていることを知ったのは ICU を選ぶ理由の一つとして大きいものであった。後年アメリカに留学したときにも私は奨学金に関して同じような印象を受けた。アメリカの大学では（すべてとは言えないが）学部にしても大学院にしても、成績が悪ければいくらお金を持っていても在学させてもらえないが、ただ学費が払えないという理由だけでは退学させてもらえないような仕組みになっていたように思う。これは後に私が大学教育に携わるようになった時

に特に留意した点である。

　私はアドヴァイザー制度あるいはアドヴァイザーを非常に良く「利用」したと思う。何かがあると必ずワース先生をお訪ねした。教室の外で先生と親しくお話することで多くのことを学んだ。偶然でしかないのであろうが、後に私の妻となる森光代もワース先生のアドヴァイジーであった。光代は私の一年下で、後に教育学科に移ったが、入学時は語学科生であった。それがなぜワース先生のアドヴァイジーになったのかは知らない。私たちは1967年3月に結婚したが、婚約式はワース先生のお宅で行った。私がICUを卒業して3年経っていたが、私はまだ東京神学大学の学生であった。その年2月の珍しく雪の降る日に、ワース先生ご夫妻に証人になって頂き、私たち2人がそれぞれの両親と共に先生のお宅の居間にお邪魔し、荒井俊次牧師の司式で婚約式が行われた。当時ICUでは能研テストを入試に用いることをめぐって、それに反対する学生たちによって紛争が起こっていた。2月には学生たちによって本館が占拠され封鎖された。そのような緊張した雰囲気の中で、婚約式をキャンパスで、それもワース先生のお宅で行うような「不謹慎」なことなど、先生は許して下さらないのではないかと私は恐る恐る先生にお願いに行った。先生は私の心配をよそに、most appropriate thing と言って喜んで引き受けてくださった。

　1985年6月の「八期会」にワース先生は出席して下さった（口絵写真集ix頁参照）。それは私たちが卒業して21年経ったときである。写真はSection Cの面々である（入学時にはこの倍くらいいた）。この中の大半の者がワース先生のアドヴァイジーであった（右端でマイクを持っているのが筆者）。私たちが入学してからは4半世紀が経っていたが、私たちはワース先生がアドヴァイザーであったことを忘れていなかったし、先生も私たちアドヴァイジーを忘れずにいて下さった。先生は1989年3月にICUでの働きを終えて帰米なさった。ワース先生ご夫妻はその後もう一度ICUに来られた。1993年10月24日に国際基督教大学教会創立40周年記念礼拝が行われ、ワース先生が説教者として招かれた。私も札幌から駆けつけてご夫妻にお会いした。その後はクリスマス・ニューズ・レターを交換するだけになっていた。先生ご夫妻は私たち

のニューズ・レターを楽しみにしていると書いて下さっていた。

教師としてのワース先生

　私はワース先生と教室の外では頻繁にお会いしていたが、先生の授業はソフォモア（2年生）になるまで履修したことがない。しかも履修したのは一般物理学(General Physics)だけである。シニア（4年生）になって綜合演習(Integrating Seminar)があり、ワース先生も何人かの教員たちと一緒にセミナーに加わっておられたが、それも春学期だけで、秋学期からはサバティカル休暇に入り、アメリカで過ごされた。先生のサバティカル休暇の時期がずれていれば、卒業論文はワース先生の指導の下で書くことになったのだろう。一般物理学は3学期間続いた。1コマ65分の授業が週に3回あったと記憶する。

　ワース先生の授業は大変だった。教科書はシアーズとゼマンスキーの1,000頁を超える大きなものであった。全体は50章以上に分かれていた。ワース先生は1回の講義で1章を終えられた。章の終わりにはたくさんの練習問題が掲げてあった。それを解くことが毎回の宿題であった。日によって奇数番号か偶数番号かの違いはあったが、毎回10題以上の練習問題を解かなければならなかった。宿題の提出日は次の講義の日であった。講義は1年を通して月曜、金曜の午前中にあり、水曜の午後に実験があった。私はこの宿題を必ず期日に提出した。そのため週に2回、深更はおろか、しばしば朝日が昇って辺りが明るくなるまで、練習問題を解くために教科書を読み返し、推論し計算をしなければならなかった。練習問題を解いた上で、解答を論理的に英文で書かなければならない。毎回レポート用紙に数枚の分量のものを書いていた。一度でも提出しないと、4〜5日後には2回分を提出しなければならないことになる。実験のレポートも書かなければならなかった。ワース先生は宿題を添削して返却してくださったが、毎回講義の終わりに提出し、提出してあったものは返却を受けて教室を出た。講義は本館1階の西翼北側の大きな階段教室で行われた。履修者は20名もいなかっただろう。教室に来る直前まで宿題と取り組んでいた日には居眠りが出てしまう。あの広い教室にわずかな数の学生しかいなかったのだから、非常に目立ったに違

いない。また講義を注意深く聴いて内容を理解しないと練習問題が解けなくなる。居眠りはできないし、いわんや欠席することなど考えることもできなかった。しかし宿題の練習問題を解いた時点でその章で取り扱われていたトピックスを一通り理解し、呑み込むことが出来たため期末試験のときに一夜漬けの詰め込みをする必要がなかった。ワース先生が期末試験をなさったのかどうかは思い出せないが、少なくとも私は一般物理学の期末試験で苦労したという覚えが全くない。

ワース先生は教室の外では温厚そのもので、温顔に常に笑みをたたえておられた。しかし教室のワース先生は非常に demanding であった。先生には有無を言わさず指示に従わせる威厳があった。あの1年間は辛かったが非常に充実していた。あれだけの集中した1年間、充実した時間を持つことが出来たのはワース先生のお陰である。

当時私は第2男子寮の4人部屋に住んでいた。4人はすべて学年も学科も異なっていた。ルーム・メイトたちは毎晩ほぼ12時ごろには就寝した。私は週に2〜3回は徹夜に近いことをしなければならなかった。彼らが寝たあと、私はスタンドの明かりを消し、常夜灯で勉強した。私の視力は両眼ともに2.0であったから、常夜灯の明るさで充分であった。なるべく音を立てないように心がけたが、あの1年、ルーム・メイトたちにとってはずいぶん迷惑だっただろう。もちろん、徹夜に至る前に、明るいうちに宿題を片付けるべきだったというべきかも知れない。しかしそれは無理であった。私はワース先生の授業だけを取っていたのではない。アルバイトもやっていたし、物理や化学の実験があった。理学館が出来る前であったから実験設備は何もなかった。自分で実験装置を設計し、組み立てなければならなかった。そのお陰で旋盤の使い方やアセチレン溶接の方法などもワース先生に叱られながら覚えた。

もう一つ大変だったことがある。私はソフォモアになったときに ICU 教会のオルガニストを仰せ付かった。前任者は5期生の神田啓治さんである。私の父が教会でオルガニストをしていたので、私も幼い頃からオルガンの練習をやらされていた。しかしあまり真面目にやっていなかったから、人前で演奏するほどの腕前にはなっていなかった。オルガニストとして毎週日曜日

のICU教会礼拝と毎週水曜日の大学礼拝で奏楽をしなければいけないことになった。毎日かなりの時間をかけて練習をしなければならなかった。

　さらにもう一つ大変だったことがある。先にも触れたが、私は入学前に蛮勇を奮ってワース先生にお会いした。しかし英語が良く出来たわけではない。フレッシュマン・イングリッシュは苦痛であった。一緒にフレッシュマン・イングリッシュをとっていた同期生の中にはAFS帰りの人も多く、英語が非常に良く出来る人がたくさんいた。英語を非常に巧みに操る同級生たちは私にとって驚異の的であった。フレッシュマン・イングリッシュが始まって1カ月ほど経った頃に彼らに追いつくためにはどうすれば良いかを考えて、一つの決心をした。彼らがアメリカでしてきた（と思われる）ように、日本語を一切読まず、英語だけを読むという決心である。教科書も参考書も、聖書も新聞も、その他のものも、日本語のものは一切見ずに英語で書かれたものだけを読むことにした。関口存男がドイツ語をマスターした方法、『古代への情熱』のハインリヒ・シュリーマンが多くの外国語を次々とマスターした方法などからもヒントを得た。フレッシュマンの3学期目からいわゆる専門科目を取り始めた。最初に履修したのは「物理数学」だった。教科書として何が指定されたのかは覚えていないが、私は図書館で英語の文献を借り出して、もっぱらそれを使った。その後も日本人教員が担当する科目で教科書が日本語の場合にはそれを読まず、参考文献に挙げられているものの中から英文のものを選んで読んだ。それは徹底していた。

　当然のことながら、そのような勉強法は能率が極度に悪い。先ず英語を理解しないと、そこに盛られている情報を取り出すことができない。二重の手間が必要であり、時間も無限に必要であった。私はただ読むだけでなく、読んだこと、感銘を受けた文章などを大学ノートに抜書きしながら読んだ。卒業するまでに20冊ほどの大学ノートが溜まった。私はその大学ノートを青春の記録として大事にしていたが、引越しを繰り返すうちにどこかへ行ってしまった。ワース先生の添削を受けた宿題も一緒にとってあったが、それも失われてしまった。

　ワース先生の一般物理学をとっていたのはその能率の悪い勉強法たけなわ

の頃であった。私は英語を勉強したのではない。英語を用いて物理を初めとするすべての科目を勉強した。しかしこの勉強法を続けた結果、何時の頃からか英語がいわば「透明」になってきた。英語という媒体に邪魔されずに様々の領域の事柄について直接に情報を読み取ることができるようになった。私はその後ドイツ語、フランス語、ギリシア語（コイネー）、ラテン語、ヘブライ語などを学んだ。タイ国ではタイ語も学んだ。それらの言語の「透明度」は実用にはならないほどに低い。しかし学んだことのない言語は全くの不透明で、その言語に盛られている情報は全く見えない。上に挙げた言語についてもICU在学中に用いた方法でマスターしようとしたが出来なかった。大学を卒業して社会で働き始めると、あのような非能率的な方法を用いる余裕はなくなった。あの方法は大学生だから用いることができた。私はアメリカ留学を希望し、1970年にTOEFLを受けた。スコアが何点であったか正確に覚えていないが620点くらいだったと思う。パーセンタイル・ランクは95以上であった。

　私は英語にほとんど不自由しないまでになったが、英語を勉強したわけではないので英語を教えることはできない。日本の俚諺に「芸が身を助けるほどの不幸せ」というのがある。この俚諺が言いたいこととは少し違うのかも知れないが、私も「不幸せ」だと思うことがある。英語という芸が出来るために私は翻訳を多く頼まれるようになった。「翻訳屋」が専門になっているような気がする。大学で教えるようになってからも、専門の研究をするための時間を翻訳に取られることが多くなった。私は自分の筆で著作をものしたいと願っている。しかし翻訳を頼まれてそれが出来ないというのは卑怯な言い訳に過ぎないし、その上に自分の貧しい思想を書き記して「恥をかく」よりも、私よりはるかに優れた方々の思想を紹介することのほうが社会にとっても自分にとっても利益になるのだから、私は「不幸せ」ではなく「幸せ」なのだと自分に言い聞かせている。いずれにせよICUのフレッシュマンの時にした努力は大きな結果をもたらした。

　もっとも私の専門が何なのか、あまりはっきりしない。翻訳にしても私の専門の領域のものはあまりない。私の専門は「組織神学」で、特に「キリス

ト教倫理」が私の関心の中心であるが、私が翻訳した書物はいわば「学際的」なものが多い。これは ICU で教育を受けた結果だと思う。例えば『キリスト教神学事典』(教文館) はその最たるものである。私はこの『事典』を一人で翻訳した。一口に「キリスト教神学」といっても、聖書神学、聖書学があり、それがさらに新約聖書神学、旧約聖書神学に分かれるし、聖書考古学もある。歴史神学、組織神学、実践神学などがあり、それぞれがまた細かく細分化され、それぞれに専門家がいる。またそれは「神学」事典ではあるが、神学の周辺の諸学に関する項目が含まれる。哲学、自然科学、社会科学、文学、美術・芸術、歴史学、心理学、社会学、その他の事柄に関する項目がある。このような事典は多くの専門家が分担執筆しており、翻訳する場合も専門家が分担するのが普通である。教文館の出版部長であった高戸要氏は私に一人で翻訳して欲しいと言われた。高戸氏とはその直前に『世界キリスト教百科事典』(教文館) の翻訳編集でご一緒した。私は最初その書のほんの一部分の翻訳を頼まれただけであったが、そのうちに編集委員の一人とされた。高戸氏と頻繁にお会いし、細かい相談や打ち合わせを重ねるようになった。その結果あの大部な『世界キリスト教百科事典』が出版された。『キリスト教神学事典』の翻訳を頼まれたのはその編集作業が一段落し、出版の目途がついた頃のことである。英語が分かれば翻訳が出来るというのではない。専門的に勉強した分野以外のことに関しては日本語で書いてあっても理解できないことが多いことを高戸氏には申し上げた。高戸氏はそれを承知で任せて下さった。もちろん高戸氏は、私の翻訳をチェックするために多くの専門家を集めて下さっていた。大変な苦労をしたが翻訳を完成させることができた。

　私が専門とする研究分野には特に鋭い焦点がない。しかし私は ICU で伝道者・説教者になる召命を受けた。私の専門職業は伝道者、説教者である。聖書を解き明かし、人間の救いを説くことが私の専門的課題となった。

　私は高校生の頃から「人のため」に働きたいと思っていた。「人間の救いのため」という風には考えていなかった。しかし文明の恩恵をもたらすことが人を救うことだと感じていたのだろう。私は ICU で学ぶ間に「人間の救い」について考えさせられるようになった。そして「人間の救いのために」働く

人間に変えられた。ICUの「教養学部」で学んだことは、「人間」について理解するために、社会科学、人文科学、自然科学など、いろいろな角度から人間の現象を認識し、理解しなければならないということであった。専門を狭く限定して、それに集中してはならないということであった。聖書を理解し、福音を説教するために「人間の現象」をあらゆる角度から理解しなければならないと考えるようになった。それで私はH・リチャード・ニーバーに関心を持つようになった。

あとがき

　私にとってICU全体が、伝道者・説教者になるための準備教育になった。ICUが提供するものがどれだけあったのか、そのうち私がどれだけ吸収することが出来たのかは分からない。しかしICUのアドヴァイザー制度なしには、とくにワース先生が私のアドヴァイザーでなかったとしたら、私はICUが提供するものをどこまで吸収できたか分からない。ワース先生はICUと私を結ぶ仲介者であった。

　ワース先生は、もともと中国の南京大学に行かれることになっていたという。そのために中国語も勉強なさったという。1949年、中国に中華人民共和国が成立して、南京大学で教える計画が頓挫した。ワース先生は1954年夏にICUに着任された。先生は1983年3月に南京を訪れておられる。先生の第一の思いは中国に向けられていたのだろう。先生は中国でも献身的な教育者として多くの学生に良い感化をお与えになることが出来たであろう。

　私が接する限りワース先生は日本を「仮の宿」としておられるような様子はなかった。先生のLife Journeys, Volume IIを読むと、先生が、如何に深くICUに打ち込んでおられたかが伝わってくる。休暇の時も全米を回ってICUの宣伝をして下さっていた。ICUがワース先生を獲得したことは、ICUにとって限りなく幸いなことであった。私にとってもワース先生の存在は無限に大きい。入学式の前に先生にお会い出来たことが何よりも大きい。あの出会いがなければ私は他の大学に進んでいたかも知れない。そうすれば今日の私はない。私が今日あるのは第一にワース先生のお陰である。

できん坊に奨学金

古林　宏
(ICU 8期生)

　ワース先生が亡くなられたと聞いたとき「あっ、お元気だったのだ」と思った。その意味は、長生きをされていて良かったという、ホッとしたような、ある種の安堵感であった。というのも、振り返って逆算をすると、当時、私と10歳余りしか離れていなかったワース先生には、いかにもベテラン教育者という雰囲気があった。先生は堂々として貫禄があり、本当はお若かったのに、とてもそんな年とは思えなかったから、訃報を聞いたときに「あっ、未だお元気だったのだ」という、そんな思いを抱いたのだと思う。

　先生の名を聞いて何を最初に思い出すかと言えば、教壇に立つ姿ではなく、自宅で家族とご一緒の様子である。新入生の頃、奥さんや子供さんと一緒にキャンパスの奥まった住宅の居間で、生徒と一緒に車座になって紅茶やケーキを召し上がっているシーン。「ドンちゃん」という、愛嬌ある呼び名が良く似合う。とにかく優しいこと。何もこと細かく言うことはせず、態度で教育をする先生である。あの象さんのような大きな体で、しかし静かに小猿の悪戯に目を細めながら眺めている。そんな情景が想い出される。

　そんな叱ることを知らない先生に、一度だけ注意をされたことが記憶に残っている。三鷹駅のホームで出会った時のこと、先生から「何事も楽をしていては勉強は出来ませんよ」という意味のことを言われた。強く脳裏に焼き付いている。当時の私は、学校で勉強に割く時間よりも、外でバイトをしたりクラブ活動でたくさんの時間を使ったりすることが多く、そんな姿を見て、めったに叱ることをしない先生が見かねて言われたことだったのだろう。

　大学の2年の頃、経営不振だった父の経営する会社がついに倒産。仕送りも滞りがちになった。友人の紹介で赤坂にあるTBSテレビの報道部でアルバイトを始めた。「坊や」という愛称で呼ばれる、部員スタッフのお手伝い役としての使い走りである。同じフロアーには先輩の北代さんがデスクでい

らした。すぐ後方の席では前の千葉県知事の堂本さんが海外ニュースを担当されていた。「ねえ、何か面白い記事ない？」と聞かれた声が今でも懐かしく耳に残る。

　当時の仕事は、報道部員が放送直前ぎりぎりのタイミングに作るテレビニュースのための原稿を、テロップと呼ばれる、手書きの文字を書き込んだ葉書サイズのカット紙や写真で作成し、型枠にはめて映写室に持ち込むこと。そして、その原稿を大急ぎで作成依頼に走ったり、出来たものを映写室に運んだりすること。あるいはまた、アナウンサーのブースに原稿を運んだりすること。また一方、裏送りと呼んで、天気予報の原稿を気象庁のFAXから転記して地方の放送局に送ること。時計の秒針を見計りながら、アナウンサーにキューを出して原稿を読んでもらうことなど。本来は社員の仕事なのだが、慣れてくると社員当人は寝てしまってこちらに任せっぱなし、という次第。

　夕方出勤で、遅番をこなして仮眠をし、翌朝5時からの仕事を済ませた後で大学に行く。あるとき早朝の仕事を終えて大学に出ると、「お前、今朝のニュースで出ていたな」と言われた。ニュースキャスターが反射板を持っていた私に、「そこにいる学生さんの意見を聞いてみましょう」という場面があった後の登校であった。そんなバイトだけでは生活費が足りず、家庭教師をかけ持ちしたり、朝日新聞社の記者クラブのバイトで、腕章を巻いて国会議事堂の赤い絨毯を駆け回ったり。警視庁の記者クラブで、賭けマージャンを横目で見ながら、期末の試験勉強をしたりした。

　振り返れば社会の最前線で報酬つきの実務研修を受けていたということになる。しかし、そんな生活で学業がまともに出来る訳が無く、3年の1学期で休学を決めた。大学を離れた夜の大都会、喧騒の片隅で独りになる時、武蔵野のキャンパスと重ね合わせてワース先生を偲ぶことが多くあった。

　1年半後、ようやく親の仕事が何とか格好がつきそうだという段階で復学を申し出て、ワース先生にお願いをした。原島先生が学科長で、おそらくご両人が相談されたのだと思うが、復学が認められた。その上、なんと本人が願い出もしないのに学費が免除されたのだ。成績が優秀な生徒ならいざ知ら

ず、Cアベレージ（平均成績C）がやっとで、勉強熱心ではない学生。いかがなものか。でも有り難かった。どういう訳でそんな判断がされたのか、当時のいきさつは知らない。が、おそらくそれなりの調査はされたのだと後から思う。しかしそれ以上に、両先生のご配慮があったのだと推察する。この学生は、ここでこのまま放り出してしまうよりは、残りの時間にチャンスを与えて、世に送り出すことの方が正しい選択になると。そう考えられたのであろうと。

このあたりが少人数教育の良さということではないだろうか。心を通わせる教育現場のありようを問いかけているようにも思える。私という人間をそれなりに知っているお二人だったからこそ、その判断となったのだろう。もしそれが言葉も交わさない間柄であったなら、そんな意外とも言える判断は出来なかったのではないか。自分は中学、高校と、いわゆるミッションスクール。カトリック系の学校で旧教の先生、大学はアメリカン・カルチャーでプロテスタントの先生と、いずれも自らを捨てて後継者を育てることを生き甲斐とする、そんな教育者の下で教育を受けた。先生方の献身的な姿勢や心が生徒に伝わらない筈は無い。肌の触れ合いを通して、生徒はいつの間にか自然と、言外の教育を受け取っているものだと思う。教育は教壇からだけでなく全体を通して伝わるもの。寮生活でも、あのキャンパスでも、すべての環境が一体となって育むのだろうと考える。

そんな私は神の存在を否定も肯定もしない。いや、その様な議論することさえ恐れ多く、想像を超えた存在であると考える。それより、もっと身近な尊ぶべき存在としてのドンちゃんと原島先生は、今でも心の師である。あの喜怒哀楽を共にした寮生活、桜の花と芝生のキャンパス、みんなで食べた食堂、武蔵野の森や泰山荘などが自分の成長に必要だった。友人に勧められてすっかり気に入り、一期校を切り替えてICUを受験。今振り返って、その選択は何か運命的なものを感じる。もし他の大学であったら、そのあとの人生はどんな道を辿ったのだろうかと。あの休学と極貧生活、社会勉強。しかし、それらの自分に与えられた試練は、特別なトレーニングだったと感謝している。お陰で、清流に育った稚魚が外洋に出た後、十分に鍛えられた基礎

体力で他と損色のない泳ぎができた。
　大学に戻って、TBSも半年ほどで辞め、残り1年間は何とかまともな学生生活に戻った。すぐに卒論指導をワース先生にお願いした。卒論テーマは「積分回路の設計」(Actual Design of Integrating Circuit)で、実験室の中で白衣に着替えて回路設計に取り組む日が続いた。年が明けて就職シーズンが近づいたが、成績の悪い自分には大手の優良企業は最初から駄目と決め込んで、実力本位のジャーナリズム関連を考えていた。そんな6月のある日、IBMを受けようという人から一緒に受けませんかと誘われて、「これも経験」のつもりで受けたところ思いがけず合格してしまった。ICUの時もそうだったが、誘った当人が落っこちて申し訳ないという次第。一緒に入ったメンバーを見ると、東京工業大学や慶応大学で優秀な成績の連中ばかり。成績の全く振るわない私がなぜか合格。しかも本社の営業企画部だという。面接で社会貢献の決意を熱く訴えたことが功を奏したのかもしれない。
　それはしかし、ICUの先生方から受けたものを素直に述べただけだったように思う。一方で、このあたりに外資系企業の良さも感じるところでもある。学校の成績もさることながら、入試でそれなりのレベルがあれば、あとは面談でその人となり、意気込みを見て取ろうとする。今の私ならその判断を正しいとする。
　学園と別れる時が来た。ワース先生が本当に嬉しそうな顔をして握手をしてくれた。実感だったのだと思う。梯子を踏み外しそうになった私を、何とか引き上げて無事社会に送り出せた安堵感と、ある種の達成感があったのかと思う。私もその時の涙と決意にはまた新たなものがあった。卒業式のその時、予期せぬことに父の姿があった。式があることを告げてはいたが、まさか26歳にもなる男の卒業式に親が来るとは予想していなかった。本人はそんな気持ちだったのだが、父親にとってはまた格別だったのだろう。充分なことも出来ずに、という気持ちもあったのだろうが、嬉しかったのに違いない。
　卒業後、激流に揉まれて半世紀近く。図らずもIBMのシステム360という今世紀の本格的なコンピューター世代、ワード・マシンからバイト・マシンとなるその第1期生としてスタート。新しい世代のコンピューターと共にそ

の先駆けとしての役割を担うこととなり、情報産業の急成長と共に多くの葛藤があった。しかしワース先生から教えてもらった理論物理を背景とする、妥協のない、そして物事の必然性や真実を求める姿勢は、結果として自己実現につながったともの考え、そのことに感謝している。お陰で情報と人間社会の関わりについて、その一側面ではあるが社会での役割の一端を担い、何がしかの役目を果たせていることを幸せに思っている。あのとき、復学を支援して下さったワース先生や原島先生の思いに対して、多少ともお応えが出来たと言えば自分勝手な思い過ごしかもしれないが。

　この半世紀を通して、多くの困難に出会うことや難題を抱えることがあった。ふと気がつくと、企業人生の常で目先の利に捉われて判断に迷う局面も多かったが、正しい方向に導かれたのは、内にある、学窓で培われた判断力であったように思う。そして今そのことによって、何がしか社会に対して還元することも出来たのではないかと考えている。このことに関してワース先生に、改めて感謝のお礼を申し上げたい。

　卒業の後に結婚をし、その式にご招待したが、その後連絡をせずにいた。忙しさにかまけてすっかり報告をすることのタイミングを逸していた。この文集に寄稿することで、永の無沙汰を詫びて報告に代えたいと思う。いまICUの奨学金制度が開始されて募金を呼びかけられているが、些少だがお応えしている。感謝の気持ちを重ねて。

ヤマノコギリソウ

ワース先生の思い出

神戸　宏
(ICU 12期生)

在学時の ICU

　私は1964年4月入学、第一男子寮にて4年間を暮らすことになった。1964年－1968年の間、教養学部自然科学科物理専攻で在籍した。クラブ活動は第一男子寮伝統のラグビー部に入部した。入学当時は学内はまだ現在の様に整備されておらず、主な建物は本館、チャペル、D館、図書館、食堂、三角チャペル、第一、第二、カナダハウスの男子寮、第一から第四女子寮、既婚者用の寮のみであった。広大な敷地には牧場があり、そこでとれた生の牛乳は、脂肪分一杯で非常に美味しかったのを覚えている。入学時には、本館裏のグランドは石ころだらけであり、ラグビーやサッカー部の練習はそこで行っていた。時には、寮祭の余興として、運動会やフォークダンスの会も開催された。ほどなくして、牧場は閉鎖され、理学館の建設によりグランドは現在の位置に移設された。ゴルフ場の建設はその後であった。

学園紛争

　その頃全国に学園紛争が蔓延していた。ICU もその例に漏れず、4年間の学校生活を通じて何らかの紛争が断続的に続いた様に記憶している。授業ボイコット、座り込み、およびハンガーストライキなど断続的に行われていた。入学最初の学生総会のときに、執行部より「我々は君たちを歓迎しない」と言われ、何のことかさっぱり判らなかったことを覚えている。それは「授業料反対運動」の最中であったゆえである。

　私が2年生の1965年12月16日には、学生が「食費値上げ反対共闘会議」を作り、本館を占拠、バリケードを構築するにいたった。そのほかにも、座りこみ、履修登録拒否などの運動もしばしばで、その座り込みの中を登校するのがつらかったことを覚えている。なぜならその中には、同級生や知った

顔ぶれがたくさんいたからである。

　3年生の1967年2月10日には、「能研テスト採用および授業料値上げ撤回」を理由に約60名の学生によって本館が占拠され、学校は実質的に休校状態となった。2カ月後の4月10日、警察機動隊を導入することにより、本館の占拠は解かれた。学生の数名は退学処分になり、教職員も意見の相違により大学を去った人もいると聞いた。

寮生活

　寮生活は、快適で面白く暮らせた。個性豊かな約60名の学生が、一つ屋根の下で暮らすのはよい刺激になった。一部屋4名で主に地方出身の学生が入寮した。基本的に学年1名ずつの構成であった。早朝の寮対抗ラグビー大会や運動会、寮祭での演劇大会、女子寮との合同ハイキング等楽しい思い出が残っている。

　入寮式の前1週間はイニシエーションと称して、いろいろな課題を与えられた。漫画の「フクちゃん」のまねをして、ダンボールで作った角帽に、名前を書いたハンカチを胸に着けた格好で授業に出たこと。学内は禁酒のため校門外のロータリーまで連れて行かれ、泡盛を飲まされたこと。その泡盛の中にはジュースやケチャップが混ぜられていたとの事で飲めるものではなかったが、それを飲まされた後、寮まで全速力で走らされたこと。それ以来私は長い間焼酎嫌いになった。

　さらに三鷹駅、新宿、調布と連れて行かれ、多摩霊園で肝試しをやるということで、2人1組で乃木大将の墓を探して待てと言われた。私たちはそこで待っていたがいつまで待っても、先輩たちは現れず、寮に帰ることにした。幸いそのあたりの地理を若干知っている者がいて、歩いて帰ることになった。試行錯誤の末、やっと寮にたどり着いたのは夜中の3時半過ぎであったと思う。なんと先輩たちは、我々が何時に帰ってくるか楽しみにして、応接室で待っていたのである。

　イニシエーションで一番忘れられないのはストームであった。深夜「バカ山」の前に集合させられ2年生の指導を受けた。標的は第一女子寮。我々新

入寮生は数班に分けられそれぞれの役目を与えられた。①部屋から容易に出られなくするために、入り口のノブをロープで一列に結びつける。②廊下に砥粉を塗りたくって滑りやすくする。③発煙筒を炊いて驚かせる等の計画が練られていた。進入は女子寮の玄関ポーチに比較的体の大きいものが3人やぐらを組み、その上に一人よじ登り、そのポーチの上の窓から忍び込み、玄関のドアーを中から開け皆を進入させた。首尾よく作業が終わる頃、女子寮生が騒ぎ始め早々の体で逃げ出した。我々のうち1人の新入生が捕まり、水風呂に入れられ、きれいに化粧されて帰されたとのこと。また、トイレに金魚を放ってきたとのことであったが、その後女子寮で飼われたとのことであった。翌朝には第一女子寮の名で食堂前の掲示板に抗議文が貼られていたが、この件はこれで一件落着となった。

ワース先生の人物像

　仏のドンちゃん。私が最初に「ドンちゃん」という言葉を聞いた時、誰のことを言っているのか分からなかった。誰のことかと聞いたらワース先生のことだという。なぜと聞くと「ドナルド」だからだという。その後の先生のことを誰が言い出したのか「仏のドンちゃん」と呼ぶ様になった。それは先生の人となりから来たものだったと思われる。先生は巨体ながら、いつもニコニコして優しいまなざしで接して下さっていた。ICUでは「あだ名」で呼ばれる先生はワース先生しか知らない。学生たちは親愛の情を持って「仏のドンちゃん」と呼んでいた。クリスチャンの先生に「仏の」の枕詞をつけたことに関しては、一部の方々は不謹慎と思われるだろうが、私は「言いえて妙」と思っている。

　私の4年間の先生との交わりの中、たった1度を除き先生の怒った顔を見たことが無かった。先生は熱心なクリスチャンであったが宗教的な話はいっさいしなかった。また、学園紛争にも熱心に対処していた様だが、私たちにはその話題に関して一切口にしなかった。私が学業不振、負傷によるラグビーの挫折、経済的困窮、失恋等、何をやってもうまく行かず自暴自棄になっていた時も、先生と会って話をしていると何故か心を落ち着かせる事ができた。

いろいろな局面での、ワース先生の姿を思い出すのである。

石磨き

ある時、先生がそら豆大の綺麗な宝石の様な石を見せてくれた。指輪にしてもよいほど素晴らしいものであった。聞いてみると石をグラインダーで磨いたとの事。どこで石を手に入れたかと聞くと、そのあたりの道や、川原で拾ったものだということであった。あの巨体で豆粒の様な石を懸命に磨いている情景を想像すると、ある意味でユーモラスで、微笑ましく思った。それらの宝石を、奥様かどなたかにプレゼントしたかどうかは、聞きそびれた。

車

先生はあの頃、中古のアメ車に乗っておられた。そのころの我々には、車は高嶺の花であり、車を持つことなど夢の又夢であった。ただ先生の車はお世辞にも立派な車とはいえず、日本人の車の様にピカピカにしている風には見えなかった。アメリカ人は車は古くても綺麗でなくても、動けばよいとの実用性を重んじるのだと思った。アメリカ人は派手そうであるが、意外と堅実な人もいるのだと感心した。一方で、その頃、日本人でも裕福な家の学生には、赤いジャガーを乗り回していた者もいたのである。

エコロジー・太陽光発電

あるとき先生はエコロジーの話をされた。これからはエコロジーが重要になるとの話だったと思うが、私にはどの様な意味があるのか分からなかった。40年以上経った今日、地球温暖化の問題が世界的な大問題になっていることを思うと、先生の洞察力の凄さに感服している。また、先生の研究課題であった太陽光利用のエネルギー問題も、同じ問題意識の上にあったと思われる。

たった一度の怒り

4年間でただ一度だけ、ドンちゃんの怒った姿を見たことがあった。それは我々NS（自然科学科）の学生が先生の家に招待された時である。その時は、

20名ほどの学生が招待されていた。一同がワース先生のお家の居間で談笑中、息子さんが誰かの話中にちょっとふざけて騒いだ時であった。ワース先生はそれまでに見たことの無い形相で息子さんを叱責した。あの温厚な先生が怒るということは、やはり父親としては、いつも仏ではいられないのだと感じた。その一喝で息子さんは神妙になったが、日頃の言動からは想像もできない出来事に我々全員唖然とした一瞬であった。傍らでは先生の奥さんが、いつもの様に泰然と、二言、三言息子さんに声をかけていたのを思い出す。

物理の授業

　最初にワース先生に教わったのは基礎物理の授業であった。分厚い教科書でそれも英語であり、進度も速いため、英語の苦手な私には、ついていくのが精一杯であった。先生は毎講義といっていい程テストを行い、前回の授業内容の理解度をチェックしていた。その上、時々クイズと称してやや難しい試験を行っていた。毎回のテスト問題の作成、その採点等、大変であったと思うが、その熱心さには感心した。先生は授業では、我々日本人の為を思ってか専門用語はともかく、努めて易しい英語を使ってくれていた様に思われる。また、先生は私たちの前では、驚いたときの「オヤ、マー」以外の日本語は話されなかった。

卒　論

　私は卒論の研究課題として「質量分析器の製作」を選び、ワース先生の指導の下に行った。これは1年先輩の卒論研究を引き継いだものであった。質量分析器とは、試料をイオン化して、真空に近い気圧の中で電解と磁界の中で飛ばし、90度曲げた到達点でイオン化の量に応じて生ずる分布を、オシロスコープで観測するものである。卒論の作業の95％は機械工作であった。まるで工業高校の機械実習のごとく、旋盤、ボール版、やすりがけ、溶接等さまざまな機械の使い方を先生から教わった。

　質量分析器はイオン放出用と検出用の2つの直線の管と、その間に90度の曲線を持った管をつなぐ構成になっていて、それらの接合部分に円盤状の板

を取り付けボルトで固定したものであった。円盤の一方には円周状の溝を掘り、そこに特殊なリングをはめ込み気密を保持する構成になっていた。

あるとき、気密用のリングを買いに行くとの事で、一緒に来ないかと誘われ、友達と共に例の車で連れて行って頂いた。最初は商社らしきところへ行った。驚くことに、先生は日本語で堂々と交渉していた。そこには在庫がないということで、小さな町工場を紹介され、そちらの方に回り、ここで結局リングを入手した。この時、初めてワース先生の日本語を聞くことができた。

卒論の締め切りも近づいた頃、接合部円盤の溝を掘る作業で旋盤の作業に失敗し、溝が大きくなり過ぎてしまった。大き過ぎるとリングの効力が無くなり気密が保たれなくなる。先生に叱られるかと思いながら恐る恐る報告したところ、「オヤ、マー」と言っただけで、もう一度やり直す様に指示され、新しい材料を準備して下さった。機器もやっと完成してテストに取り掛かったところ、何度やっても想定した波形が観測できず、この実験は失敗であり、卒論は及第点がもらえず卒業できないのではないかと悩んだ。先生に相談すると「なぜ失敗したかを卒論に書け」という助言を頂いた。結局、卒論は締め切り日の朝方、同室の日系アメリカ人に、タイピストとしての助力を得て完成した。卒論は及第点を頂いた。

今頃ワース先生は、天国から私の愚行をみて「オヤ、マー」とあの柔和な顔で笑っている事であろう。ワース先生のご冥福をお祈りいたします。我が敬愛する「仏のドンちゃん」安らかに。

ワース先生の思い出

関口　和寛
(ICU 25期生)

　「カーネル・サンダースって、本当の"Colonel"だったのですか？」この実に突拍子のない問いに、半ば驚き半ば呆れたのかワース先生は一瞬言葉を失った。でも次の瞬間には、いつもの柔和な眼差しと落ち着いた声で「アメリカの南部では、何らかの功績をあげたと皆から認められた人を、ColonelとかCaptainとかの敬称を付けて呼ぶことがある。彼の場合も、多分同じような意味があって、事業に成功したので『カーネル・サンダース』と呼ぶのだろう」と説明して下さった。これは、私がICU理学科物理専攻4年生の時、太陽エネルギーに関する研究用実験小屋の建設資材を、吉祥寺通りにある金属材料店まで一緒に買いに行った車の中での会話だった。なぜ自分が「カーネル・サンダース」のことをふと口に出したのか、多分ワース先生と何か共通した印象があったのかも知れない。

　私にとってワース先生の第一印象は「大きな人だ」というものだった。私が初めて先生に会ったのは、1977年4月、ICUの入学式直後に行われた理学科オリエンテーションの時だった。当時、未だ高校を卒業して1カ月も経たない私には、大学の教授という存在は、あまりに大きなものだった。だから「大きな人」に見えたのか。いや、やはり隣に居られた絹川先生と比べても、大きな人だったという記憶がある。その時ワース先生が、我々フレッシュマンに何を話して下さったのか、内容はまったく頭に残っていない。確か、当時先生は教養学部長を兼務されており、たいへん忙しそうにしておられたように記憶している。その時はただ「大きな人」と思った印象だけが残っている。

　次にワース先生と直接会ったのは、5月の半ばにあったフレッシュマン・リトリートの時だった。当時は、理学科(NS)生だけが2つのセクション(KとL)にまとまっていた。他のセクションは、いろいろな学科の学生が混じった編成になっていたが、NSの学生だけは、12あったセクションの最後の2

つにまとめられていた。なぜ我々だけ、アルファベット順の最後のセクションに一まとめにされていたのか、その理由は未だに良く分からない。いくつか考えられる理由としては、NSは出来が悪い（特に英語の）とか、必修のクラスを取るに当たって授業のスケジュールが組みやすいとか、何か理由があったハズだ。でも、おかげでNSの学生は仲間意識が強く団結する傾向があった。あの頃から30年あまり経った今でも、このセクションメートたちとは何か特別な結び付きがある。セクションメート同士のカップルも多く、私の妻もセクションメートである。

話が逸れてしまったがフレッシュマン・リトリートに戻ることにしよう。我々、81の（1981年卒業の）NS生のリトリートは、その前年に竣工されたばかりの東京YMCA野辺山高原センターで行われた。新築で個性豊かな建物であったこと、皆で夜に部屋の中で歌を歌ったこと、そして自由時間に庭でワース先生、三宅先生と一緒にソフトボールをしたことを覚えている。ワース先生がバッターボックスに立つと、その威圧感はなんともいえないものがあり、その打球のパワーにも圧倒された。野球少年だった私は、この時メジャーリーグの実力を垣間見たような気になったことを思い出す。ワース先生とベーブ・ルースが二重写しになったのだ。そこで、私の中にあった「大きな人」の印象は益々強くなった。

ワース先生のクラスを受講したのは、フレッシュマンの3学期に一般物理学Ⅰを受けたのが最初だった。先生の授業はたいへん分かり良かった。テキストも英語だが日本語のテキストに比べて、こんなに分かり良いのかと感心した。今でも、このテキストは表紙を製本し直して（ソフトカバーなので補強した）手元にある。この授業が、それまで何を学ぶか迷っていた私が、物理を専攻することに決めた理由の一つのような気がする。私が天文学の道へ進むための物理の基礎を学んだ懐かしい思い出である。

その後、ワース先生からは「原子核物理学」の講義を受けた。そして、卒業研究のアドバイザーとして先生の指導を受けることになった。大して英語も出来なかった私が、何故ワース先生について卒業研究をすることにしたのか、自分でも未だに良く分かっていないが、決して太陽エネルギーの研究を

したいからでは無かった。何か先生には、引きつけられるものがあったのだと思う。そして、吉田潔さんと私の二人が、当時先生が研究しておられた「太陽エネルギー」の研究を手伝うことになった。

「太陽エネルギーの研究」といっても、我々が行ったのは理学館の屋上に小屋を建て、そこでフレネルレンズで集光した太陽光で水を温めるという、太陽熱温水器のおもちゃのような装置での実験だった。それも、実際に小屋が完成したのが2学期になってからだったので、ほとんどは実験小屋の建設工事をしていただけだった。だから、太陽光を集めた効率は覚えていないが、小屋を作った工作過程や、電気工事だけは良く覚えている。

本文のはじめに書いた「カーネル・サンダースについての問い」は、その時のことだ。吉田さんと私の二人は、毎日理学館の工作室で、鉄のフレーム加工をしたり、粉塵をもうもうとさせながら実験小屋の壁として使っていた「石膏ボード」を切断、加工したりしていた。実験小屋建設の電気工事は、もっぱらワース先生が行った。これは、たぶん学生2人に任せてはアブナイと思われたからだろう。もしくは、電気工事には資格が必要だったからかも知れない。

私が、実験小屋の電気工事に資格が必要なことを知ったのは、先生と一緒に配線部品を買いに、電気部品店へ行った時だった。ワース先生は、学生には英語しか使わないのだが、その他ではけっこう流暢な日本語を話された。店での買い物の時は、店員さんに、日本語で説明して部品を買っていた。ところが、店員さんが「この部品を使った電気工事には免許が必要ですよ」と言った時、とたんに先生は日本語が分からなくなった。この時の情景は、今でもはっきりと目に焼き付いて、昨日のことのように覚えている。

そんな学生だった私も、なんとか卒業研究を完成させて、卒業させてもらえた。私は、身の程知らずにも、卒業後はアメリカの大学院へ進学して天文学を専攻したい、とワース先生に希望を言った。もしも今の私が、私のような学生にそのような相談を受けたら、即座にその無謀を説いて諦めさせることだろう。でも、先生は真剣になって相談に乗って下さった。そして、どの大学へ行くべきかと迷っていた私に「まず、アメリカのどの地方へ行きたい

か、それを考えて決めればよい。どの地方にも、良い大学、適した大学はあるから、日本で知られている大学の名前だけで選ぶのではなく、どこが住み良いか、自分の好みに合った場所を探して選べばよい」とアドバイスして下さった。その時は、「そうか、アメリカはやはり広いし懐が深いな」とつくづく思ったものだが、何処へ行っても、自分に適した環境で自分の力を精いっぱい出して研究すれば良いのだ、ということをワース先生は教えて下さったのだ。

　そして、今にして思えば、私は一度もワース先生に叱られたことが無い。それどころか、先生が怒ったところを見たことも無い。先生はいつも私達の話を良く聞いて下さり、どのようにすれば我々の希望が実現するかを、真剣に、一緒になって考え、励まして下さった。それも学生ひとりひとりの能力や適性を考慮しながらだったのだ。今、自分が学生たちを指導する立場になって、先生は教師としての最も重要な要件、即ち、人間としての高い資質、広い視野と豊富な専門知識、学生に対する愛情と包容力、を併せ持っておられたことに気づく。私などがとても及ばぬものだ。さらに、先生はそれらを生かす教育への情熱を持った稀有な人であったとも思う。

　ワース先生について、取り留めない思い出を書き綴っていると、もうスペースが無くなってしまった。私にとって、先生は、恩師といった感覚よりも（もちろん恩師であることは事実なのだが）、もっと違った何か、ちょっと簡単には表現できない「大きな人」だった。これは、ワース先生を知る皆が共感することだと思う。先生の持つ、ある種の雰囲気というか、その人の上に立ち上っている香気と言っても良いかも知れない。それは、その人の持つ志と人徳が醸し出す何かであり、先生を知る人々の中に生き続けていると思う。それを感じることの出来た私たちは幸せだった。

ICU とワース先生の思い出

池田三恵子
（ICU 28期生）

　イソップ物語「北風と太陽」。旅人のコートを脱がせることができたのは、冷たい、強い北風ではなく、温かく旅人を促した太陽だった。ワース先生は、この太陽のような方だった。

　1979年の秋、高校3年生の私は ICU の指定校推薦入試を受けた。面接では、学生一人に対して、教授は3名いただろうか？　カチカチになっているところへ、Non Japanese（ノン・ジャパニーズ）の先生に、ICU を志望した理由を質問された。Non Japanese の先生だったので、日本語で答えてもよいか、英語で答えるべきなのかを聞くと、温かい笑顔で、「どちらでもよいですよ」との返事が帰ってきた。勇気を出して、「看護師を目指していたが、その目標を見失ってしまい、今は正直なところ、大学で何を学べば良いかわからない。そのため、いろいろなことを自由に学べる ICU を選んだ」というようなことを、しどろもどろの英語で答えた。残念ながら、この Non Japanese の先生が、ワース先生だったのかどうか、どうしても思い出せない。緊張のあまり、先生の顔をよく覚えることができず、入学を許された後も、その先生がどなただったのか、確認できずじまいだった。しかし、その面接の時のとても温かい雰囲気に、来たるべき ICU での学生生活を心待ちにしていた。

　「とりあえず」教育学科に入学し、FEP（Freshman English Program、1年生英語プログラム）とクラブ活動に没頭した私であったが、2年生になるころに聴講した General Education（一般教育）の物理が、とても面白かった。$f=ma$ の単純な運動方程式が、積分すると仕事になる、ということを通して、数学の世界と物理の世界が一致して、秩序のあることに、脳みそが興奮するような喜びを覚えた。ちょうどその年に関わった Christianity Week（キリスト教週間）でも、NS（Natural Science、理学科）の討論会では、教授陣と学生が時間を忘れて熱心に討議するのを目の当たりにし、その真摯な姿勢に、「自分も仲間に入れて

もらいたい」という気持ちを強く持った。

　NSでの勉強をすることをあきらめ切れず、ある日、自転車で、バカ山の間を通ってD館方面に向かう、NSの学科長でいらした絹川先生を、大胆にも通せんぼをして止めて、「NSに移りたいんですけど、どうすればいいですか？」とお聞きした。さすがの先生もびっくりした顔をされたが、「何かひとつでも、NSの科目をとって、よい成績だったら入れてあげるよ」とのことだった。最初に履修したNSの科目は、その絹川先生のAdvanced Mathematicsであった。全部理解できた訳ではないが、εとδの話をわくわく聞いた。2年生から3年生になった時に、正式にNSに転科した。

　何とかNSの学生となった当初、ワース先生は、ちょうどResearch Leave（研究休暇）でいらしたのか、名物のワース先生のGeneral Physics（一般物理学）は受講することができなかったが、その後、Optics（光学）を教えて頂いた。まだ寒い時期の1限目、冷え切ったN館（理学館）の教室に滑り込む頃には、ワース先生は、メガネをかけたりはずしたりしながら、細かい字で、びっしりと黒板に授業の内容を書いていらした。几帳面な大文字の活字体で、黒板が埋め尽くされている。重要な単語にはアンダーラインがされている。

　NSに転科してからは、理科系のバックグラウンドが乏しく、どの科目もあっぷあっぷの状態だったが、Opticsも歯が立たなかった科目の一つであった。ICUのアドバイザー・アドバイジー制度では、専任教員が学生一人ひとりについて、成績を告げたり、履修計画の指導を行ったり、学生生活を全面的にサポートしてくださる。私は、Research Leaveから戻られたワース先生のアドバイジー（アドバイスを受ける学生）にして頂いた。ワース先生は、私にOpticsの成績を告げるときに、申し訳なさそうな顔をされ、「それでも、そんなに悪くないから、心配しないで」というような、慰めと励ましの言葉をかけて下さったのを覚えている。センスがないのか、勉強が足りないのか、その他の物理の授業も、ついていくのは大変だったが、卒業に必要な授業は、何とか履修を終えることができた。

　Intermediate Physics Lab.（物理学実験）だっただろうか、ワース先生にお世話になって、太陽エネルギーを集光する実験を行った。計算するのに、当時の

流行で買った関数電卓を使えば計算できるようなことを、ワース先生はIBMのコンピュータで、BASICのプログラムを組んで計算するようにおっしゃった。生まれて初めてコンピュータの画面に向かい、どうしたらよいかわからないでいたところ、ニコニコと手ほどきしてくださった。忘れもしない、そのときにプログラムを保存したのは、カセットテープだった！

　科学の実力は甚だ乏しいくせに、夢ばかり大きな私は、「来るべきエネルギー危機を救うのは、太陽エネルギーの有効利用で、太陽エネルギーの間欠性を補うには、何かしらの方法で、それを蓄積することが必要で、卒論には、そのような研究をしたい」とワース先生に訴えた。すると、ワース先生は、「そのような研究は、ICUではできないが、知り合いに、電通大で、半導体電極による光－化学エネルギー変換の研究をしている人がいるので、受け入れてもらえるかどうか、問い合わせてみましょう」とおっしゃった。数日後には、電通大の矢沢一彦先生が、ご快諾くださったと、ワース先生が教えて下さった。自分で言い出した手前、ひっこみがつかなくなり、大好きなICUを離れるのは悲しかったが、ICU学生としての5年目は、毎日、卒業研究の実験のために、電通大の電気通信研究施設の固体電子部門に通うこととなった。酸化チタンの半導体電極に光をあて、そのエネルギーによって水を電気分解する実験だったが、1回あたり数時間かかる地道なもので、睡魔と、なかなか思うデータがとれないジレンマとの戦いだった。電通大の矢沢先生を始めとする先生方、スタッフ、院生、学部生に多くの助けを頂き、数カ月後、酸化チタンの半導体電極を用いた水の電気分解の卒業研究を、無事に仕上げることができた。

　ワース先生は、本当に学生のために、骨を折ることを惜しまない方だった。こちらが、ちょっと躊躇していたり、また、身の程知らずな夢を抱いてしまった時も、そっと、そして、すばやく、力を貸して下さった。また、常に、学生の訓練を念頭においておられた。ワース先生がこよなく愛した、N館のワークショップ（工作室）も、ワース先生が、学生が自分で実験道具をつくる技術を身につけることができるよう、立ち上げたものと、後から聞いた。常にまわりの者への細やかな愛情に溢れていて、必要な助けの手を差しのべ

て下さった。

　私は1985年にICUを卒業して、医療機器メーカーに就職した。最初に与えられた電気回路設計の仕事は、わからないことだらけで苦労したが、ICUで鍛えられた、「あきらめない」精神に助けられ、何とかエンジニアとして仕事をするようになった。就職3年目に結婚、その後、3人の娘を育てながらの共働き生活で、とにかく前を向いて走り続ける毎日を送り、もうすぐ四半世紀になる。

　ワース先生には、毎年クリスマスの時期に簡単な葉書をお送りしていたが、先生の方からは、細かい、びっしりとした内容で、近況報告を送って頂いていた。最後に頂いた2006年11月のお便りには、その年に介護付きの住宅に引っ越したこと、酸素吸入をしながらも、本やパソコンに囲まれ、教会の礼拝や読書会にも参加されている様子が書かれていた。2007年、先生の訃報に接したときは、寂しく思うと同時に、天国で、酸素吸入の必要なく、大好きな讃美歌を歌っておられるのだろう先生のお姿を想像した。

　このたび、この追悼の文章を書くにあたり、ICU図書館で先生の書かれた手記 (Life Journeys) の第2巻を読ませて頂いた。この手記も、ワース先生の特徴である、重要な単語の下にアンダーラインが引かれているフォーマットになっており、Opticsの授業を思い出し、懐かしかった。来日当初のこと、N館建築のこと、学生運動のこと、4年に1回、Research Leaveでアメリカに帰国された際の研究のことが、克明に記録されている。だれそれが、空港まで迎えに来てくれたこと、同僚の家族が、家具を揃えるのを手伝ってくれて、とても助かったことなど、その一つ一つの記録が、感謝に満ちているのも、特徴的である。

　ワース先生の著作は、驚くほど少ない。ICU図書館のデータベースを検索しても、担当された物理の授業のためのお手製の本くらいしか、出て来ない。それは、決して、先生が研究に不熱心だったということではなく、先生が、ご自分の成果にこだわらなかったからだと思う。ご自分が、研究で成果を出すことよりも、日本の学生や、家族を優先されたからだと思う。最後のResearch Leaveで携わった、炭素の微粒子を用いて太陽エネルギーを吸収する

研究についても、その研究成果が出る前にその研究所を辞し、家族と時間を過ごし、そして、日本の学生に再び仕えるために、日本に戻って来られた。
　内村鑑三の『後世への最大遺物』の中に、人は、後世に事業、お金、思想を残すことができるが、人が後世に残すことのできる最大の遺物は、「勇ましい高尚なる生涯」である、と書かれている。「この世の中はこれはけっして悪魔が支配する世の中にあらずして、神が支配する世の中であるということを信ずることである。失望の世の中にあらずして、希望の世の中であることを信ずることである。この世の中は悲嘆の世の中でなくして、歓喜の世の中であるという考えをわれわれの生涯に実行して、その生涯を世の中への贈物としてこの世を去るということであります」。
　ワース先生の生涯は、まさに、この偉大なる生涯であったと思う。ワース先生は、ご自分の持てる能力を、ご自分の人生を、人のために使い、感謝にあふれて過ごされた。そして、そのワース先生の人生の送り方を知り、私は大きく励まされ、自分の人生もまた、人を励ますことができるのだという希望を持つのである。先生、ありがとうございました。天国でお目にかかれる日を楽しみにしています。

アネモネ

ドクター・ワースの思い出

古屋　安雄

　私どもがICUに着任したのは1959年（昭和34年）の11月末であった。4回生の諸君が4年生で、まだICU創立の雰囲気が濃厚な時であった。そのころは、ICUの全学生が600名という、小さな大学であった。ICUファミリーという言葉がぴったりの、教授同士、そして教授と学生の関係が親密な時であった。

　そういう時に、私どもを温かく迎えてくれたのはドクター・ワースであった。アメリカ人で大柄な、物理学の教授であったが、ICUには開学2年目の1954年に着任した方である。それから1989年に退任されるまで、35年間ICUの教育に尽力された。その間に自然科学科長や教養学部長を務めておられるが、私は、ICU教会や宗務部とドクター・ワースとの関連の思い出を語りたいと思う。

　ドクター・ワースは、戦後、イェール大学で原子物理学の博士号をとられた後、ベリア・カレジで3年間教えられてからICUに来られた。イェールにおられたときは、中国にアメリカの長老派教会の宣教師として派遣されるはずだったという。だが、中国が共産主義化したために日本のICUに派遣されたとのことであった。従って、ドクター・ワースはきわめて missionary minded な人、宣教師の心を持つ人であった。ICUの創立時には、アメリカの各教派、教会が教師を派遣したので、ドクター・ワースのような宣教師のような人が多かったのである。トロイヤー、クライニヤン、ゲルハルト、キダー、グリーソン、ギースリン、リンデ、デユークなど、皆そうだった。それだから、毎日曜日のICU教会の礼拝には、これらの教授ご夫妻が必ず出席していた。今とは大違いである。教会とはこういうものだということを彼らが教えてくれた。中でも、ドクター・ワースはもっとも忠実なICU教会員であった。

　ドクター・ワースはICUに着任した翌年から、ICU教会の役員に選ばれ、

教育委員会などの委員長を歴任の後、役員会の委員長にも選ばれておられる。もともと、ドクター・ワースのような福音派の保守的信仰の持ち主には、ICUの牧師の信仰は自由主義的に思われたろうが、牧師をいつも支持して下さっていた。特にアジアの諸国に宣教奉仕者を派遣することを、ご夫妻で応援して下さった。ワース宅に暖かく招かれた食事の数々を、私どもは覚えているが、彼はICU教会の忠実な教会員であった。

ICU教会の創立40周年記念の行事が、1993年の10月24日に行われたが、以上に述べたことが、すでにカリフォルニア州のバークレーに引退していたドクター・ワースを説教者としてお招きした所以である。そのとき彼は「忠実な証人たち」という説教をしたが、彼自身が忠実な証人であった。その時のことを次のように説教で語っておられる。

「事実、それは私たちにとって懐かしい、心はずむ充実した日々となりました。まるで時と空間が1954年ごろの、あの初期の時代に戻ったかのように、ICU教会とICUの草創期に経験した、冒険者の心境と期待と希望を、もう一度味わうことが出来たのです。キャンパスを再び巡り歩くとき、私たちの心の目には、ICUとICU教会を設立することを大胆にも夢見、それを実現するために身を捧げた先駆者たちの霊に囲まれているような気がしてなりませんでした。」（『ICU教会創立40周年記念誌』、1994年）。

次は、各学科から一人の委員が出る、宗務委員会（Religious Committee）の委員長をしておられた時の、ドクター・ワースのことである。たしか60年代の前半であったと思う。チャペルのテーマが、キリスト者で教育者であった人々を取り上げる時であった。誰かがペスタロッチの名をあげたとき、ドクター・ワースがすかさず聞いたのである。「ペスタロッチとは誰か？」（Who is Pestalozzi?）。この18-19世紀の、著名なスイスの教育者を知らないアメリカ人を哀れむようなうす笑いが、耳学問で知っているほとんどの日本人の委員たちの間から起った。しかし、私は二人の教授を思い出して、笑うことは出来なかった。

一人は、私がプリンストン神学校の大学院にいる時にその授業を受けた、プリンストン大学大学院の哲学の教授であった、ジャック・マリタン教授で

ある。彼はもとソルボンヌ大学の教授で、フランスからアメリカに亡命したフランス人であった。彼があるフランス人大学院生の就職のための推薦状を頼まれたときに、次のように書いたというのである。「このフランス人は、どこのアメリカの大学の教授にもなることが出来る。なぜならヨーロッパの教授は言えないが、アメリカの教授だけが言える三つの単語を口にすることができるからである。つまり、I don't know」。

　もう一人は、神戸大学の経済学の日本人教授の話である。その教授は、1930年代の後半に、ウイーン大学のシュンペーター教授の数理経済学のゼミに出ていたが、そこに数学の出来ないアメリカの学生が一人いた。それから15年後に、この日本人教授は、プリンストン大学でフィールズ賞〈ノーベル賞に数学はない〉を受けた教授のゼミに出ていたが、なんと、彼がその数学の出来ないアメリカ人だったという。その日本人教授は、今でもその時のアメリカ人教授のゼミのノートを使っている。ウイーン大学のシュンペーター教授のゼミ以来、このアメリカ人は数学を勉強して、世界的な数学者になったのであった、という話である。

　この二人の教授の話を知っていたが故に、私にはドクター・ワースの質問を笑うことは出来なかったのである。彼は、典型的なアメリカ人の教授であった。そのことの故にドクター・ワースは、必ずしも神学的には賛同できない私の説教も、謙虚に聞いてくれたのだと思っている。

　1996年に、私どもがワースご夫妻を、引退先のバークレーに訪問したとき、所属しまた援助していたセント・ジョンズ長老派教会とそのウエストミンスター・クラブを見せて下さった。彼は最後まで長老派教会と大学生のために働いておられた。

　ドクター・ワースは2007年7月28日に召天された。その1カ月後に、サンフランシスコにたまたま居た私どもは、独り残されて寂しそうなアーディス夫人を老人ホームに訪ねた。ドナルドはこのアーディスあってのドナルドだということを改めて感じた次第であった。ドクター・ワースの霊と、アーディスの上に神の慰めを祈りつつ。

Memories of a Christian Gentleman and a Scholar

Randy Thrasher

Don Worth represents for me the spirit of the early non-Japanese faculty at ICU. It was a spirit that motivated me at ICU and Don was a role model that I tried to imitate in my 22 years on campus. Don and his wife Ardyce played a very important role in my family's first days at ICU. My wife, Junko, and I arrived in Mitaka with three teenage children and had been scheduled to move into the large house next door to the Lindes. However, the person there refused to vacate the house when asked to do so, and the ICU housing office staff were troubled to find a place for a family of five. We looked for possible missionary housing off campus and even discussed the possibility of dividing the family into two East Grove apartments. The East Grove apartments are long since gone, but they then stood between the Administration Building and where the Alumni Hall presently stands. They had been built, I'm told, to house the workers constructing the first library building. The apartments were not only old but very small.

When Don and Ardyce heard of our plight, they immediately volunteered to move to East Grove and allow us to use their house. Since their children were grown and away from home, the Worths had planned to move into the new apartments scheduled to be built near the back gate. But they graciously moved to East Grove and lived in those cramped conditions until the new apartments could be completed.

I worked closely with Don at a number of different levels. One of the first problems we tried to deal with together was the pay scale for non-Japanese staff. When I arrived at ICU in 1980 there were two pay scales; one for Japanese and one for non-Japanese. The Japanese scale was transparent and was published each year for all to see. The non-Japanese scale was a great mystery to everybody. I remember the woman in the financial office who handled the pay scale for non-Japanese trying to get information on my previous salary as a missionary assigned to Kwansei Gakuin University. I assumed she was concerned that my salary according to the ICU non-Japanese pay scale might be lower than what I had been getting previously. But my ICU pay turned out to be nearly identical with my missionary salary.

I had not been at ICU long before I began to hear complaints about the unfairness of the non-Japanese pay scale. The issue came to a head in the second year I was there when the woman who had handled non-Japanese salaries retired. The clerks who took over her job were not able to find a copy of the pay scale and wondered what to do. At this point, since the school, because of privacy concerns, would not release salary information of the non-Japanese staff, Don suggested that each non-Japanese faculty member voluntarily submit his or her monthly salary figure to a committee of non-Japanese that would be set up to figure out the scale that was used to compute these salaries. I believe that it shows the trust that all of his colleagues had in Don that we all agreed to give this sensitive information to him. However it wasn't obvious from the data what the scale underlying it was. So he called me in to help and we checked all sorts of variables: length of service, age at the time of hiring, family size, rank, when the PhD was earned, etc. But still we were not able to figure out what scale was used to arrive at the various salaries. We finally concluded that a non-Japanese salary scale did not exist. We realized that the only way to explain the differences in salary of the various non-Japanese faculty members was that our initial salary had been set in a somewhat arbitrary way by the staff member responsible. The other thing that this study revealed was that, on average, the non-Japanese salaries were considerably lower than those of our Japanese colleagues. In the early years, the reverse had been true. However, sometime in the early 70s Japanese salaries overtook those of the non-Japanese.

When this information was presented to the non-Japanese faculty, Don made a comment that showed his deep sense of fairness. He pointed out that, in the 50s and 60s, the non-Japanese knew they were getting higher pay than the Japanese faculty received but didn't speak out against the system. Because of our earlier silence, he said he was very reluctant to demand a change now that we were getting less than our Japanese colleagues.

However, because we had discovered that a non-Japanese pay scale did not exist, something had to be done. And the decision was made to put all ICU faculty members on the same pay scale. Gerherd Schepers and I were given the job of overseeing the task of using the rules of the Japanese salary scheme to place all the non-Japanese on this scale. It turned out to be a formidable task. Each non-Japanese faculty member was called in and the clerk responsible confirmed the person's education and employment record and determined the proper place on the chart to start the salary calculation. Gerherd and I took turns sitting in on these conferences to do interpretation if necessary and help resolve difficulties. Most conferences went smoothly but a few faculty members felt that they deserved more than the calculations showed. One person even demanded that the years he spent as a pastor while he was working on his PhD be counted twice once as employment and again as education. It took the better part of an afternoon to convince him that this was against the rules. But for me, the most interesting session of all was the one with Don. The conference went smoothly but when the salary figure was calculated, Don seemed reluctant to accept it. He even asked if we thought he was worth that much. Both the clerk and I assured him that the value of his contribution to ICU could not be calculated in money alone and urged him to accept the salary that our calculations showed he was entitled to.

Don was very devoted to his students and wanted them to get the most from their ICU education. When I was Director of the English Language Program he came to ask if we could work out a way in which the special writing needs of science students could be addressed. He pointed out that the usual papers written in the ELP Theme Writing class were quite different than the lab reports that science students had to write. So we created a section of Theme Writing for science students. Don demanded that the students taking his introductory physics course write several of their weekly lab reports in English and I agreed to go over the reports to help the students learn how to state what they needed to report in good English. But I soon realized that my understanding of physics was not equal to the task I had agreed to undertake. I could correct the grammar but I often had no idea what the students were trying to say and what was the best way to say that in English. Don came to my rescue. We would read the lab reports together and he would explain the physics behind the report and I would help the student learn how to express that in English. I'm not sure how much English the students learned, but I know I learned more in that class than I did in my introductory physics course in college.

It is difficult to explain the role of the Worths in the campus community. Their role in the ICU church, particularly Don's role in the choir, can be described and so can the support they gave to younger colleagues that can be seen in their care for us when we first arrived on campus. They did many things. They participated in the potluck dinners, they attended the concerts at the Dukes, and they played a role in the various activities to protect the campus. They were active, but I didn't realize the full extent of their role until after they retired. With the departure of both the Worths and the Kidders, the campus community changed greatly. No one among the younger faculty, which at the time I was a part of, could fill the gap that their loss created. The activities continued but it was clear that a very important 'something' was missing. The mood of the community changed. At the time, I realized that, with their retirement, we lost the connection with the early days of ICU. But the Worths were more than just a tie to the past. Don was a Christian gentleman of a stature than none of us who remained possessed. I now realize that what was important was not what the Worths did but the spirit in which they did what they did. I can mention their self-sacrifice, their deep concern for others, their concern for fairness, and many other qualities I associate with the Worths, but I know that the contribution that Don and Ardyce made was much more than can be explained by summing all of these qualities. I can only say that Don was a gentleman and a man of faith and a person whose footsteps I hope I can continue to follow.

ワース先生の追憶

絹川　正吉

　ワース先生が ICU に着任されたのは、ICU 開学第2年目の秋（1954年）でした。翌年の4月に私は助手として任用されました。私の専門は数学でしたが、予算の関係で、任用時には数学と物理の併任助手、具体的にはワース先生の助手を務めることになったのです。この兼任の状態は翌年に解消され、私は数学の専任になりましたが、ワース先生との公的な交わりが、その後の長い年月にわたり続くことになりました。

　ワース先生がなぜ敗戦後の疲弊がいまだ癒えない日本の、しかも無名の大学にこられたのか、個人的に伺ったことはありませんでしたが、キリスト教信仰に基づく強い使命感によることを窺わせるようなお働きぶりが、強く印象に残っています。私は学生時代にキリスト教に導かれた、いわば信仰の世界での青二才でしたから、クリスチャンの生活を初めて知るような思いでした。当時の ICU は大学全体が、ミッションに燃えたぎっているように感じられ、そのような高揚感に、私はためらいながら巻き込まれていったのでした。

　当時、ワース先生は助教授で、若手の教員の1人でした。若手教員の任意団体「ジュニア・ファカルティ・ミーティング」がありましたが、その集まりが主催した泊りがけの修養会に、ワース先生ともども私も度々参加したことを思い起こします。貧しい日本食を一緒に食し、寝食をともにしたことは、私の異文化体験のイニシエーションでした。食事に魚が出されると、ワース先生も含めてアメリカ人たちには、相当の抵抗感があったようですが、無理して召し上がっていたようでした。

　ICU のみならず日本の大学教育への、ワース先生の貢献を忘れることはできません。戦後、アメリカ占領体制の下で施行された、いわゆる「新制大学」の中心的課題は「一般教育」でした。「一般教育」とは何か、日本の大学教員

の間で議論が混乱していました。そのような状況の下で、一般教育に使命を定めたワース先生は、指導的役割を担われたのでした。しばしば、ICUの外で一般教育普及のために講演と執筆にたずさわっておられました。ICUの教員の間でも、一般教育については、議論が紛糾することも珍しくありませんでした。そのような中でワース先生は、一般教育推進の中心的存在でした。一般教育はICUの錦の御旗ですから、ワース先生の一般教育論に、日本人教員は反対することができなかったと思います。

　私がはじめて一般教育を担当したのは「自然科学1」という科目で、ワース先生と共同で開講しました。ワース先生は「物理学における真理」について講じ、私は「数学における真理」ということで、真理論をめぐってこの科目をまとめ上げました。私が、記号論理学の初歩を題材として、真理表などを取り上げたことに、ワース先生は大変興味をもたれ、私の講義を評価して下さいました。この科目は、後に数学と物理学に分解してしまいましたので、ワース先生との共同の取組が解体したことは、残念なことでした。

　私はICU在任3年でアメリカに留学しましたが、帰りましてからはワース先生とご一緒に仕事をする機会が増えました。中でも忘れ難いのは、入学試験問題を作成したことです。ICUの入試問題の一つ、「自然科学学習能力考査」を2人で作成しました。「自然科学学習能力考査」は日本人受験生のための問題ですから、当然のように日本人教員が問題作成を担当していました。偶然のことでしたが、ある年の春の入試で日本語を母語としない受験生が混じっていましたので、急遽、日本語版と英語版の共通の問題を作成することになったのです。そこで、ワース先生と私が共同で問題作成に携わることになりました。私が探してきた資料を用いることにワース先生が賛同してくださり、共同作業は順調に進展しました。時には休日なのに打ち合わせのためワース先生の住宅にお訪ねしたりもしました。ICUなのに不思議に思われるかもしれませんが、日米の教員がこういう形で協力する機会はあまりなかったのです。

　ICUの試験問題は、当初から長い間、非公開でしたので、受験界では評判がよくありませんでした。そこで、ある年に、試験問題の見本を公開するこ

とに踏み切りました。そのときに、「自然科学学習能力考査」の見本として、ワース・絹川作成の上記の考査資料が用いられました。後に、私が教養学部長のときに、SAT（一般学習能力考査）を除いて、試験問題はすべて公開することになりました。試験問題作成者名は極秘事項ですが、この件についてはもう昔話で時効ですから、ここで秘密を明らかにしても差し支えないと信じて、この逸話をご紹介する次第です。このことは私ども二人のささやかな誇りでした。

　ワース先生の一般教育への貢献で忘れてはならないことは、「Senior Integrating Seminar 4年次総合演習 (SIS)」についてです。この科目は、第1期生の最終学年に必修科目として開講されました。一体、何をすればよいのか、喧々諤々の議論があり、当時の教養学部長であった篠遠喜人先生に質問したところ、皆さんで考え出してください、というお返事で、私たち若い教員たちは大いに憤慨したものでした。結局、自然科学科（いまの理学科のこと）では、4年次の全学生と全教員が集まって、「生命」というテーマについて共同討議をすることにしました。後に言う一般教育の総合科目に類することを創始したことになったのです。毎回の議論は白熱し、教員もむきになって論争に巻き込まれてしまいました。数年間は「4年次総合演習」は順調に進展しましたが、徐々に教員の間で不満の種になってきました。教員の負担が重すぎたのです。学生にとっても、卒論と平行して受講するのですから、大変でした。ちなみに、この科目は全学科ごとに開講することで始まりましたが、結局、続けられたのは自然科学科のみでした。（後に、社会科学科では異なる文脈で同じ名前の科目が開講されましたが、それは論外です。）ついに自然科学科でもSISを止めようという機運が濃厚になってきました。私はSIS擁護派でしたが、どうにもなりませんでした。そのような中で、ワース先生は敢然として孤塁を守り、理念から説き起こして、SISの存続を強く主張されたのです。自然科学の教員は理論には逆らえませんから、しぶしぶながらSIS継続に同意し、運営形態は縮小されながら、今日にまでこの科目は存続されました。（ICUにおける最近のカリキュラム改革で、SISはその存立基盤を失い、もはや存続できないようになるのではと危惧しています。）

では、ワース先生の主張はどういうことだったのでしょうか。その時のワース先生のSIS論の草稿はもはや見つけることはできませんが、私が一部を意訳したものが記録されて残りました。それをここで紹介しましょう。

　「SISでは、一つのテーマに対して、それぞれの専攻を生かして討論が行われる。種々の分野からの発表により、それぞれの発想の類似性や相違点、相互の関係などを、学生は高度の水準で理解することになる。これは、非専攻学生に対する一般教育とは異なり、専門をある程度前提とする専門教養である。一般教育は専門のための入門ではなくして、むしろ、一般教育のために専門教育がある、という考えがここに実現している。個別的な専門コースの意義（価値）が一般教育においてこそ、明らかにされるのである。このような目的を持つSISの実施項目には次のことが考えられる。

(1) 数学、物理学、化学、生物学の諸分科の歴史的展開を学ぶこと。（ここでは科学者の偉人伝に関心を持つのではなく、むしろ経験的知識に基づく概念の展開の諸相に注目する。）

(2) 数学および自然科学における方法論を考察する。特に自然科学における数学の意義を問う。（経験的知識と理論との関係を考察し、自然法則の探求について論ずる。特に、科学における真理獲得の方法を具体例に則して学ぶことに重点を置く。）

(3) 科学の哲学を学ぶ。（第2項目よりももっと一般的な立場に立ち、第1と第2項目を総合する機会を学生に与える。特に、20世紀科学革命に強調点をおいて、哲学および他の学問諸分野との連関を考えることに導く。）

(4) 数学および自然科学の他の諸学問分野との連関。（科学と人文学、社会科学等他の学問諸分野との内的連関および相克を考察する。概念的連関に強調点を置く。）

(5) 科学と美学・宗教との関係。（真理探究のためのそれぞれのアプローチの相異を考察する。特に、それらに関わる人間の営みに強調点を置く。この関連で、科学的方法の価値と限界を種々の意見に照らして考察を進める。）

(6) 科学と技術、それらの社会的影響。（科学と芸術、科学と技術、技術と人間

の願望、科学技術が現代社会にもたらした諸問題、等を論ずる。)
(7) 科学者の社会的責任。(学問のための学問を追及する科学者が、直面する現代社会において負わねばならぬ科学者個人の責任の範囲と性格を考察する。科学の応用について、工業技術や軍事的技術について、科学者はどのように対応すべきか。厳密な科学的言明と科学者の社会的信条とはどのように調和するのか。)」(絹川正吉編著『ICU リベラルアーツのすべて』東信堂2002年参照)

　以上の言葉には、ワース先生の科学者として、教育者としての思想が表現されていると思います。そして、その思想がICUの教育を支えてきたのでしょう。
　さて、このような思想を持つICUの一般教育は、危機の時代を迎えます。1960年代から70年代にかけて日本の大学を席巻した学生運動は、正面から大学の思想的基盤を追及しました。日本の大学における一般教育が問われたのであると、私は受け止めています。しかし、大学はこの問に正面から答えることはなく、政治的に事態を収拾してしまいました。ICUは本館占拠学生を警察力を導入して排除し、秩序を取り戻したのでした。そういう大学のありようについて、私は反対の立場にありましたから、大学が再開されてからしばらくは沈黙の時を持ちました。そういう困難な状況の下で、ワース先生は教養学部長の重責を担うことになりました。ワース先生の責任の中核は、一般教育の建て直しであったと私は認識しています。逼塞している私を訪ねて、ある時ワース先生は密かに私の研究室に来られました。用件は一般教育をどうするか、ということでした。私は表立ってお助けする立場にありませんでしたから、いくつかの対策について助言しました。ワース先生は私の案をその後実現され、一般教育再建への手がかりをお作りになったのでした。そのような困難な時代に、ワース先生は歴代の教養学部長の中で任期が最長ではなかったかと思います。ワース先生にしかその役は務まらなかったのです。やがてワース先生は定年を迎えます。ICUは名誉人文学博士号を贈呈することで、その貢献に謝意を表しました。
　その後、しばらくして私は教養学部長を2期務めて、1年間のリサーチ・リーヴを与えられ、カリフォルニア大学・バークレー校の客員研究員として久し

ぶりに研究三昧の生活を味わいました。妻が、サンフランシスコ神学校で学位論文を仕上げるために、バークレーに出かけたことに私が便乗したのです。神学校の関係で、私たちはバークレーの街にある「ミッショナリー・ホーム」のアパートを借りることができました。なんと、そこにワース先生夫妻がおられたのです。「ミッショナリー・ホーム」は、海外にキリスト教の伝道で派遣された牧師さんたちが、リタイアーされた後のひと時を休養にあてるための施設でした。私たちは、ワース先生夫妻と日常生活を1年間共にすることになりました。様々なご配慮をたくさん頂きました。ワース先生は、そこでの生活の中心を、教会等での奉仕活動に置かれているようでした。アメリカに UBCHEA（United Board for Christian Higher Education in Asia）という財団があります。ICU もこの財団から、現在でもいろいろな支援を頂いています。この財団の活動資源は寄付金です。寄付金を集めるために、バークレーにも支部があって、ワース先生はその世話役をしておられました。集まりがときどきあり、私も何回かお供をさせていただき、ある時は、日本のキリスト教、特に無教会の信仰について話をさせて頂きました。

　私が学部長として最後にした大きな仕事は、SEA（Study English Abroad）プログラムの立ち上げでした。これは、1年次の学生が夏期休暇期間に、アメリカ等の提携大学で英語研修をするプログラムで、いまでは ICU の看板の一つになるまで充実してきました。このプログラムの最初の提携大学はカリフォルニア大学・ディビス校でしたが、いろいろと試行錯誤がありました。ワース先生にはディビス校でのプログラムのアドバイザーをお願いしていましたので、先生はディビス校に時々お出かけでした。車を運転して2時間ぐらいかかったでしょうか。バークレー滞在中に私も何回かワース先生の車に同乗させて頂き、ディビスを訪問しました。あるとき、ディビスからの帰途、ワース先生が休憩をしていこうと言われ、デニーズに立ち寄ったことがありました。そのとき、先生は何気なく、自分たちにはこのレベルのレストランが相応だ、というような意味のことをおっしゃったことがありました。そのことが象徴しているように、先生夫妻の生活はまことに質素そのものでした。

　かくして、私たちのバークレーでの1年間の生活も終わりに近づいたころ、

ワース先生を訪ねてきた ICU 関係者に、ワース先生が、「バークレーで初めて、絹川と隣人として交わりを持つことができた」といっておられたことを聞きました。それを聞いた時、私の胸は、なんともいえない哀切を覚えました。私たちにとって、ICU での長い交わりはなんだったのか、という痛みを感じたのです。ICU とは何であったのか、そして、何であろうとしているのか、そういう問を私は抱えて ICU に戻ったのです。

　私が学長在任中に、ICU は創立50周年を迎えました。ICU で行われた記念式典に、ワース先生夫妻、キダー先生夫妻、ショーラック先生をアメリカからお迎えすることができました。ワース先生にはそのことを大変に喜んで頂けたことが、私には大いなる慰めでした。

使命感ある良きアメリカ人

大口　邦雄

　私が自然科学科の助手として ICU に赴任したのは1960年の春、27歳のときのことである。当時の自然科学科では、専任教員の中にアメリカ人の先生が2人いた。1人は数学のロジャー・H・ギースリン（Roger H. Geeslin）氏で、もう1人がドナルド・C・ワース（Donald C. Worth）氏である。ギースリンさんは私より1つか2つ上で、ワースさんは10歳ほど年長であるから、当時37歳だった。ギースリンさんは背が高く痩せぎすで渋い顔立ちだったが、ワースさんは背も高いし横幅もあって、顔は童顔で愛嬌があった。当時理学本館はまだなく、数学教室は教師が一部屋に同居していたから、ギースリンさんとは机を並べる間柄で、朝から晩まで英語で付き合い、すぐに親しくなった。残念なことに彼は、数年後に米国に帰り、以後結局戻って来られなかったの

で、短い付き合いに終わってしまったが、ワースさんとは、彼が定年退職するまでのおよそ30年間、苦楽を共にする間柄となった。

専門分野がまるで異なるので、研究上のことはほとんど何も知らない。教育に関して言えば、彼はたいへん一般教育に熱心で、国立大学からやって来たばかりの私にはよくわからないことが多かった。殊に「総合演習」では、自然科学科の教員全員が関わったから、元気旺盛な若い助手たちが、畏れ多くも尊敬すべき教授方を相手に、学生たちそっちのけで、可成り激しい議論を交わす場面などもあった。そういうとき、ワースさんの一般教育に関する経験と固い信念が、大局的に見て全体をリードしていたように思われる。いろいろ疑問も抱いていた私であったが、今になってみると、ワースさんから学んだことが非常に多い。

会議の席では、non Japanese（ノン・ジャパニーズ）の先生方は英語で発言するので、最初は聞き取るのに骨が折れた。その中でワースさんの英語は際だって分かりやすかった。教育に関わる用語の使い方や表現については、私にとってワースさんが最良の教師であった。おそらく日本人を意識して、難しい表現を避け、標準的なニュー・イングランドのアクセントで、しかも比較的ゆっくりと話すように心がけておられたのかも知れない。そういうところに、彼の優しい心遣いがあった。当時の学科長であった物理学の原島鮮先生が亡くなられたのは、ワースさんが退職して米国に帰られた後のことだったが、葬儀に際して弔電が送られて来た。司会役を務めていた私は、その言葉を読み上げているうちに、感情が激して言葉が出なくなってしまった経験がある。それは原島先生に対する思慕の思いの故ではあるが、ワースさんの電文が、それをあまりにも見事に表現していたからである。ワースさんの英語には品格があり、雄弁だった証拠だろう。

ワースさんは歌が好きだった。テノールの美しい声をしていた。彼がやって来ると姿が見えなくてもすぐそれと分かった。いつも鼻歌を美しい声で歌いながら歩いていたからである。クリスマスに学生達の集まりで、ワースさんとギースリンさんと私と、もう一人は誰だったか、クリスマスソングを男声四部合唱で歌ったことなど実に懐かしく思い出す。

彼はまたスポーツも得意だった。自然科学科（間もなく理学科となったが）のフレッシュマン・リトリートでは、2日目はたいてい自由なプログラムが組まれ、学生対教員のソフトボールの試合なども組まれていた。ワースさんはよくホームランをかっ飛ばしてみんなを沸かせていたような気がする。ベーブルースもかくやと思わせる活躍ぶりだった。
　ワースさんの性格をよく表していたのは、自動車の運転である。私はどういう理由だったか忘れてしまったが、何度か大学から三鷹駅まで車に乗せてもらったことがある。そう言っては何であるが結構古い、彼自身に似て大きな車だった。彼の運転の特徴は、走行中ほとんど加速ということをしないことだ。まことに悠長に走るのである。「霊柩車のようだ」などと悪口をいう人もいたが、私は性に合うのか、たいへん乗り心地がよかった。車を持つようになって、私もまた悠長な運転をするようになったのは、多分ワースさんの影響が大きい。
　ワース夫人のアーディスさんのことも忘れがたい。オープンハウスのときなど、何度かキャンパスのお宅に伺ったことがある。彼女は本当に柔和な人だった。聖書に「幸いなるかな柔和なる者、なんじらは地を嗣がん。」という言葉があるが、私がいつも思い浮かべるのはアーディスさんである。彼女は存在しているだけで伝道活動をしているような気がしたものである。
　あれは1989年頃だっただろうか。ワースさんが退職されてバークレーに住まわれるようになってから、私は家内と二人でお訪ねした。ワースさんは膝が少し不自由になっていたものの元気であった。空港まで迎えに来てくれたが、相変わらず悠長な運転だった。そしてご自宅で本当に温かくもてなして下さった。今思えば、私がワースさんに会ったのは、それが最後である。
　ワースさんご夫妻は、使命感を持った「良きアメリカ人」であった。しかし考えてみると、ワースさんがアメリカ人で、自分が日本人だという意識はほとんどない。いつの間にか、人種の違いなどはどこかへ行ってしまって、人と人としての交わりがそこにあった。「国際」ということはそういうことなのだろう。共通の願いと希望、共通の価値観と使命感、その上共通の信仰と信頼。ICU 40年の思い出の中で、ワースさんは最も忘れがたい人の1人である。

ドクター・ドナルド・ワースとICU理学科

勝見　允行

　私は、1960年の春、自然科学科（後に理学科に名称変更）生物学教室の助手としてICUへ赴任した。ワース先生に初めてお会いした時のことははっきり覚えていないが、髪の毛はまだ豊かだった印象がある。家内は当時物理学専修の4年生で、彼女の仲間たちや他の若い助手たちも親しみをこめて、彼をドンちゃん (Don-chan) と呼んでいた。当時のICUでは、図書館は本館の4階にあり、自然科学科は数学教室を除いて西ウィングの1階にまとまっていた。中央入口から入って左側の廊下を入ると、すぐ右(北)側は生物の実習室、左(南)側は生物の先生のオフィス兼研究室が4室あった。その隣は物理の実習室兼講義室で、ここでワース先生の姿をよく見かけたような気がする。物理の先生方のオフィス兼研究室はそれに連なるいくつかの部屋だった。真ん中あたりに科長室があり、当時は原島鮮先生が科長だったと記憶している。ワース先生の部屋がどれだったかは記憶にない。

　私は翌年秋からUCLA (University of California at Los Angeles) へ留学してしまい、帰国したのは1964年春だった。その頃から理学館 (Science Hall) 建設の計画が進行し、それが確定すると、ワース先生を委員長とする理学館建築準備委員会ができて、各教室から一名ずつ委員が加わった。生物学教室からは私が参加した。この時からしばしば、ワース先生とは接触をもつ機会が増えることとなった。

　ワース先生の理学館への熱の入れようはひとかたではなく、理学館に対する一つの理念、つまり自然科学を教える建物はこうあるべきだという理想があったようである。委員会の会議では、建築設計者の稲富昭氏を交えて細部にわたって意見を出し合った。工作室 (Workshop) と資材室のスペースを十分にとり、実験の道具などはこの部屋で、自分で拵えることができるようにも配慮され、大型の旋盤を導入するなど工作機械の充実も計られた。

彼がもっとも工夫したのは大講義室（N220）であろう。教卓は演示実験（Demonstration）ができるようにと大きく広いもので、3つのユニットからなり、中央の部分の手前のパネルには照明などを調節できる装置が備わっている。ユニークなのは、教卓の背後がアコーディオンドアになっており、黒板を上げてドアを開くと、そこは広いスペースの準備室があり、教卓の中央部分をそのままレールに沿って引き込むことができる、という設備である。つまり、講義を行う前に、準備室で演示実験のための装置を組み立て、教卓をそのまま教室へ移動させるという着想である。米国の大学ではこのような教室があったようである。

　大講義室には、もう一つワース先生の着想で作られたものがある。教卓の頭上天井近くにあるキャットウオーク（Catwalk）である。ワース先生はここから振り子をぶら下げて実験に利用した。他の先生たちが何かに利用したかどうかは分からないが、私はN-220を学会の発表会場に使ったとき、ここから紙幕を垂らした事がある。このような折角のワース先生の着想ではあったが、可動教卓を利用した先生はほとんどいなかったと思う。私も使わなかった。ワース先生自身もそんなにしばしば使われなかったのではないかと思う。いつの間にか準備室は物置に変ってしまい、古くなった実験器具などの収納に使われた。今はどうなっているのか。

　工作室はそれでも利用する人がいて、ワース先生がおられた間は、先生を委員長とする工作室小委員会（Workshop Subcommittee）があって管理されていた。利用規則もあり、だれでもいつでも勝手に使うというわけにはいかなかった。ワース先生が旋盤やドリルを使って、卒論の学生などに実験器具を作らせていたのを覚えている。私自身もさまざまなことに利用させてもらった。ワース先生が去られる時、私は理学科長兼理学館長をつとめていたせいか、先生は当時資材室に移してあった電動糸鋸の鍵を私に下さった。多分これは、先生の私物だったと思う。残念ながら、その鍵がどこへ行ったか、その鋸はどうなったか分からない。

　当時もおそらく今も、工学部ならいざ知らず、教養学部でこのような施設を備えている大学は他にはないのではないかと思う。私たちが新しい理系の

建物を建てるときは、研究関係の部屋をどうするかを真っ先に考えて、建物のレイアウトを作り上げると思う。しかし、ワース先生は、教育的効果を真っ先に念頭に置かれていた、といってよいだろう。理学館の一階玄関を入った所は物理学教室の学生用光学実験室であるが、3つの光学実験室を仕切る壁には、光の通路用の穴を開ける工夫がされている。これなども、ワース先生が教育的効果を配慮した結果であろう。

　ワース先生が物理学の教授だったから当然であるが、物理学実習や実験器具などのことを考えて実験室を確保された。だから、完成直後の理学館では物理関係が占めるスペースが一番大きかった。当時は文部省による理科助成という制度があり、理系の教育を行う大学への教育設備購入に対して助成（購入金額の半分）を行っていた。私は、ICU自然科学科は教養学部の中の一部門に過ぎないが、理系教育は十分に行われていることを文部省に訴えて、ICUの自然科学科をこの助成の対象にしてくれるよう、助成課にお願いに上がった。文部次官を経験されたICU教育学科の日高第四郎先生から、当時の文部次官へ一言口添えをして頂いたりもした。文部省助成課の担当者に会った時、上に言わないで直接こちらへ話を通して欲しかったと、ちらと皮肉を言われたが、官僚との交渉は初めてだったので、しきたりなどには無関心だった。とにかく助成を頂けることになり、そのおかげで理学館の実験室のテーブルや椅子なども含め、かなりの設備を新しく整えることができた。助成はこの後もほぼ毎年頂くことができた。

　理学館の完成は1966年12月24日ということになっている。本館西翼一階からの移転は、クリスマス休暇時に行われた。その時私は引っ越しの責任者であった。大型の機器や実験台は専門業者に委託し、その他の器具などは各自関係者がダンボールの箱に詰めて所定の所へ運んだ。ほぼ一日で引っ越しを完了したが、理学館内での整理は徐々にするしかなかった。移転が済んだ後、ワース先生の呼びかけで、二階のフォイヤーで感謝の祈りの会をもった。暖房もまだ動いていないし、引っ越しの荷物は積んだままになっている寒々とした中、学生も含めた少ない出席者は、立ったまま輪になって讃美歌を歌い、理学館が与えられた事を神に感謝した。ワース先生は感謝の心を忘れな

いクリスチャンだった。こんな感謝の祈りの会があったことを知っている人は、ほとんどいないのではないだろうか。ICUの理学館のことを思う時、必ずワース先生のことが思い出される。

　ワース先生は授業を大切にされ、いつも周到に準備してクラスに臨まれた。彼は、授業の始まる前に教室へ行き、必ず前回の授業のまとめを黒板に書いておられた。私は、私自身の授業のすぐ後に、同じ教室でワース先生の授業がある時は、終了時間を守るよう注意したものである。前のクラスが終わらないので、ドアの外で待っておられるワース先生を見かけることもあった。日本の大学では、入門科目でも教科書はあまり使用せず、もっぱら講義である。たまに使っても、それに沿って授業を進めるというよりは参考にする程度が普通だった。もっとも、充実した日本語の大学生用の教科書というものがほとんどなかった。ワース先生は、一般物理学を教えるとき、アメリカの大学で使用される一般物理学の教科書を用い、末尾の問題も全部学生にやらせたため、学生は大変だったと思う。ICUの学生は大学に入っても勉強に追われた、というのは間違いない。

　ワース先生は教員や学生と話をする時は、ほとんどいつも英語だった。最初日本語が分からないのかと思ったが、そうではなく、実は聞く方も話す方もほどほどにこなされていた。一般職員と話すときは日本語が多かったように記憶する。学生には、よほどでない限り日本語で話さなかったのは、教育的配慮のためであったに違いない。

　ICU理学科の教員は、研究でも実績をあげることが暗黙の了解であった。教育に専念するだけでは理系の教員として不十分である、と理解されていた。ワース先生の専門分野は実験原子核物理学だったので、ICU内では当然研究ができるはずはない。ICU着任当時は田無にあった東京大学原子核研究所に足を運び、そこの研究者と共同研究をされた。共著論文も1972年まで出されている。それ以後は、専ら教育と行政に多忙だった。

　理学科に大学院ができる前は、教育学研究科の中の理科教育専修課程に、理学科の一部の先生が、数学を除く各教室から参加していた。ワース先生もその一人だった。理科教育を専修しにくる学生はきわめて少なく、私もただ

一人の世話をしただけであった。ワース先生のところでは台湾の台中にある基督教系の東海大学の先生だった高振華さんが理科教育で修士号を得た。そのような関係で、ある年の12月の休暇の時に、アジアの基督教系大学の間で、自然科学の一般教育に関する会議が東海大学で開かれることになり、ICUからは、この問題に強い関心を持っておられたワース先生と、物理学教室の石川光夫先生、そしてなぜか私も参加することになった。その時の資料は昨年まで保管してあったのだが、今はもう処分してしまったので、具体的な内容は覚えていない。私は生物学の一般教育について口頭発表をしたが、原稿をワース先生に見てもらって、英語などを直して頂いたことはよく覚えている。文法上の誤りや、明らかに不適切な言葉使いを除いて、あまり大幅な手を加えなかったのは、ワース先生の控えめで、他を尊重するという態度の現れだったと思う。

　ワース先生は学生には親切で、いつも誠意をもって接しておられた。ただ、学園紛争があったときは、紛争に加担した学生へは厳しい目をもって対処されていた。しかし、それは学生を憎んだからではなかった。紛争が終わって平常の授業が再開されてから、卒業を控えた何人かの理学科の学生は、米国の大学院への留学を希望していた。フルブライトなどの奨学生となることを希望する者もいた。当然、指導教員の推薦状が必要である。ワース先生と何かのことで話をしていたとき、紛争時ワース先生を面と向かって罵倒した学生が、そのような推薦状を頼んできたが、複雑な気持ちであることをもらしておられた。

　推薦状の中に、その学生の紛争時の行状を書かれたかどうかは知らないが、留学は決まったのだから、悪い内容では無かったのだろう。学生の将来を考えての内容だったと思われる。紛争に関わった大部分の学生は、心情的な連帯感からか、多少とも付和雷同的な傾向もあった。あるいは一種の思想的麻疹みたいなものであったかもしれない。私自身もワース先生と同様な経験をした。「あなたはそれでも先生か！」と面と向かって詰問してきた学生の、結局私が卒論の責任者になり、やはり米国の大学院への推薦状を書いた。いい気なものだと思う気持ちはあったが、紛争時のことは忘れることにしてそ

の学生のメリットを強調した推薦状を書いた。向こうで学位を取得し、優れた研究者となったのは嬉しいことである。

　ワース先生の人柄を言い表すとすれば、「good-natured, warmhearted, friendly and well self-controlled」ということになろうか。これは先生の揺るぎない信仰に基づいて涵養されたものであるといえよう。先生は強い信仰と教育に対する信念を持っておられたが、他に対しては寛容であった。ワース先生に接するとき、なぜかいつも暖かいものを感じた。ワース先生が声を荒げたり、興奮したり、怒ったりしたことはないのではないかと思う。人の意見にはよく耳を傾けてくれた。無理に自分の主張を通そうとはしなかった。ときどき、私のオフィスへ「Katsumi-san」と声をかけて入ってきて、私の意見を聞くこともあった。一度だけ、なんの機会だったかは覚えていないが、多分なにかの会議の席で、ワース先生は明らかに怒りを感じている様子で、頬が赤くなり、口に出したい言葉を抑えているような状況があったのを覚えている。しかし、口を噤んで言い合いはしなかった。彼はとても自己抑制のできる人であった。

　ワース先生が退職されたとき、理学科の初期の物理学専修の卒業生や理学科が中心となって、先生ご夫妻を招いての記念のパーティを、お茶の水のガーデンパレスで開催した。100人を超える多数の方々が参加して下さり、ワース先生の歓送の時を賑やかに過ごすことができた。ご夫妻はとても喜んで下さった。ワース先生は退職されてからバークレーの近くに住んで、奥様と二人で地域の教会活動にも熱心に関わっておられた。私は家内と一緒に一度、独りで二度お宅にお邪魔したことがある。ICUの情報を聞くのが楽しみで、いろいろ質問を受け答えして、楽しい一時を過ごしたことを想い出す。

　ワース先生のようなタイプの教員の存在はICUにとって必要なことであったし、今後も彼のような教員がぜひICUに加わって欲しいものである。

ICU、ワース先生、トロイヤー先生

北村　正直

ICU、ワース先生

　私は1952年に北海道大学を卒業し大学院で学び始めた。その翌年、朝永振一郎先生のところにおられた福田信之先生の勧めで、東京教育大学の朝永振一郎先生のセミナーに参加させて頂くようになった。1955年ごろ、札幌の知り合いの高校生から、ICU で医学を学びたいという相談を受けた。ICU 創立が今だ計画段階であった「研究所時代」と呼ばれていた時期に、北海道の酪農学園と一緒に農学部を作るとか、東京に医学部を持つとかいろいろな計画があると報道されていたが、私は詳しいことは何も知らなかった。この相談を受けて、私は三鷹まで ICU を見に行くことにした。当初の計画は縮小され、医学部や農学部などはなく、ICU は教養学部だけの小さな大学として出発したことを知った。この高校生が夢見ていた新しい構想に基づく医学部は、当初の構想から数歩後退していたどころか消えてしまっていた。

　私に ICU の説明をして下さったのは、海軍兵学校の出身で、助手兼広報業務を担当されていた方だった。彼は ICU にも物理学科があると言って、大柄なアメリカ人の教授を私に紹介して下さった。その方がワース先生だった。

　私にはそれまで外国人と話をした経験は全くなかった。しかし、ワース先生はゆっくりと一語一語噛み締めるように説明して下さったので、英語でしゃべった経験のない私でもよく理解できた。そして、私が勝手に並べた単語の羅列も、ワース先生は辛抱強く聞いて下さったので、何とか会話の形が整った。ICU という大学の特徴、教育の理念、ワース先生の物理教育に対する姿勢などが、私にもよく理解できた（つもり？）。これは私が外国人と英語で話をした初めての経験だった。それにも関わらず、ワース先生と、ICU と教育についてお話をしたという記憶だけが、今の私には残っている。初めて

外国人と話をしたとか、英語で会話をしたという記憶ではなく、ICUでの教育内容について、物理教育についての記憶だけが残っていることに、今、私は驚いている。私はワース先生に上手に乗せられていたのだろう。とにかく素晴らしい楽しいひと時だった。

　私にICUについて問い合わせてきた高校生は、その後北海道大学医学部で学び、北大病院や聖路加病院で研修してから、アフリカや南米のキリスト教系の医療機関で奉仕する機会があったようだ。現在、彼は北海道の僻地で、医療奉仕をしている。私は、彼に北大に進学するように勧めただけで、ICUのことは忘れていた。

ICU物理学科の助手に

　それから1年以上たった1956年の2月か3月に、ワース先生から私に連絡があった。ICUで物理の助手を募集しているので応募してみないか、との誘いだった。北大や東京教育大学の先生方とも相談し応募することにした。どんな審査があったのかは全く覚えていない。助手になった後のことだけが、私の記憶として現在残っている。大変だったのは助手になってからだった。先ずトロイヤー先生。彼は機会を見つけては新しいスタッフを訓練して下さった。私も彼の厳しい訓練の対象となってしまったようだ。私の顔さえ見れば、彼はICUの教育理念、一般教育について、学生指導について、さらに教育評価について、話しかけてこられた。時には助手の私の部屋に立ち寄られて「講義」をして下さったのには驚いた。其の頃の私は27歳の若造だったが、生意気な自信家だった。自分が未熟な者だという意識もなかったのだろう。従って、トロイヤー先生のレクチャーに納得のいくまで、私は議論を吹っかけていたおかげで、教育学、学生指導やカウンセリングの勉強をしなければならない羽目に陥ってしまった。このような喧々諤々の議論を通して、私がトロイヤー先生に親しくして頂けるようになったのは、先生がとても心の広い方だったからだろう。

ワース先生と物理学科

　一方、ワース先生とは喧嘩にもならなかった。ワース先生はご自分の見解を述べられることはあっても、主張するということは決してされなかった。議論を吹っかけるきっかけさえもなかった。先生はひたすらこつこつと実践される方だった。彼に穏やかに話しかけられると、私はただ目の前にある課題を、どうこなしていくかだけを考えていた。学生時代の私は、少しは実験をしたが、研究では理論の本や論文を読み、理論の工夫をしたり、計算を繰り返したりするだけだった。実験についての知識もなければ関心もないという典型的な意固地な理論屋の卵だった。

　ICU の実験室は、戦火を免れた北大の実験講座の研究室や学生実験室とは全く違っていた。当時の ICU の物理学実験室は名ばかりで、実態は工作機械室だった。旋盤とドリルが大型の機械で、後は鋸、金槌、錐、釘、ボルトとナット、それにワース先生が米軍から払い下げてもらった古くなった通信機器を分解して取り出した、電子部品の山だけだった。また部屋の隅には、火事場から拾ってきた鉄のアングルが積んであった。焼きが入っているので滅茶苦茶に固く、工作の材料としては最低のものだった。それにまた木材も山ほど積んであった。

　ワース先生はこのような悪条件下で、考えられないほどの教育負担を抱え込んでおられた。物理学科の講義に加えて、一般教育の講義、デモンストレーション実験と学生実験、それに物理学科の学生の実験と卒論指導を、殆ど一人でこなしておられた。ICU の理学科の研究環境は、戦後間もない日本の国立大学と比べても劣悪としか言えないものだった。しかし、ワース先生始め初期の先生方の献身的努力のお陰で、学生の学習環境は、実験設備を別として、かなり整えられていたと言えるだろう。

　私が北海道大学で学んでいた時、北海道大学には、雪の博士として知られていた中谷宇吉郎先生がおられた。先生の一般物理学の講義には、物理学科の一年生だけでなく、全学から教授、助教授を含めて大勢の人が来られた。先生は、授業中に心に浮かんだことを話されることがよくあった。それらの小話は、文芸誌の翌月号に随筆として掲載され、一年後には単行本に纏めら

れて出版されるのが常だった。しかし、先生の小話はそれだけではなかった。講義には物理、科学を学ぶ上で非常に役に立つことが多く、アイディアや教訓が含まれていたと私は思っている。電磁気学、熱力学、個体の粘弾性論についても、中谷先生の一般物理学で学んだことの方が、個々の単独の講義よりも、鮮明に私の記憶に残っているほどだ。先生はさらに、環境問題や社会問題まで、時々何気なく触れられることがしばしばあった。

　しかし、その中谷先生のお話でも、ワース先生とお会いしてから、訂正もしくは補足しなければならなかったことが一つある。それは、日本の企業は物理学科の卒業生をあまり採用しないという (当時の) 問題だった。ワース先生は、アメリカの企業は、基礎をしっかりと学んでいる物理学科の卒業生を、将来その企業に大きな貢献ができると期待して、工学部の学生だけでなく、多く採用していることを紹介された。そして中谷先生は、「物理の学生を敬遠する日本の企業は short-sighted ではなかろうか」と言われたことがあった。私は、「日本の企業は中谷先生のおっしゃるように short-sighted なんだ」と思い込んでいた。

　ところが、私は ICU に来てから、ワース先生ご自身とワース先生の教育を見て、この考えを変えざるを得なくなった。私の抱いていた物理学科とワース先生が築き上げようとしている物理学科とは、全然違っていた。ワース先生は、与えられた環境下で何ができるかを考え、実行しておられた。そして ICU の学生はみな、手を動かして何かをしようと訓練されていた。

　焼きの入ったアングルを使って X 線装置を容れる枠を組み立てたのは 2 期生の芦田さんで、これがそのよい例と言える。彼は、堅いアングルにボルトを通す穴やねじ穴を開けるのに四苦八苦していた (彼は卒業するとき "Bachelor of Ana" と笑いながら苦労を振り返っていた)。それでも彼は、なんとか X 線装置を組み立てた。

　3 期生の高須賀君はとても器用な学生で、アイディアも豊富な学生だった。彼は卒業後 NHK に入り教育番組制作に携わっていたが、番組を作るとき、必要な仕掛けは全部自分で考え、時には自分で工作機械を操って作っていたと聞いている。このように ICU の初期の学生はワース先生の下で、与えら

れた状況の中で何ができるかを考え、現状を切り開いていくことを学ぶことができたのではなかろうか。ほかの学生たちも、多かれ少なかれ、このような経験を持っていた。何もできなかったのは、助手の私だけだったのではなかろうか。

でもこの私でも、貴重なことを一つだけ学ぶことができたと思っている。中谷先生の言われたことを、少し訂正して理解し直すことができたことである。「日本の大学の物理学科の学生は卒業後 "unemployed" となるというより、私たちはもともと "unemployable" だったのではなかろうか」と反省するようになったことである。これは、実用的な知識や技能が不足しているというよりは、そのような知識や技能を、軽視する傾向（姿勢）があるという意味である。このように、ワース先生の物理学、実験と取り組む姿勢から、私はとても多くの貴重なことを学ぶことができたと感謝している。

ICU の一般物理学ではシアーズとゼマンスキー共著の *University Physics* が教科書として使われていた。とにかく分厚い本だった。日本の一般物理学の教科書は手際よくまとめられ、薄いものである。それらに比べると、ICU で用いられていたこの教科書は、解説が懇切丁寧に過ぎると受け取られがちだった。「レベルが低い」と感じていた学生も少なからずいたようだ。ワース先生もそのことをご存じだったが、このような教科書は学生の為になると信じておられたので、学生に辛抱強く、丁寧に受け答えしながら指導しておられた。私は、最初のうちは、どちらかというと、学生の見方に同情していた。しかし、留学生には、このような丁寧すぎるほど親切な教科書が適していることは、認めざるをえなかった。香港から来ていた留学生は、入学前に微積分は学んではおらず、また物理も日本の高校よりは易しいことしか学んでいなかった。彼らは留学生のための特別な数学の授業も受けていた。しかし、入学後数か月たつと、日本人学生の有利さはどこかへ消えてしまっていた。何でも知っていると高をくくっていると、数カ月経つと、コツコツ勉強している留学生がいつの間にかクラスの上位を占めるようになっていた。

日本にもすぐれた教科書は少なくない。日本の教科書は非常に簡潔で、理論は美しく展開されている。しかし、理論が身につくような演習問題にはあ

まり考慮は払われていないのではなかろうか。*University Physics* は日本の教科書と比較すると、一見「泥臭い」または「スマートでない」と見えるかもしれない。ワース先生は、このテキストの各章の章末にある演習問題を選んで学生に与えていた。授業の進行はあらかじめ決めてあり、そのスケジュールと演習問題の番号は学生に配布されていた。このような教授法は、アメリカではどこの大学でも行われていたが、それを50年前に日本で実践するのは、大変なことだったろうと私は感じている。

　北海道大学である学位を取ったばかりの若い先生から、良い力学の教科書について相談を受けた時、私は即座に、原島鮮先生の本を推薦したことがある。彼はすぐにその教科書がとても良いことを認めたが、次のように付け加えた。「でも原島先生の力学は教科書として使いづらいのですよ。あまりに良く書けているので、教官の話すことがなくなってしまうから……。」つまり、学生が自分で読めば内容を理解できる本は、教科書として使いづらいというのである。*University Physics* は、すべての学生にとってそのような解りやすい教科書と言えるであろう。もちろん、ゾンマーフェルトやランダウの教科書は簡潔で、一部の学生には強く訴える何かを持っている良い教科書と言える。しかし、ICU で一般物理学の教科書として使うのには、この *University Physics* が適していたのではないかと、私は思っている。

ICU の物理学

　1959年9月から、私はワシントン大学（シアトル）に留学した。ICU にいて得をしたのは、英語力が少しは付いたことだけではなかった。ワース先生のそばにいたお陰で、物理学に対する姿勢が変わったことがとても役に立った。ワシントン大学には、日本の国立大学出身者が少なからず大学院に籍を置いていた。しかしほとんどの人たちが学位取得にまで至らず、他の大学院に移ったり、日本に帰国せざるを得なかったりしていた。日本の大学出身者は、興味のある狭い分野については非常に深く掘り下げて学んでいるが、興味のない分野はおろそかにしがちだった。ところがアメリカの大学院では物理学全般にわたって広く、しかも深く学ぶことが要求される。ワシントン大学では

入学後1年以内に、学部レベルの学力を調べる Preliminary Examination に合格しなければならない。その段階を通過するのは3割程だけである。日本からの留学生の大部分は、この段階で振り落とされていた。次には、大学院レベルの Qualifying Examination の Part I と Part II があり、それを合格してようやく博士論文の候補者となれる。私と一緒に Preliminary Exam. をとった学生は100名ほどだったが、合格したのは27名、その後の Qualifying Exam. を受けたのは何名だったか覚えてはいないが、Part I の合格者は7名、そして準備ができた者が Part II を受験し4名だけが通過できた。私がこの4名の中に入れたのは、ICU で助手として演習指導をしたり問題の採点をしたりしているうちに、物理学全般を見渡すことができるようになっていたからだと思っている。ICU での経験があったので、私には Preliminary Exam. も Qualifying Exam. も何の不安もなく受けることができた。

　私は、先に ICU での経験と書いたが、それはワース先生のもとでの経験と書くべきだっただろう。ワース先生はいつでも、私たち助手にも、また学生たちにも対等の立場で接して下さっていた。私は物理学を系統的に学ぶことに興味があった。しかし、理論の枠組みを学ぶだけでなく、その理論を実際に素早く適用し、物事を解決する能力も大事であることを、ワース先生は身をもって学生たちに、そして私にも示して下さったと、私は思っている。このように私は、物理の教師としての心構えだけでなく、実に多くのことをワース先生から学ぶことができたと感謝している。

ワース先生と今田さん

　初期の ICU の物理教室を語るとき、忘れることのできない人は同僚の今田さんである。今田さんは、私の2年後ぐらいに ICU に来られた。出身は立教大学理学部だったと記憶している。ワース先生が、私と今田さんのいる部屋によく「イマーダサン」と言いながら入って来られた。これは、彼に何か頼みごとがある印だった。今田さんは電子回路から実験装置に至るまで、何でもこなす人だった。ワース先生が何かにつけて頼りにするほど技術を身につけていた。後に、私が海外から帰国し北海道大学工学部にいた時、国内の

有名な計測機器の輸入商社の幹部になっておられた今田さんが、時々北大に来られることがあった。北大の原子工学科や応用物理学科にその商社が納入した測定機器や高エネルギーX線装置にトラブルが発生すると、今田さんが自ら乗り出してこられた。他の技術者には解決できなくても、彼はすぐに解決してしまうことがあった。普段はよほど大きな契約でなければ、大物の今田さんが動くことはないはずなのだが、技術的に困難な問題が生ずると、彼が来て解決してくれていた。北大ではこんな伝説さえ語られていた。「X線解析装置が動かなくなっていた時、今田さんが来ると知らせが入ったらその装置は正常に動きだした」という伝説である。ICU時代の若い時から、今田さんは何かにつけて優れた技術を備えておられた。であるから、ワース先生は彼を信頼し、彼と一緒の仕事をするのを楽しんでおられたと私は思っている。

　今田さんは私の数年後にアメリカに留学されたが、学位を取って帰国した時、彼はICUに戻られなかった。そのことが決まった直後に、私はたまたまICUを訪ねた。挨拶をかわすと、直ぐにワース先生は目に涙を浮かべて、今田さんがICUを離れるようになったことを私に話され、残念そうに訴えておられたのを思い出す。私自身はICUを離れたけれども、今田さんはICUに残って下さると私も期待していた。多分ワース先生は私以上にそれを強く期待しておられたと私は想像している。今田さんは、物理学科の学生にもワース先生にも必要な人だったからである。しかし、今田さんは商社に入られて、日本全国の原子核実験、宇宙線測定、放射線実験に携わる多くの研究者になくてはならない人として貢献された。そのことが、私にとって小さな慰めと言える。

一般教育としての物理学
　ワース先生が私に任せてくださった実験授業は、General Education（一般教育）の実験授業だけだった。大きな木枠で作ったInclined Planeも、同じく木製の軸付きWheelもワース先生の手製だった。1期生の露木君や渡辺君たちが製作にかかわっていたのかもしれない。単振子の実験等は、単純ではあるが、

一般学生に科学的に考えさせるとても良い実験だった。実験を含めて、私はワース先生の一般教育が特に気に入っていた。私はこのコースに関わったことで、科学とは何か、大学教育ですべての学生が科学を学ぶことの意義は何か、などという科学の教育者として考えなければならない、大切な問題に向き合うようになった。

それ以前の私は、教育に対して特に強い関心を持ってはいなかった。私が5歳のとき亡くなった父の蔵書には、教育、哲学に関する書物が多かった。私は中学生の時、父の残した蔵書を手当たり次第に読みあさった。しかし、私は、哲学には数学や論理の持つ魅力を感じることはできなかった。ヘーゲルの著書には嫌悪感さえ抱いていた。彼の議論の展開は詭弁としか思えず、「これが分かるようになったときは私が狂ってしまった時だ」と言ってヘーゲルの本を離れてしまった。西田哲学、カントの純粋理性批判や実践理性批判は最後まで読むことはできたが、それをまともに学ぶ気にはならなかった。

大学（旧制）の1年の時、解析力学と前期量子論を担当された梅田教授が、私に戦争中に発行された *Reviews of Modern Physics* の復刻版を下さり、ある論文を読むように勧められた。それがきっかけで、また哲学に関心が湧いてきた。その論文には「Why Do Scientists and Philosophers Often Disagree on the Merits of New Theories」という長いタイトルがついていた。著者フィリップ・フランク（Philipp Frank）はアインシュタイン（Einstein）がベルリン大学に移ったとき、後を継いでプラハ大学の物理学の教授になった人物である。彼はまたウィーン・サークルの創設者の一人でもあり、ヒットラーのチェコ侵略後にナチの迫害をのがれてアメリカに亡命した。この論文を読んで、私がなぜヘーゲルを受け入れることができなかったかが、分かったような気になった。彼のこの論文と物理学と哲学についての論文は、私に科学を広い文化の中で捉える視点を与えてくれた。

ワース先生の一般教育に対する姿勢は、私に科学を文化の中で見直す機会を与えてくれた。私はさらにワース先生の講義ばかりでなく、ICUの一般教育全体を素晴らしい試みだと思うようになった。私はワース先生から他にもいろいろなことを学ぶことができた。私に、ジェラルド・ホルトン（Gerald

Holton) の著書 *Introduction to Concepts and Theories in Physical Science* を紹介して下さったのも、ワース先生だった。ホルトンはハーバード大学で一般教育のコースを担当し、そのコースの教科書としてこの本を著した。これがきっかけとなり、以来、私はホルトンの著書や論文をできるだけ目を通すようにしている。ホルトンは1960年の国際物理教育学会で "Why Do We Teach Physics?" という論文で、「一般教育の科学は "History of Science" とか "A Course About Physics" というものではなく、"A Course in Science (Physics)" が望ましい」と発言している。彼が言いたいのは「学生は、このコースでたとえ単純な話題でも、科学者のように実験し、観察し、科学者のように考えるという経験をする」ということである。ワース先生の一般教育はまさにこのようなコースだった。「科学とは何か」について語るコースではなく、「実際に科学の探求することにより、科学的に考え、科学とは何かを体験する」と表現できるコースだった。フランクは物理学教育についての論文の中で、ある科学の理論が正しいと主張する根拠を考えさせることの大切さを強調している。ICU のワース先生の一般教育の中では、学習者が具体的にこれを、すなわち科学のある理論を、または説の根拠を科学的に探究したと私は思っている。

前述したように、ホルトンの著書がきっかけで1961年暮れにハーバードに彼を訪ね、一般教育についてお話を伺うことができた。ワース先生は物理学の授業では科学史的な話をされなかったが、一般教育の講義では科学史上の人物の名前をしばしば引用しておられた。ICU 卒業生で教育に携わっている方々の中には、今もワース先生の下で学んだことを思い出しながら、講義の準備をされていることがあるのではなかろうか。

ICU キャンパスでのワース先生

私が ICU に採用されたのが1956年4月、そして9月にはコロンビア大学に留学される都留先生の後を継いで、第1男子寮のレジデント・アドバイザーになった。キャンパスに住むようになり、それまで以上に、ワース先生や奥様と親しくさせて頂いた。私はトロイヤー先生とはよく議論したのに、ワース先生とはそのようなことは一度もなかった。キリスト教のこと、学生指導

のこと、学生運動のこと、ワース先生とは何でも話していたのに、議論を戦わしたという記憶が全くないのである。今思い出してみると、授業以外のことになると、しゃべっていたのは私で、ワース先生は私がしゃべり疲れるまで待っておられたのかもしれない。聞き上手で懐の広い先生に対しては、喧嘩を売ることはできなかったというのが、真相だったのであろう。ところが、トロイヤー先生とはよく議論をしていた。先生はすぐに私の挑発に乗ってこられた。トロイヤー先生とは議論を戦わしながら、親しくして頂いたと思っている。

　しかし、ワース先生は私の挑発には乗ってこられなかった。ワース先生の笑顔には包み込まれてしまい、ただ親しくさせて頂いたという記憶しか残っていないのである。全く異なるタイプのこの2人の先生から、私は教育に携わるものとして、必要なことをいろいろ学ぶことができた。ICUの創設期にICUで学んだすべての人も、私と同じような経験をされたのではなかろうか。お2人のICUへの貢献が、いつまでも語り継がれることを祈っている。

ばら

想い出すままに

鎌島　一夫

　1968年（昭和43年）の4月に国際基督教大学（ICU）に赴任した私にとって、着任前の採用手続きの1つとして受けた面接がワースさんとの最初の出会いでした。私は当時北海道大学理学部の教員でした。創設後数年しか経っていない、高分子学科生体高分子学講座に属していて、自分の研究の傍ら、研究室や実験室の管理と運営の手伝いとともに学生の基礎実験科目を担当していました。

　面接はワースさんのオフィス（研究室）で1対1でした。それまでの北大での自分の研究や学生の教育の内容などを、詳しく聞かれたことを覚えています。ICUは1953年の創立以来、日英両語を学内の公用語としてきました。学内の公的な書類はもちろんのこと、教授会を始めとするいろいろな会議も両方の言語で進められ、外国人教員による授業も英語を用いています。学内での、外国人教員との日常的な打ち合わせなども同じです。私との面接は、ICUの教員としての英語力が、最低の基準を満たしているかどうかの判断をするためのものであったと思います。技術的な意味での語学力のチェックが、主たる目的としてあったのでしょうが、教育の面で聞かれたことの内容は、学生の教育に対する私の取り組みや姿勢を確かめられたように思えました。終始にこやかに、ソフトな語り口で質問されたり、ご自分の意見を述べられていたのが印象に残っています。

　着任と同時に広いキャンパスの中の教員住宅に住めることになりました。そこでの、当時2歳半の息子と私たち夫婦の、武蔵野の雑木林に囲まれた生活が始まったのです。住み始めて間もなく、もう既に長い間住んでおられたワースさんご夫妻のお宅で、夕食に招かれました。そういう時の、小さな子どもを家に置いて預かってくれるベビーシッターの学生の頼み方まで教わっ

たような気がします。ワースさんご夫妻から学生や学生寮のこと、授業のこと、キャンパスにある大学教会のことなどや、キャンパス生活、特に学生を招いてお茶を出したり、時には食事に招いたりすることの、今から思えばオリエンテーションを受けたのです。ICU では、そのように学生を教員の自宅に招くことをオープンハウスと言っていました。そのオリエンテーションのお蔭で、その後新入生が入ってきた時、長い夏休みで学生が帰省する時、クリスマスのキャロリング（クリスマスの賛美歌を歌いながらキャンパスの家々を回ること）の時、お正月に寮などに残っている学生におせちを振舞う時、そして卒業していく学生を送る時など、年に数回のオープンハウスを楽しく学生と過ごせるようになりました。

　1983年春、1人の目の不自由な新入生が理学科に入学しました。八木陽平君という学生で、キャンパスの学生寮で生活を始めました。盲学生は ICU にとって初めてではなく、その6年前にも女子学生が語学科に入学し、寮生活を過ごしながら良い成績を残して卒業していました。八木君は理学科の中でも物理専攻に進むことを希望していましたが、当時、カリキュラムの中に実験科目のある自然科学分野に盲学生を受け入れたのは、日本全国で初めてであると、新聞に取り上げられたのを記憶しています。

　全盲の高校生の、大学の自然科学系への入学試験受験希望を受け入れるかどうかは、当時の理学科の中での、かなり時間をかけた議論となりました。その途中で、盲学校（高校）での授業と実験の様子を参考に見せてもらうことになり、物理教室のワースさんと私を含めて数人が見学に行きました。盲学校ではいろいろ見せてもらいましたが、特に物理と化学の実験の進め方の説明を聞き、生徒が実験をしているところや、最後の片付けの様子などを見学しました。ワースさんは、特に実験中の安全面などに注意を払っていたようでした。見学した結果のコメントをまとめて、更に検討を重ねました。しかし、視覚を欠いている場合に、観察や測定を基礎とする自然科学の学習が可能かどうかという本質的な問題と、実際の実験科目の履修に際してのいろいろな点についての、理学科の中での納得した合意は得られませんでした。最後は、当時の教養学部長の決断により、受験を認めることにしたのです。

この難しい検討の過程で、ワースさんは終始物理教室の中心となって前向きの姿勢で議論を進め、八木君の入学後も次々と出てくる課題に積極的に関わっていました。

　彼が教養学部長であった1970年代の終りのあるクリスマスのころ、彼が全教員にクリスマスプレゼントを配りました。それは、アメリカのマサチューセッツ工科大学（MIT）で教員のために用意した、より良い授業を進めるための冊子『教師と学生』(IDE大学協会)でした。日本ではまだ、「FD (Faculty Development, 教員の資質向上、例えば授業の改善など)」という言葉すらあまり見られなかったころに、大学教育にとってそれがいかに重きを置かなければならないことかを、伝えるためであったと思います。

　ワースさんの登場する数あるシーンのうち、想い出すままに、断片的に、周りの様子を織り交ぜながらいくつかを取り上げてみました。そのいずれにも、ワースさんの学生を、そして周りの人を想う心が感じられます。その心と想いが、いつまでもICUにおいて伝え続けられることを祈りながら、筆を置くことにします。

キキョウ

ワース先生の下で過ごした30年

石川　光男

出会い

　私がワース先生に初めてお会いしたのは、ICU に就職する以前、大学3年生の時である。北海道大学（北大）在学中の昭和31年の夏休み、東京に嫁いだ姉を頼って上京した折に、以前から関心を持っていた ICU を訪れてみようと思い立った。

　富士重工前でバスを降りて、広くて長いまっすぐな桜並木を歩いていると、東京の雑踏とはかけ離れた、穏やかな空気に包まれて、東京にもこんな静かな大学があったのか、と妙に感心した記憶が残っている。正面の教会は、現在の建物と異なり、もっと小さくて古風な造りであったが、広いキャンパスの中で、いかにも精神的な中心という風格を備えていた。教会の右手奥には広々とした芝生があり、昔の図書館と、現在も残っている本館が建っていた。私は北大に在学していたので、広いキャンパスには慣れていたが、北大とは異なる西欧的・キリスト教的な雰囲気を感じさせる ICU のキャンパスには、何か新鮮な魅力を感じさせるものがあった。

　本館に入り、通りかかった人に、「物理の先生にお会いしたい」旨を告げると、紹介してくれたのがワース先生だった。ワース先生は、突然の訪問者にも、笑顔で優しく応対して下さった。英語もゆっくりとした話し方でわかり易く、その暖かいお人柄が、ICU に対する好印象を更にふくらませた事は間違いないが、後に ICU に勤務するようになるとは、神ならぬ身の知る由もなかった。

周到な準備と懇切な教育指導

　その後、私は北大大学院の理学研究科に進学し、高分子物理学を専攻することになったが、同時に ICU に就職する夢もふくらませるようになった。

当時北大学長であった古市教授は北大の高分子学科の創設に尽力された方で、大学院とも縁が深かった。古市教授は私の希望をお聞き下さり、上京の折にICUの原島教授にお会いして、機会があったらと、私のことをお伝え下さったそうである。

私が修士課程2年の時、ICU物理教室で助手の公募があり、早速応募。昭和34年に、ICU自然科学科物理教室に助手として勤務することになった。当時は理学館も教育研究棟もなかったので、教育活動はすべて本館で行われていた。自然科学科は本館一階の西側にあり、生物、化学、物理の研究室や実験室があった。

私が就職した当時、物理教室には、原島先生、ワース先生、北村先生がおられ、助手として今田先生がおられた。生物学の庄司先生、沖垣先生、数学の成田先生は、私と比較的年代が近かったので、親しくさせて頂いた。

ICUでの私の最初の仕事は、ワース先生の下でGeneral Physics（一般物理学）のお手伝いをすることであった。最初に驚いたのは、電話帳のように分厚い英語の教科書。日本の大学の教科書とは異なり、きめ細かく詳しい解説が書いてある。更に、各章毎に数十問の演習問題が付いている。ワース先生は、毎回の講義の後に、この中から20〜30問の問題を指定し、学生に提出させた。助手としての私の仕事は提出された演習問題の採点から始まった。

日本の大学では、通常このような事は行われない。毎回の講義は学生がわかってもわからなくても、どんどん進み、最後に試験があるだけである。しかしワース先生のように、毎回多量の演習問題を解く事を要求されれば、いやでも講義の内容についていかざるを得ない。学生としては気を抜けないし、怠ける暇がない。これが米国流の教育の特徴なのかもしれないが、ワース先生の几帳面な性格に負うところも大きいように思われた。年間を通じての講義内容を決め、それを各学期毎、各週毎に割り当てて、それを予定通り進行させていくのは、まことに見事で感服させられた。

几帳面で教育熱心なワース先生のお人柄は、General Physics Lab.（一般物理学実験）でも遺憾なく発揮された。実験のマニュアルは全部ワース先生の手作り。教材もワース先生自身の工夫による手作りの物も少なくなかった。しか

も、Lab の前に、グループ毎に決められたテーマの実験の点検を欠かさなかった。

　私が講師になってから、ある年の正月二日にワース先生から電話があり、相談があるので大学に来て欲しいと言われた。正月の三日間は、日本人は通常仕事をしないので少々驚いたが、クリスマス休暇を大切にするお国柄を考えて、翌日お会いする約束をした。相談内容は General Physics Lab. の実験テーマや器具の改善に関するものであったが、お国柄の違いとはいえ、正月三日からこのような問題に取り組む熱心さには頭の下がる思いであった。日本の大学では、学生実験に対して、教授自身がここまで深く関わる例はあまり見られないように思われる。ワース先生の下で教育のお手伝いをしているうちに、教育者としてのワース先生の行動に深く教えられるものがあり、その後の私の教育活動に大きな影響を与えたように思われる。

　当時の物理学専攻生は10人前後、現在に比べれば少人数でまとまりがよく、家庭的な雰囲気が強かった。私が助手として赴任した当時の物理学教室には、神田啓治、永野元彦、笹氣愛子などの諸氏がいて、皆でよくワース先生のお宅にお茶を飲みに行って和気あいあいと楽しい時を過ごした。ワース先生の奥様も、先生同様、いつもニコニコと会話の仲間に入って下さった。この頃は、ICU ファミリーという言葉が自然に雰囲気として感じられる時代であったが、私にとっては、特にワース先生や原島先生の暖かいお人柄に負うところが大きかったと思っている。

　当時の ICU キャンパスは現在のように整備されておらず、本館の西側には、旧中島飛行機（富士重工の前身）の格納庫の跡が残っており、戦時中に投下された爆弾による穴も見受けられた。本館の前の芝生には、現在のようないわゆるバカ山はなく、かなりの雑草も混ざっていた。そんな状態の中で、年1回のキャンパス・クリーニング・デイには、学生・教職員全員が、建物の内外の清掃を行ったが、ワース先生も率先して、学生と一緒に楽しそうに働いておられた。

　その頃、現在の野川公園はまだ ICU のキャンパスで、広々とした雑木林が続いていた。あまり広いので、昼休みに散歩に行っても途中で引き返さざ

るを得なかった。私は期せずして、日本で1番目と2番目にキャンパスの広い北大とICUで過ごすという幸運に恵まれたことになる。

理学館建設に懸けた情熱

　ICUキャンパスも次第に整備され、新しい教会や図書館も建てられるようになった。私が赴任した年の翌年、1960年に教会が改築され、図書館も新築された。その数年後、理学館建設が計画されるようになった。理学館建設に当たって、ワース先生は、設計段階から、設計者と教職員の間に立って中心的な役割を果たされた。毎日、大量の設計図面をかかえてオフィスにもどり、何度も何度も細かな点を検討しては、各教室の先生方の意見を聞き、修正を加えるという作業を根気よく続けられた。時々私を呼んで、作業の進展状況を嬉しそうに話されていた姿が今でも鮮明に思い出される。

　設計図面ばかりでなく、実験台や備品、教室のテーブルの材質に至るまで、サンプルを手に入れて、薬品テストを行うなど、細かな点まで注意深い検討を続けておられた。御自分で実験器具を作られるような実験家としてのワース先生の几帳面さが遺憾なく発揮されて、計画は着々と進行した。

　物理学教室においても、先生方のオフィスの他に、研究用の実験室、General Physics Lab. 用の実験室、Intermediate Physics Lab.（物理学実験）用の実験室、光学実験室、暗室などが計画された。これらの計画に当たっては、私も、何度も夜遅くまで話し合ったことが少なくない。複数の光学実験室の間に、小さな開閉可能な小窓を取り付け、必要な場合は、壁面の小窓を全部解放し、隣り合った光学実験室の端から端まで、レーザー光などの光を直線的に照射できるようにするなどのアイデアを事前に相談され、用意周到な計画に感心させられた。

　一般教育などの大人数の講義を行うための大講義室にも、特別な工夫が取り入れられた。講義用のテーブルは大きく長いものを横につなぎ、各種の大型の講義実験ができるように配慮された。講義テーブルの後には、種々のスイッチが配置され、照明の切り替え、明るさの調節が自在に調節できるように設計された。後に、私は一般教育の際に、この講義テーブルのお陰で種々

の講義実験が可能となり、改めてワース先生の教育への情熱と先見性に感服させられた。

　講義用の黒板の背後には、講義実験用の広い実験準備室が設けられた。投影用のスクリーンを電動で巻き上げ、黒板を左右に開くと、後ろの準備室で用意された実験設備を、そのまま講義室に導入できるような工夫が取り入れられたが、これなどは、教育熱心なワース先生独自の工夫で、これが十分に活用されれば、教育に大きな力が発揮されるはずであった。しかし、このような設備を活用するためには、準備する教師の側に相当の時間と労力が要求される。私が知る限り、この設備が十分に活用されたとは思われないのは誠に残念である。

　講義テーブルの上、天井近くには Cat Walk と呼ばれる細長い通路が設けられたが、これはフーコー振り子などの長い実験装置を吊り下げるのに役立てるものであり、これもワース先生独自のアイディアによるものであった。

　このような努力が実って、理学館は1966年12月に完成した。理学館で特筆すべきは、工作室 (Work Shop) であろう。ここには物作りに熱心なワース先生の思い入れがぎっしり詰まった特別な場所と言ってもよい。ドリル、旋盤などの金属加工設備やチェーンソーなどの木材加工設備が設置された。ワース先生はここで、物理の学生に金属や木材の加工技術を指導し、卒論に使う器具などを学生自身に製作させた。理学系の大学教授からこのような技術指導を受けるのは極めて稀なことで、この点でも、当時のICU生は非常に恵まれていた。

　ドライバーやペンチ、ハンマーなどの小さな工具などはとかく散乱したり、紛失したりしやすい。ワース先生は、工作台の壁面にこれらの工具を整理してかけられるようにフックをつけ、しかも、指定された場所に工具をかけられるように、それぞれの工具のシルエットを壁面に描かれた。こんな細かい心遣いの中にも、教育者としてのワース先生の暖かいお人柄が感じられる。この工具掛け台は、ワース先生を偲ぶよすがとして大切にしたいものである。理学館完成の3年後、1969年に自然科学科は理学科と学科名を変更した。

教養学部カリキュラムの改善

　ワース先生は1970年からの4年間と、1976年からの4年間、教養学部長として行政面でも貢献された。先生が教養学部長をされた時、私は学部長補佐として、一般教育主任という役割を頂いたことがある。その当時、一般教育のコースは、時間割が固定されておらず、その上コースの数も少なかった。一般教育の科目数や時間割は、各学科が独自に決めていたために、コンフリクトや登録人数の偏りが生じやすく、学期初めの科目登録の結果、特定のコースの人数が多すぎて、学生が教室に入りきれないというようなトラブルも少なくなかった。

　この状態を抜本的に解決するために、一般教育の科目に関しては、一般教育主任が時間割やコースの数を統括することにした。その結果、各学科で開講する科目数を平等にして増やし、年間を通して時間割を固定するという改善が試みられた。この試みの実施に当たっては、各学科の同意を得るためにある程度の時間を要したが、計画が実施されてからは、学生も年間計画が立てやすくなり、トラブルも激減した。

　その次に検討されたのは、一般教育の内容に多様性を持たせる試みである。それまでの一般教育の内容は、各学科の基礎科目を土台にした内容が中心となっていたので、独創的、個性的な講義を望む事はできなかった。そこで、各学科中心の一般教育科目とは別枠で、教師自身の希望による独自のコースを開講する「総合科目」を新設する案を検討した。これは、私の提案でワース教養学部長も同意し、「総合科目」は一般教育主任が直接管轄するという形で実施に移された。最初は開講科目が少なかった「総合科目」も次第にコースの数が増えるようになり、一般教育の内容に独自性と多様性が加味されるようになった。

　私がICUに着任した1959年から、ワース先生が退職された1989年までの30年間、ワース先生の下で多くの事を学びながら、お手伝いをさせて頂いた。ワース先生がICUに残された大きな足跡に、深い敬服と感謝の念を捧げ、ご冥福をお祈りしたい。

視覚障がい者の受け入れとワース先生

田坂　興亜

　1970年12月に私がICUに着任した時、私の前任者である湊先生の元で卒論指導を受けていた一人の学生が、湊先生の在任中に卒論を完成することができなかったため、私の最初のアドバイジーとなりました。その学生は、私の着任早々の学期末に、連続して「ロー・グレーダー（成績不良者）」となったために、本人と一緒にアドバイザーである私も学部長に呼び出され、面接を受ける羽目になったのです。当時ワース先生が教養学部長をしておられたのですが、新米教師の私にとって、英語での面接には本当に面食らったものです。学生本人は、すでに何回かの経験があるらしく、意外と落ち着いていて、ワース先生の英語による質問にもちゃんと答えていたのですが、「新米」アドバイザーの私は、事態が完全には理解できぬまま、ただ横でうなずいているのが精一杯だったのを冷や汗と共に思い出します。

　ワース先生と一緒に関わったことの中で、忘れられないのが、視覚障がい者に対してICUが門戸を開くことになった一連の活動です。最初のケースは、1977年の2月に、ICUで初めての点訳された入学試験を受けて、草山こずえさんが入学するに至るまでの、大学の行政部（Administration）、教授会メンバー、点訳を学んで準備した学生たち、そして、ワース先生を中心とする「検討委員会」の動きです。詳細については、吉野先生が書かれると思いますので、私はいくつかのコメントのみに留めようと思います。

　草山こずえさんがICUを卒業する時に、その4年間のICUでの学習の記録をまとめたものが出版されています［参考資料1］。その中に収められているワース先生の書かれたものによると、視覚障がい者のICU受験希望の申し出は、1972年に遡るとのことです。しかし、ICUでは、受け入れの用意ができていないという理由で、断り続けてきたようです。ワース先生は、1976年、数人の視覚障がい者がICUの入試を受けたいとの申し出を受けて、都留春

夫先生を中心とする検討委員会を作り、教養学部長であったワース先生自らも、その委員会のメンバーに加わって、前向きの検討を始めました。これに呼応するように、私もその一員であった宗務委員会では、視覚障がい者の受け入れにICUは積極的に取り組むべきであるとの意見を取りまとめて、教授会の席で、中川秀恭学長、財務副学長など、大学の行政部に対して、門戸開放を強く求める意見を述べました。これに対して中川学長は、この意見表明は、宗務委員会の「らちがい（埒外）」の行動であると反論されました。私は、「埒外」という言葉は、今まで聞いたことが無かったので、家に帰って、辞書を開いたことを覚えています。宗務委員会がその権限外のことに口をさしはさんでいるという意味であることを、辞書を引いて初めて理解しました。

行政部の中でも、とくにその時の財務副学長は、視覚障がい者を受け入れるためには、ICUでそうした障がいを持つ人たちが学ぶための条件が整っていなければならず、私学が少数の視覚障がい学生受け入れのために、お金をかけて設備を整えるわけにはいかない、とその受け入れに否定的でした。けれども、教養学部長として、そのような行政部の内部に居るワース先生は、どの程度の準備態勢が整えば受け入れが可能なのかを委員会で充分検討した末に、大きな設備投資をしなくても、視覚障がい者の受け入れは可能であると結論した報告書を提出しました。

様々な経緯がありましたが、何と言っても、教養学部長が、具体的なデータを示して、視覚障がい者受け入れを促したことが、最終的に行政部を大きく動かしたことは間違いありません。その後、1979年に、ICUの点訳サークルの活動が、ヘレン・ケラー生誕100年を記念して設けられたJohn Milton Society for the Blindの国際賞を受けることになりました。たまたまニューヨークのICU財団に出向いておられた中川学長が、点訳サークルに代わってこれを授与されたこともあって、中川学長は、ICUが全盲の視覚障がい者を受け入れたことを誇りに思われるようになられたと思います。『明日への大学』[参考資料1]の巻頭言を中川先生が書いて下さったことにも、それが表われています。

さらに、1983年には、日本の大学が、私立であれ、国立であれ、いまだかつ

て試みたことの無い、実験を含む理学領域での視覚障がい者の勉学に、ICUが門戸を開くことになるのですが、この画期的な決断も、1977年の全盲の視覚障がい者受け入れという、第一のステップが無ければ、実現しなかったと思われます。化学や物理の実験を、全盲の視覚障がい者が、晴眼者と同じように履修することは不可能だと一般には考えられていましたから、理学科の中でも、その可能性があると思う人は、ごく少数でした。けれども、1976年にワース先生がなさったのと同じように、私たちは、本当に不可能なのかを納得いくまで徹底的に調べてみました。

すると、海外の文献や、筑波大学附属盲学校などでの経験から、様々な形で、目が見える人と（同一ではなく）同等の内容で、化学や物理の実験科目を履修する方法があることがわかりました。こうして、私たち自身信じられないような形で、ICU は、視覚障がい者の理系の学習を希望する学生、八木陽平君の受験を認め、そして、入学が決まったのでした。

草山さんと同じように、八木君の場合も、その学習の記録が残されましたが、八木君の場合には、二冊の報告書［参考資料2, 3］にまとめられました。この他、化学実験、物理実験の様子が、ビデオの形でも記録されて残されています。

この ICU での視覚障がい者の理系の学習の記録は、後に、東京大学に視覚障がい者の受験者が理系での受験を希望したとき、東大の理学部の先生たちが、その可能性を検討する際に活用され、そして、実際に東大も理系の視覚障がい学生を受け入れることになる上で、大きな役割を果たしたのです。1988年には、日本化学会が発行する『化学と教育』誌［参考資料4］で、「視覚障がい者のための化学教育」という特集が組まれました。ICU での視覚障がい者が履修した初めての「基礎化学実験 I」の様子が詳細に報告されると共に、これに続いて、理系での視覚障がい者受け入れに踏み切った東大での化学実験の状況が、担当された先生方によって報告されています。いずれの場合も、筑波大学附属盲学校の鳥山由子先生を始めとする諸先生方の貴重な助言と、献身的な支援が非常に大きな支えとなりました。

現在日本では、全盲の視覚障がい者が理系で大学の教員になっています。

一昔前には、全く不可能と思われていたことが、次々と現実になってゆくのを見ると、ワース先生のあの熱意が、ここまで現実を動かしたのだ、ということを、大きな感動を持って覚えざるを得ません。そして、旧約聖書のイザヤ書9章7節に「万軍の主の熱心がこれをなされるのである」という言葉がありますが、ワース先生の生涯を導き、用いられた神のみ手の働きを思います。

参考資料

1. 「『明日への大学』その一つの歩み〈ICUにおける一盲学生の在学の記録〉」草山こずえさんのICU在学の記録をつくる会編、1981年.
2. 「『明日への大学』続編 ICUにおける一盲学生の物理実験・化学実験履修の記録」国際基督教大学教養学部理学科編、1986年.
3. 「『明日への大学』続編（Ⅱ） ICUにおける理学専攻盲学生の卒業までの記録」国際基督教大学教養学部理学科編、1987年.
4. 「視覚障害学生の化学実験」『化学と教育』日本化学会発行、36巻、第4号、1988年.

ばら

ワース先生とICUへの盲人学生受け入れについて

吉野　輝雄

　ここに1977年1月10日に書かれた、当時教養学部長であられたワース先生独特の美しい自筆の原稿コピーがある。「ICUへの盲学生受け入れと入試の実行に関する答申書」で、中川秀恭学務副学長宛（註1）に書かれたものである。この日はどんな日であったのか？　この答申書提出前後のスケジュール表を見ると、当時の緊迫した状況が浮かび上がってくる。答申書が提出された1月10日の午後に臨時キャビネット、翌日に幹部会が招集され、18日の学務委員会で「盲学生受け入れ」の提案説明がなされた後、翌週25日の教授会で承認された。ICUが初めて盲人受験生の受験を認めた時であった。それから僅か10数日後に、400ページにわたる膨大な量の入試問題を10名近くの点訳チームが2泊3日かけて点訳し、点字による入学試験が実施された。
　その結果、草山こずえさんが合格し、ICUで最初の盲学生として入学した。このような短期間に大学を動かし盲学生入学が実現した背後には、ワース先生の行政者としての責任を超えた熱い人間性と、ICU創立の使命を果たそうとする強い意志があったことを、当時身近にいた者の一人として、はっきりと証言できる。ワース先生は、1976年のクリスマス休暇を返上して年末に会議を招集し、新年1月6日に答申書を書き上げられた。その原稿を見ると、今でも先生の熱気が伝わってくる感じがする。入試までのあまりの過密な日程を前にして、「入試実行は無理だ、1年後にすべきだ」という意見も強かったほどで、入試が実現したのは奇跡であったと今でも思う。
　この決定に先立って学内では、盲学生受け入れの可能性について、何人かの教員が他大学の例を訪問聴取し、また、他大学や筑波大附属盲学校の教員を大学に招いて、話を聞くという作業を重ねていた。私は、すでに15年間受け入れの経験を持っていた明治学院大学を訪れて、入試の実施法、授業方法、学習支援、施設の改善等を聴取する役割を与えられ、ワース先生にその

報告をした時のことを、今も鮮明に覚えている。私のつたない英語説明を聞きながら、あたかも整った内容であるかのように、目の前で美しい英語文にまとめていかれたのだ。ひどい英語だと一度も言葉にも顔にも出されなかった。ワース先生の温かな心が分かり、先生の存在を近くに感じた時であった。

　ワース先生は、草山さん入学後も、いつも勉学やキャンパス生活について関心をもって支援して下さった。そのことは、『明日への大学』；ICUにおける一盲学生の在学の記録―1981」[参考資料1]の原稿にも表されている。その中でワース先生は、受け入れ決定に至るまでの経緯を具体的に述べ、「盲学生の在学によって、ICUコミュニティーが豊かにされ、感性豊かで人間的になった。この経験によって人間の潜在能力と尊厳性について学ぶ機会が与えられた」と、盲学生受け入れを、意義を深いところから受け止めて下さった。また、教科書の点訳、音訳・テープ録音に多くの時間を割いた点訳サークルの学生達に、温かい労いの言葉を残されている。

　語学科を専攻した草山さんは、優秀な成績で4年間の勉学を終え、周囲の学生だけでなく多くの教職員に感銘を与えて卒業した。この4年間の経験と、ワース先生が述べられている受け入れに対する認識が、ICUが1981年に正式に盲学生受け入れの方針を決定し、当時の大学としては珍しい明文化した方針を公表することにつながった、と私は考えている。受け入れ方針とは、「本学に学ぶにふさわしい意志と能力を持った盲学生を、正規学生として定員に含めて入学を許可する」というものである。このようにたった2行から成る短い方針だが、ここには非常に大きな意味が含まれている。なぜならば、大学で勉学する能力を持った学生を、特別な条件で受け入れるわけではなく、一般の学生として受け入れる。このことにより、入学した盲学生が自分の能力と人生に誇りを持ち、その後の友人との関わりでも対等であるという意識を持たせる基盤となったからである。教員が成績をつける場合にも、決して甘くしないという基準にもなっている。その後、現在までの32年間に11人の視覚障がい学生がICUに入学し、一人一人が上述の方針を実証するように、自立した人間として国際的に活躍している。この道程には、ワース先生が学務副学長に提出した、1977年の深い思いとビジョンが、生命を

持ち今に至るまで息づいている。

　さて、ICU に入学した 2 人目の盲学生は、1983 年に物理を専攻したいと理学科に志願した八木陽平くんであった。実は、草山さんの在学経験によって、盲学生の受け入れに関わる実際問題は解決したと考えていたのだが、国内外にも例のない物理学実験、化学実験を必修とする理学科への志願を前にして、ICU は戸惑いと新たな挑戦課題を与えられたのであった。恐らくワース先生も、八木くんの志願を前にして戸惑ったのではないかと想像する。教養学部長として最初の盲学生受け入れを、中川学務副学長に答申したワース先生も、「生物学、化学、物理学のような実験を伴う分野への受け入れの備えはできていないが、その他の分野への受け入れを認めてほしい」という手紙を書いておられたほどだからだ。受け入れの可否を巡って理学科会議でも大議論があり、意見が割れた。経験も準備もなく、欧米にも例のない物理学専攻生に果たして大学レベルの理系教育を行い、責任をもって卒業させることができるのかという重い問題を突きつけられたのであった。しかし、ワース先生、高倉先生、鎌島先生、田坂先生はじめ物理、化学の教員が実験科目を引き受けるという決断をし、1983 年に数学以外の理系盲学生を、日本で初めて受け入れることを決定したのである。

　理系盲学生を受け入れてから 4 年間の取組みの詳細が、2 冊の報告書［参考資料 2, 3］と学会誌の記事［参考資料 4］としてまとめられている。特に、物理専攻生を受け入れから実施された物理と化学の実験科目の内容と実施方法が詳細に書かれているので、長い間、他大学が理系志望の盲学生を受け入れる場合の参考資料として利用されて来た。

　ここで特記すべきことは、基本的な物理量（質量、角度、容量、長さ、電流、電圧、温度、オシロスコープの波形など）を自力で測定・観察できるように工夫し、ICU の物理学実験のテーマを全く変えずに行ったという点である。上の記録には、議論を重ね辿り着いた智恵、工夫、方法、苦労などが写真付きで詳細に記されている。実験科目を担当された高倉先生、鎌島先生のご尽力は並大抵なものではなかったと思う。また、ワース先生はハリディ＆レスニック (Halliday and Resnick) 著の *Fundamentals of Physics* を教科書に使い「一般物理学 I，II」

を教えられた。教科書には、当然のことながら数多くの数式や図表が含まれていた。八木くんはそれらをどのようにして読んだのか。数式はアメリカで開発されたNemethコード（どんな複雑な数式も点字化できる文法）によって点訳し、図は立体コピー機を購入し、エンボス印刷（図に赤外線を当て黒い部分を浮き上がらせる印刷）をしたのだった。実験マニュアルも同様にすべて点訳された。これらの点訳には、有能で希有な意志をもった市民ボランティアとICU点訳サークル員、特に物理の非常勤実験助手でもあった柿沼徹氏が献身的に協力して下さった。

　一方、基礎化学実験については、筑波大附属盲学校の化学の教諭であった鳥山由子先生が、実験クラスの度に来学され、最適なヘルパーとして八木くんの傍らに立ち、本人と担当の化学の教員に適切なアドバイスを与えて下さった。そのおかげで、化学実験においても様々な方法と創意工夫を凝らし、元の実験テーマを変えずに実施することができた。ワース先生は理学科長として2年間、大局的な観点から理学科教員（盲学生のためのプロジェクトチーム）を指導して下さった。当時、盲学校宛に、鳥山先生をヘルパーとして派遣して頂きたいと、ワース先生がタイプされた手紙のコピーが、今も私の手もとに残っている。また、八木くんが、寮では音の出る点字タイプライターを、夜間使用できないという事情を聞き、図書館に夜間の使用を認めて頂きたいという手紙を書いて下さった。

　こうして八木くんは物理専修生としての卒業要件を、一般学生と同じように全て満たし、4年間で140単位を履修し1987年3月に卒業した。その後、八木くんはアメリカの大学院に進学し、今はJAXA（宇宙開発事業団）の研究員として働いている。なお、このような先駆的な自然科学教育プログラムに対して、私学振興財団から4年間にわたる特別補助予算が与えられ、種々の機器の購入、報告書の作成費用などに使われた。

　それから20年の月日が経過している。この間の大きな変化は何と言ってもコンピュータの進歩と普及であろう。IT（情報技術）によって視覚障がい学生の勉学環境も大きく変わり、PC（パーソナル コンピュータ）は障がい者が社会で自立して働き、生きて行くための必需品となっている。八木くんの時

代には、大型コンピュータはあったがまだパーソナル使用ではなかったため、実験方法のほとんどがアナログ的で、データ処理、レポート作成には大型コンピュータに連結した点字端末機を使い、カタカナ英数字による入出力を行っていた。

　実は、今年（2008年）の夏に、「科学ジャンプ」という、理系の勉強が好きで理系進学を志望する視覚障がい生徒と教員のための集会があった。私も講演者の一人として依頼を受け、ICU の盲学生受け入れ状況について話をした。その準備の段階で、20数年前の資料をていねいに読み直した。その時に、受け入れからこれまで関わって来られた方々の、時代の変化によって変わらない、障がいの有無を超えた人間に対する理解と熱意に気づかされ、心の底から感動させられた。特に、1977年に盲学生受け入れ答申書を渾身の思いをもって作成し、受け入れの基本理念を明確に意識されていたワース先生のビジョンには、深い感銘を覚えさせられた。ワース先生は、ICU の視覚障がい学生の受け入れについても、大きな貢献をして下さったことを思い、天国のワース先生に心からの感謝を申し上げたい。

ワース先生直筆による「盲人受験生の受け入れに関する報告」（1977年1月10日）

参考資料
1. 「『明日への大学』その一つの歩み〈ICU における一盲学生の在学の記録〉」草山こずえさんの ICU 在学の記録をつくる会編、1981年.
2. 「『明日への大学』続編 ICU における一盲学生の物理実験・化学実験履修の記録」国際基督教大学教養学部理学科編、1986年.
3. 「『明日への大学』続編（II） ICU における理学専攻盲学生の卒業までの記録」国際基督教大学教養学部理学科編、1987年.
4. 「視覚障害学生の化学実験」『化学と教育』日本化学会発行、36巻、第4号、1988年.

註
1 この時期、中川秀恭先生は、ICU の学務副学長と学長を兼務しておられた。

お隣りのワース先生

廣瀬　正宜

　D・C・ワース先生は、宣教師として、奥様のアーディス夫人と1954年にICU においでになりました。大学の草創期からの先生で、学部長はじめ多くの要職に何度もつかれた、大学にとってはなくてはならない先生のお一人でありました。そればかりでなく、ICU 教会にとっても、役員長を何度もお引き受け下さるなど、大変重要なお働きを数々なさった方でありました。先生が聖歌隊のメンバーとして、毎週日曜日の礼拝で歌っておられたのを覚えていらっしゃる方も多いと思います。また、クリスマスの時には、教会幼児園や教会愛餐会などでサンタクロースをして下さいました。子供達が「本物のサンタさん」の到来に目を輝かせていました。

　先生は ICU のサマープログラムのディレクターも、何度もして下さいま

した。当時、サマープログラムの教室として使っていた本館には冷房がなかったので、大きな扇風機を各教室に置いて授業をしておりましたが、扇風機の導入は、先生の発案でした。その後、本館に冷房が入るようになりましたが、その扇風機は今でも夏の間、ICU の教会堂で使われております。台座に SPJ とマジックインキで書いてある何本もの扇風機は、元をただせばワース先生がサマープログラムのためにご用意なさったものだったのです。

　先生は1989年に ICU をご定年で退職なさって、カリフォルニアのバークレーに移られてからは、カレッジ・アベニューにあるセント・ジョンズ長老派教会で、聖歌隊に加わり、教会堂の維持にもご奉仕なさり、また、シニア・センターでは象嵌細工や寄せ木細工などを教えるなど、教会の重要なメンバーとして活躍しておられました。私はサバティカルの時にバークレーに行き、ワース先生ご夫妻の所属しておられる教会にも参りましたが、先生のビブラートの効いた朗々とした歌声を今でも覚えております。

　先生は物理がご専門でしたが、建築にもたいへん造詣が深く、教会、D 館、N 館、ERB、ILC、体育館、などを始め、ICU の多くの建物の建築に関わられ、設計に貴重な助言をしておられました。教会の床暖房、教会と DMH 講堂や教授会のワイヤレスの同時通訳のシステム、体育館の太陽熱利用の温水プール・温水シャワーは先生のお陰ですし、ICU 教会の幼児園が建て替えられた時も、先生は先頭に立って奔走なさいました。ハーパーホールが床暖房なのは先生のお考えを反映していると思います。

　また、キャンパスの教職員の集合住宅は、先生のお考えが強く反映された設計でした。体育館と同じように屋根に太陽熱温水パネルを置き、床暖房や風呂・シャワーなどの給湯をする設計だったのですが、建設費節減のために計画は実現せず、建物のデザインだけが設計のままということになりました。今から30年も前に先生はすでにこのような先駆的な考えを持っていらっしゃったのです。先年アル・ゴア氏がノーベル賞をもらいましたが、ワース先生はもっと前から、私たちが神様から与えられているこの貴重な環境やエネルギーのことを考えて、ICU の建物に実現させようとしていらっしゃったのです。先生の先見の明に改めて敬服いたします。財政的な理由でそれが実

現できなかったのは誠に残念の極みであります。

　先生はキャンパスの奥まったところ、野川公園に面した大きな家にお住まいでしたが、お子様達が大きくなってアメリカにいらっしゃってからは、奥様とお二人でしたので、ご自身が建設に関わられた集合住宅にお移りになりました。先生のユニットは101で私どもは庭続きの102でしたので、親子ともども親しくして頂きました。先生は体格の大きな方でしたが、大変器用で、なんでもご自分でなさる Do-It-Yourself の方でした。たとえば、先生はよく庭の芝刈りをなさいましたが、先生がお使いだったのは普通の芝刈り機ではなく、雑草を刈る回転式の草刈り機でした。これは本体を両手で持って左右に振って草刈りをする機械なのですが、先生はこれの使い手で、芝の長さを5ミリ以下の誤差でそろえられると豪語していらっしゃいました。本当に先生のお庭はいつも手入れが行き届いていて、奥様がいろいろな花を植えてきれいにしていらっしゃいましたので、隣りの我が家は借景を愛でて楽しませて頂いておりました。奥様は、我家の子ども達が風邪でダウンしてしまうと、アメリカ風のチキンスープを持ってきて下さったものです。これがまた風邪の特効薬で、効き目抜群でした。

　先生が教養学部長をなさっていたとき、卒論提出最終日の午後4時が近づくと、先生は学部長室の時計の針を少し戻して、〆切間際に論文を抱えて息せき切って滑り込んでくる学生達を、ゆったり温かく迎えて下さったということを伝え聞いたことがあります。本当かどうかは今となってはわからないのですが、一人一人の学生のことを親身になって世話をなさった先生ならではと思われます。厳しい中にも、キリスト者として、温情豊かな、また、ユーモアを解する先生の逸話と思われます。

　ワース先生とは、ついこの間までキャンパスで、ICU 教会で、ご一緒だったという感じがするのですが、先生が ICU をご退職なさってからもう18年になるということに、あらためて時の流れの早さを感じます。先生の思い出は尽きないのですが、紙幅の制約もございますので、この辺で終わりにいたします。

　ワース先生、長い間 ICU のためにお働き下さり、ありがとうございました。

主のみもとにあって、どうぞ安らかにお休み下さい。残されたアーディス夫人、お子様とお孫さん達の上に、主の慰めと平安が豊かにありますようにお祈りいたします。

オミナエシ

地の塩、世の光

川上ひめ子

　40年前、採用試験のために初めてICUを訪れた時、その景観の美しさと垢抜けした雰囲気に「ここが日本？」と驚いたものである。マクリーン通りの長い桜並木とその先に見える礼拝堂、そして武蔵野の面影をとどめる緑豊かなキャンパス。ICUを振り返る時、四季折々のキャンパスの彩りと、出会った多くの人々の面影が懐かしく蘇る。
　思いがけずも40年間在職することになったICUは、私にとって「職場」であるだけでなく、「人生をかけた場」でもあった。苦しいこと、辛いこともあったが、しかし、今思うと感謝に満ちた歳月だった。
　特に、ICUの自然科学科の化学教室で実験助手として働きながら、飯田橋にある東京理科大学（理学部II部）を卒業するまでの間、仕事と学びの間を駆

け足で往復していた私に、多くの方が励ましの言葉をかけて下さった事を忘れることはできない。「よく頑張っているね」と笑顔で優しく声をかけられると面映くも嬉しかった。しかし、当時は、自分が後になって、「ICUのためならどんな事も厭わない」という信念をもって、40年間も仕事に取組むことになるとは夢にも思っていなかった。

　1960年当時、一般職員（教育職員以外の構成員）に「ICUの理念」を伝えるプログラム等はなかったが、学内の様々な場で「それ」を熱く語る方々がいらした。私の場合は、化学教室の千葉直樹先生、湊宏先生、喜谷喜徳先生、大内謙一先生が折に触れて、「この大学は、世界に類をみない理想を掲げているのですよ」と話して下さった。また、先生方と学生たちが「大学の理想」を誇らしく語り合っている光景に度々接することができた。最初は、「そうなんだ」と思う程度であったが、世界に向けたICUの献学の理念の意味を知るにつれ、いつしか共感を覚えるようになっていた。教職員のオープンハウスで楽しそうに語りあう学生達、シャイな学生に優しく話しかける家族の方々……ICUがファミリーとして夢を追い求めていた時代、自分もその一員となり、どのような姿勢で仕事をしていくべきかを漠然とだが感じるようになっていた。

　そんなICUの理念を態度で私に示して下さったお一人にドナルドC.ワース先生がいらっしゃる。先生は物理学の教授で、見上げるほどの体格でいらしたが、威圧感が一切なく、暖かく優しかった。本館やN館（理学館）そしてD館（学生会館）やロータリーでお会いする先生の穏やかな眼差しと笑顔には「ICU」を伝えるに充分な慈しみと内なる情熱が秘められていた。

　有機化学研究室（湊研）の卒研生と夜10時過ぎまで実験をしていると、そっとワース先生が実験室に顔を出され、笑顔で「お〜」などと仰しゃりながら立ち去り、それからN館中を見て回られることが度々あった。先生は私達が遅くまで実験をしているのを心配し、さりげなく見にいらしたのだと思った。学生達が「ドンちゃんって暖かいよね」と話していた。この「ドンちゃん」という表現には学生達の先生に対する尊敬と親しみが込められていた。

　私が出勤する8時15分頃、すでにN館に来ておられるワース先生を見かけ

ることがよくあった。建物には朝の爽やかな空気が満ちていた。この時間帯にもう一人、1時間目の授業に備えている方がいた。原島鮮先生である。両先生の姿に「稲穂は稔るほど垂れる」とは本当だと知ったのもこの頃である。

1968年に大学を卒業した私は、教養学部自然科学科の専任助手に採用された。採用選考の学科会議でワース先生が、「彼女なら大丈夫です」と発言してくださったと、後になって湊先生から伺った。化学教室勤務であった私はワース先生と個人的に話す機会は殆どなく、N館でお会いした時にご挨拶をするくらいであったにも拘わらず、私の仕事ぶりをそのように見ていてくださった事は、驚きでもあり、なによりも感謝であった。先生の期待を裏切ることのないよう「いつまでも誠実でありたい」と強く思ったものである。

1972年、私は出産によって、有機化学の助手を続けることが時間的に困難となり、職種変更を願い出て一般職員になった。最初に配属された学生部では、もっと先生のお人柄に触れることができた。またご一緒に仕事をする機会にも恵まれた。

学生部では奨学金への寄付も扱っていた。ワース先生は、いろいろな折に寄付をされ、必ず「絶対に名前は出さないでください」が条件だった。ICUのキリスト教に対し、批判的になりがちな一般職員も、ワース先生のこうした姿勢に「ご自身を誇らない素晴らしい方」だと一目置いていた。

またある時、就職相談の仕事をしていた私を、理学科（前自然科学科）の卒業生でいわゆるセプテンバー（9月入学生）が訪ねてきた。「英語の教員免許状取得について教務課に聞いたところ、「英語関係の科目を最初から履修するように」と言われた。学生の時に免除されていた科目を改めて履修せずにすむ方法はないだろうか」という相談だった。私は考えた末、当時教養学部長をされていたワース先生に話をしてみるようにと助言した。先生はいろいろ検討され、この卒業生のために最善の方法をとられたと聞いている。彼女は今、高校の英語界をリードする存在として内外で活躍している。私は当時の教務課長に「貴方が入れ知恵したの？」と厳しく叱られたものである。先日、その彼女に「ワース先生の思い出は？」と尋ねたところ、「教務課長としてはケンカせざるを得ない時もあったけど、あの先生はどんな時でも学生の味方

だったわね」との返事が返ってきた。立場上の違いはあっても、誰もがワース先生の「はじめに学生ありき」の姿勢に、内心は共感していたことを25年後に改めて知り、嬉しかった。

　先生の指揮のもとで働いた思い出は、学生部で学生寮を担当していた時のことである。先生は1973年から80年にかけて、夏期日本語教育（サマーコース）のディレクターとして、受入から終了までの業務を統括されていた。関係者の誰に対しても「ありがとうございます！」と声をかけ、皆が一丸となって、実り多いプログラムになるよう尽力されていた。参加者は期間中、学内にある学生寮（男子3棟、女子4棟）のうち、男子寮と女子寮各1棟に滞在することになっていた。私は学生寮担当の実務委員として、参加者ができるだけ快適に過ごせるよう、寮母さんやヘルパーの学生（ICU生）と共に知恵を絞り、汗を流した。滞在者の誰もが、「日本語の学びと同じくらい、寮も快適だった」という気持ちでプログラムを終了してほしいという思いで、寮内備品を整備し、入寮オリエンテーションを行い、参加者が対面する生活習慣上のトラブルに対処した。

　プログラム終了後、ワース先生から、参加者アンケートで多くの人が「寮はとても過ごしやすく、楽しかった、と書いています。ありがとうございました」と言われると、直ぐに寮に飛んで行き、寮母さんとヘルパーにそのことを伝え、来年はもっと良くしよう、と張り切ったものである。

　真夏の暑い期間、冷房もない寮で過ごした参加者からこのように褒めてもらえたのは、寮母さんとヘルパーが様々に工夫を凝らしたサービスを提供し、寮内でのコミュニケーションにも細やかな心遣いをしたからだった。ワース先生は寮にも度々来られ、関係者を労い、滞在者も声をかけておられた。

　冷房のある快適なオフィスを飛び出し、炎天下を走り回って、日用品から扇風機にいたるまでこまごまとした物品を手配し、運び、寮のキチネットやトイレ清掃確認まで気を配るのは、大変といえば大変だったが、「このことがICUの明日に繋がる」という気持ちで燃えていたのは、私だけではなかったと思う。それに、誰よりも一番、炎天下を走り回って参加者を励まし、日本語の教員にも、職員にも、ヘルパーにも声をかけて、その労をねぎらって

おられたのが、ほかならぬワース先生だった。世界各国からのサマープログラム参加者によって、口コミで広がったICUの評判は、大学にとって大きな財産になったと確信している。本館前の小高い丘、通称「ばか山」で、笑顔で語るワース先生を見つめていた参加者達の様子が今も目に浮かぶ。

　私が、その後いろいろな部署（学生部、就職相談室、大学院事務室、人事課、企画室、事務局長室）で「ICUの理念」を大切に「より良い仕事」を目指して頑張ることができたのは、ワース先生の後姿がいつも心にあったからだと思う。特に、「第一に学生のことを考える」、「誰に対してもその人の人格を尊重し謙虚に対応する」ワース先生の姿勢は、私の指標になった。

　ICUの理念に献身された多くの先達と、40年間に出会った大切な学生達を思う時、ICUのために祈り続けたいと強く思う。理想が高ければ高いほど、現実との距離にもがき、苦しみ、希望を失いそうになる。ICUも例外ではない。しかし、ワース先生は、ICUのどんな困難な時にも穏やかで暖かく、明るかった。先生はパウロのいう練達の人だったのかもしれない。「苦難は忍耐を、忍耐は練達を、練達は希望を生む」（新約聖書　ローマ人への手紙5：3-4）ことを知って、実践しておられたような気がする。そして先生は、地の塩、世の光（マタイによる福音書5：13-14）としてその生涯を全うされたのだと思う。その塩によって味つけられ、その光に照らされたことによって、今の私もあるのだと、改めて感謝したい。

Don Worth—A Man of Good Deeds
A Personal Tribute, International Christian University Chapel, November 5, 2007

M. William Steele

All communities have their saints, those truly good people who give more than they take and in doing so change for the better the people they interact with and the communities in which they live. Professor Donald Worth is one of ours. Don came to ICU in 1954 and retired in 1989–having spent 35 years of his life in the service of ICU and the ICU community. He shaped the teaching of natural sciences at ICU, and, as my predecessor as Dean of the College for eight years in the 1970s, helped to make ICU the premier example of liberal arts education in Japan. We are much in his debt.

But today I wish to remember Don primarily as a person–and to acknowledge the personal debt that I and others, indeed all of us, owe him for his humanity, compassion, wisdom, and just plain goodness. He truly was a man of good deeds.

Let me begin with an example from my own exchanges with Don and his wife Ardyce. I first taught at ICU between 1976 and 1978 as a part-time lecturer. Those were tough days for my family. I finished graduate school in June 1976. Trish and I were married in August and I began teaching at ICU in September. While Trish was working on her Ph.D. at Tokyo University, our first daughter, Katherine, was born in October 1977. By the spring of 1978, Trish's fellowship money had come to an end and we had to survive on my income as a part timer at ICU, and that wasn't much. When April payday came, and there was just half the money we expected. I went to the Dean's Office to complain, and that's where I first met Don Worth. He listened kindly and said he would do what he could to solve the problem.

Sure enough, on the following Saturday morning he arrived suddenly at the place where we lived in Fuchu. I still remember the sight of Don's rather large frame as he pedaled down the path on his bicycle. He handed me a plain brown envelope with 40,000 yen in it, apologizing for the university's mistake. We accepted the money with relief, but I suspected then–and I know now–that the mistake over salary had been mine and that the money had come out of Don's pocket. He was gracious enough to allow me to believe that the money was really mine. You see, my debt to Don is quite literal.

I began teaching full time at ICU in the spring of 1981. Our family of four actually moved into Don and Ardyce's apartment in East Grove–an old building located near the current Administration Building and now, of course, long gone–after they left for a year's sabbatical in the United States. While they were on leave, the new town houses (shugo jutaku) were completed. Don had helped with their design–his plan included solar panels and other state-of-the art environmental features that were unfortunately cut–and the Worths were scheduled to move there on his return.

Masa and Sachiko Hirose, Trish and I were entrusted with choosing their apartment. It did not matter, they said, any one will do. But we chose with care, in the end picking the apartment on the corner of the east block, mainly because it had the best view of Mt. Fuji. And then for the next 8 years, the Worths served as resident grandparents to the children of the Hirose, Nagata, Mogami, Tomita, Rackham, Chiura and other families, including ours, on the campus. They remembered the children's birthdays and delivered candied popcorn on Christmas Eve. And Don had no trouble playing the role of Santa Claus at the ICU Church and the Church kindergarten festivities.

Of course, the kindness of Don and Ardyce went far beyond the children. When anyone had a problem, he or she knew that Don (and Ardyce) would lend an understanding ear and offer solid, wise advice. And often their counseling took place in an unlikely place–Denny's Restaurant. Somehow Don had inherited a large black Toyota Crown that had once been the ICU President's car. Feeling down? Had a bad day? Caught in a bind? Well, off to Denny's and, before you knew it, the world was a brighter place. Even now I can never pass a Denny's without thinking of Don and Ardyce Worth.

Let me return now to Don as a person who did so much to create and strengthen ICU as an educational community. Don was a good man, but he was not naïve. He was idealistic, but he was also practical. He was calm and good humored; he believed in the power of reason and common sense; he treated everyone with respect and affection. Above all, he had the leadership skills to make things happen. Right now we at ICU are in the midst of a series of academic reforms, and are finding it difficult to forge a common path forward. After the student unrest of the late 1960s, Don as Dean had the much more difficult task of returning a disrupted campus to order and restoring a badly broken sense of community.

And to the very end of his time at ICU Don embraced change with an optimism and energy that I much admired. I remember working with him to switch the non-Japanese faculty into the Japanese employment system back in the late 1980s. This involved difficult negotiations between the ICU administration, the New York Foundation, and the apprehensive non-Japanese faculty. Never once did Don show any sentimentality for the past; his efforts were focused entirely on securing the best future. The non-Japanese faculty trusted him, and we moved forward with everyone aboard.

So, you see, we owe a great deal to Professor Donald Worth. And here I mean we, the entire ICU community. Don was a model for us all: a good teacher, and an able administrator; but above a person you could respect and trust. He spoke ill of no one; he helped anyone he could. If ICU prides itself on instilling a "Christian spirit," Don Worth is the embodiment of that spirit. Let us pray that the Christian spirit he embodied will remain with us and that we, following his example, will pass it on. A Latin phrase sums up what I want to say about Don: **Qui dedit beneficium taceat; narret qui accepit**–Let the person who has done a good deed be silent; let the person who has received it tell it.

Reflecting Upon the Life and Times of Donald Calhoun Worth

David W. Rackham

It is an honour to be asked to offer a reflection on the life and times of Donald Calhoun Worth. This reflection is largely based on personal encounters with Dr. Worth between 1984 and 1989, especially a recorded interview and conversation conducted with him and Mrs. Worth in August 1988 and again in February 1989, the year of his retirement from International Christian University (ICU). No accounting of the life of Dr. Worth would be complete without frequent reference to his beloved wife, Ardyce Worth, and so this reflection refers frequently to Dr. and Mrs. Worth as a team, a couple united in love and shared Christian vocation throughout their many years of service to the ICU community, far beyond the ordinary call of duty.

It would be an understatement by far to suggest that Dr. and Mrs. Worth had a great influence on my life and that of my wife and children, and the lives of many others, known and unknown. Dr. and Mrs. Worth were mentors for us, role models of what Christian service in higher education could really mean if we took it seriously. My understanding of ICU since arriving in late August 1984 can be summarized in the following words: "ICU was founded to offer an internationally oriented liberal arts education underpinned by basic Christian principles of forbearance and love for one's neighbor, as for oneself, with all that that entails, including service beyond self to the greater good of others, thereby contributing to the greater welfare of society at large by serving as catalysts for the liberation of students to their true talents and potential. Dr. and Mrs. Worth exemplified this commitment in everyday life, in everyday practice, and so were a great inspiration to many of the younger generation when they joined the ICU community as students or as junior faculty members.

Upon arriving at ICU in late August 1984 to take up a position in the Division of Education, Department of Psychology, Dr. and Mrs. Worth were among the first to welcome us to the community and to assist us with the myriad duties to which any new arrival to Japan must attend. Strangers in a strange land, Dr. and Mrs. Worth made us feel that we had joined a community of people who were friends almost before we met them in person, a band of friends engaged in the common cause of serving an educational mission that did not simply include emphasis on literacy and numeracy but on the important life skills that students should cultivate and then share with the wider communities to which they will go following graduation. I still remember clearly the black Toyota Crown making its way through the thoroughfares and byways as Dr. and Mrs. Worth made their rounds of the campus. Like other newly arrived members, one of our first restaurant experiences in Japan was courtesy of Dr. and Mrs. Worth who duly took us to one of their favourite culinary haunts, namely the Denny's Restaurant that still exists on the Tohachi Doro (or 30-metre road) not so far from the campus.

The greater part of this reflection by far is based on the recorded interviews with Dr. and Mrs. Worth in August 1988 and then again in February 1989, the latter joined by Hallam Shorrock, a former ICU Vice-President of Financial Affairs in the 1960s and later as Special Advisor to the President and Dean of International Affairs approximately two decades later. The following is based on the approximately three hours of recorded conversation with Dr. and Mrs. Worth as they shared with us the various highlights of their life histories. This is not a word for word transcription of these conversations but rather an accounting of the gist of these conversations we were so privileged to have with Dr. and Mrs. Worth during those few months prior to their formal retirement from ICU on 31st March 1989 after more than 30 years spent in selfless service to this institution. To reflect the intimacy of the occasion and the intimacy of our relationship with the Worth, I will take the privilege of referring to them by their given Christian names in the following.

Don's father came to the United States from England at the age of 6. Don's grandfather worked in Boston but commuted back and forth to Lowell, Massachusetts. Don's mother was born in Quebec, Canada, and her maiden name was Calhoun, hence the name Donald Calhoun Worth. Don's parents met in Lowell, Massachusetts at high school and at church and were subsequently married.

Don was born in 1923 in Brooklyn, New York, U.S.A. Although usually residents of New England, Don's parents happened to be in Brooklyn temporarily and it was during this time that Don came into the world. At the age of 2, Don moved with his parents to the Chevy Chase region of Washington, D.C. and there he spent his formative years, attending elementary and high school in the Washington area.

Don had a long term interest in science beginning when he was still quite young. He was an active amateur (ham) radio operator in the 9th and 10th grades, an intimation of what was to come later during the war years when he was involved in a research project exploring the dynamics of long distance ionosphere radio wave propagation. In high school he was a regular reader of college catalogues and at that time he thought he might become an engineer. He managed to get hold of catalogues from the Massachusetts Institute of Technology (MIT) for several years before he was actually old enough to apply for admission there.

In 1941 Don was offered a half scholarship in support of the costs of attending MIT to which he had been admitted. However, the United States was just beginning to emerge from the great depression, which had begun in earnest in 1929. Don applied for a Westinghouse Scholarship, only ten of which were awarded in a given year. Successful in his application, Don ended up going to Carnegie Tech with a five year full expense scholarship, one year of which consisted of practical experience in the form of an internship. The summer prior to going to Carnegie Teach Don had worked at the Westinghouse Laboratories in East Pittsburgh helping engineers with one of their projects which involved laying out new electric bus lines in Omaha, Nebraska. A Nebraska connection was to figure prominently in his life as his future wife, Ardyce, hailed from that state.

On December 7th, 1941, air and naval forces of the Empire of Japan attacked Pearl Harbor and the United States found itself fully engaged in World War II. When asked of their impressions of the Japanese at that time, both Don and Ardyce replied that they just wondered what was going to happen. Professors were encouraging their students to continue with their studies on the assumption that there would be a big demand for science specialists in the coming years.

While in Pittsburgh, Don happened to meet John Coventry Smith, a man who was to play an instrumental role in the founding of the International Christian University (ICU) in the post-war years. Rev. Smith was a Presbyterian missionary who had come to the Kansai region in the early 1920s. The Smith family eventually ended up at Meiji Gakuin in Tokyo around 1936. John Coventry Smith found himself on a Japanese ship bound for the United States when the Japanese struck at Pearl Harbor and a state of war ensued between the United States and Japan. The ship returned to Japan where Rev. Smith was incarcerated, only to be repatriated to the United States in 1943. Upon returning to the United States, Rev. Smith became Assistant Pastor at the Third Presbyterian Church in Pittsburgh. Being actively involved in church life, Don and others managed to recruit Rev. Smith to be a speaker at an event sponsored by the Carnegie Union. As Don recalled, Rev. Smith spoke very fondly of the Japanese people despite having been imprisoned by Japanese authorities for two years. As it turned out, John Coventry Smith later became the Japan Secretary for the Presbyterian Church and eventually became president of the Japan International Christian University Foundation (JICUF) based in New York.

In the summer of 1942, Don found himself at the Westinghouse Research Laboratory in Baltimore, Maryland, reading all he could find about radio detection and ranging, commonly known as RADAR. Graduating from Carnegie Tech at the end of June 1944, Don went back to Washington and took a temporary one month job at the Bureau of Standards where he worked on a project dealing with the ionospheric propagation of radio waves. This was followed by a stint at the Naval Research Laboratory where he worked on what were known as centimetre waves with Don Gross who was to become his dear, lifelong friend.

It goes without saying that Ardyce was the critical person in Don's life. It is impossible to speak of Don without including Ardyce, especially when it came to life at ICU over the 30 or more years they spent there. Don met Ardyce at the Fourth Presbyterian Church where both were active members. Ardyce was in Washington working on army maps, having come from Nebraska where she had been born on a farm. Ardyce's paternal grandfather had come to the United States from England and her paternal grandmother had come from Scotland. In her early professional years, Ardyce was a country school teacher like her mother and grandmother had been before her. She had worked as a teacher in order to earn sufficient funds to go to college where she had hoped to pursue her interest in mathematics and science but ended up taking education courses to qualify as a teacher.

After the war had ended in August 1945, Don went to Nebraska to spend Christmas of that year with Ardyce and her family, bearing an engagement ring as the precursor to their marriage the following year.

It is clear the church played a very important role in the lives of Don and Ardyce at this time. They both reported enjoying a brilliant and simulating time at their church in Washington, D.C. Don's friend, Don Gross, who might well have become an accomplished physicist, became, instead, an Episcopal priest. Many lively discussions ensued regarding the relationship between science and Christianity and Don and Ardyce were members of a theological discussion group on the campus of George Washington University. Both Don and Ardyce knew that they were in the minority when it came to leading an active Christian life on a daily basis. When queried regarding the compatibility of science and religion (faith), Don acknowledged that this was a big question with which he had struggled from time to time. From his perspective, the method of science is to seek rational explanations of natural phenomena, a proposition which he readily endorsed throughout his life as a physicist, but then there is the question of the relationship between rational methods and more ultimate values "not of your own finding or seeking, rather they have found you." As Don noted, even in physics, the most basic of the sciences, there are many ultimate questions so issues of epistemology became very important: how does one know what is true, how does one know that one knows, etc?

Having accepted his proposal of marriage, Don and Ardyce were married in Nebraska on 11th August 1946. None of Don's family could come to the wedding so a few weeks later it was back to Washington to spend some time with his side of the family before proceeding to New Haven for graduate study in physics at Yale University. At Yale, the focus was on the doctorate but it was possible to obtain a Master's degree along the way. Accordingly, Don received his Master's degree after two years and the Ph.D. at the end of the third year at Yale. Ardyce recalled their involvement with the post-war married students' group where PHT (putting hubby through) became a major responsibility of the wives. To this end, Ardyce worked as a hospital technician analyzing blood samples. The first of their four children was born in New Haven in 1948. Their second child was also born in New Haven in 1950 after one year of Chinese language study on the presumption that they would be going to China as educational missionaries of the Presbyterian Church.

When asked how they had decided to become educational missionaries, Don and Ardyce indicated that a number of factors were involved. They had enjoyed a meaningful church life in New Haven at the Benedict Memorial Presbyterian Church, but at that time the church didn't have a permanent minister, although there was a critical core of lay support for the church. Don and Ardyce got involved in the Sunday School and they began to meet post-war missionary candidates who had come to Yale for language study. These lively and impressive people were a critical influence on the decision to become educational missionaries. There they were introduced to the Personnel Secretary of the Presbyterian Board who, incidentally, later became president of International House in Tokyo. As Don was finishing his doctoral dissertation in physics during their third year at Yale, he was asked if he would like to become an Assistant Professor of Physics at the University of Nanking in China. Consistent with his cultural sensitivity, Don recalled that he felt that it should really have been a Chinese person who asked rather than an American. However, despite that reservation, he went to New York and spoke with people there about the possibilities. He also spoke with people attending the Physical Society meetings. At that time, as he recalled, there were many employment opportunities for physicists and many opportunities for teaching. Much thought and prayer was given to what they should do. When they made the decision in 1949 to accept the offer to go to the University of Nanking, both Don and Ardyce recalled that they hadn't thought much about what it would actually mean to be a teaching missionary.

By the spring of 1950, Nanking had fallen to communist forces and the Nationalists had fled to Taiwan. Dr. Lloyd Rhuland of the Presbyterian Board seemed convinced that China would settle down and welcome people with technical training. As a result, Don and Ardyce persisted with their study of the Chinese language, still anticipating going to that country. At this time, Don felt that what would be required of him was a competent and honest job of teaching, meeting Chinese colleagues as equals as part of the Christian faith as it is expressed in a variety of different cultures. However, as Don remarked, he wasn't all that confident that he could function effectively in Chinese, However, he felt he could serve as a Christian witness in terms of how he conducted his own life on a daily basis. Don didn't see himself in the role of an evangelist or preacher, skills for which had no professional training.

With plans for China still on hold and the arrival of a second child in June 1950, and still no word from the Presbyterian Church, even in July of that year, Don and Ardyce finally asked if there might be a church-related school where they could be temporarily until the Chinese situation settled down. Berea College in central Kentucky emerged as a serious possibility. Berea College, founded in 1855, was the first inter-racial and coeducational college in the southern part of the U.S. Even to this day, Berea College is underpinned by an inclusive Christian character as captured in the motto "God has made of one blood all the peoples of the earth." As Don put it, Berea has maintained "active and persuasive values which change students beyond their ordinary maturation." Then, as now, the values of Berea College take expression in community service and inter-denominational Christian commitment, values that also underlay a university yet to be born, namely the International Christian University in Mitaka, Tokyo, Japan. Don's commitment to Berea College unfolded on a year-to-year basis over a total of three years. In the third year, Don became Berea's representative at the University of Chicago on a Carnegie Internship focusing on General Education. This experience was to come in handy when he subsequently joined the faculty of the International Christian University where strong emphasis is still placed on the General Education component of the curriculum. At the end of the third year, it was time to sail for Japan.

Given the uncertainties of China, Don had submitted an application to ICU which was just being formed in 1949, although the university did not accept its first students until 1953. Don was asked to join the ICU faculty in 1953, but due to his commitment to Berea College at the University of Chicago on a Carnegie Internship, it was not possible to take up the position at ICU until the following year.

Asked about how widely known the ICU project was in the United States, Don and Ardyce replied that they thought it was fairly well known. At that time, fund raising was not anchored in the churches. The goal was to raise $10,000,000, $5,000,000 of which would go toward the campus with the remaining $5,000,000 directed to the endowment. That fund raising effort was not successful, perhaps due to the onset of the Korean War and the loss of China to communism and the subsequent uncertain fate of Christian colleges in that country. However, the campaign in Japan to raise money to buy the land that would house the university had succeeded. Two pioneers of ICU, Dr. Diffendorfer and Dr. Troyer, met with the newly formed Board of Trustees on June 15th, 1949, and Dr. Hachiro Yuasa, who had returned to Doshisha University in Kyoto after spending the war years in the United States, was elected as the first president of ICU although he could not assume office until 1953 when the university opened for business.

As Don recalled, there were frank exchanges of opinion about what type of university ICU would be. Some of the Japanese Christian scholars envisioned a Christian university that would be at the same level as the University of Tokyo. Dr. Diffendorfer and Dr. Troyer, on the other hand, pointed to the international aspect of the proposed university, arguing that ICU, as a joint Japanese and American effort, should symbolise the beating of swords into ploughshares after a very bitter war fought between the two nations. In the end, on the North American side, because the United Church of Canada became involved in fund raising efforts along with a number of American denominations, the mission boards had to come up with the money. The goal was to raise several hundred thousand dollars a year, roughly equivalent to the interest expected on the endowment. In those early years, according to Don, the JICUF came to provide a large proportion of the running cost of the university. Don and Ardyce recalled that the tuition fee was 15,000 in those days which meant that a good proportion of the operating income had to come from other sources.

Asked what it felt like to be departing for Japan and ICU in 1954, Don and Ardyce agreed that they felt mostly excitement. Asked about how their parents felt about their decision to go to Japan, both Don and Ardyce observed that their parents accepted their decision although their preference would probably have been for them to remain at home, especially as there were young grandchildren in the picture at this time. Amongst the hardest experiences over the years were the deaths of parents (all four as it turned out in the end) and seeing the children return home for college, especially the departure of the first one. Those were the major hardships, as Don and Ardyce recalled. There were no real physical hardships in terms of obtaining the basic necessities of daily life.

Both Don and Ardyce agreed that they knew relatively little about Japan before arriving although they had learned a lot from a family at Berea College who had, in fact, lived in Japan. Although they were the beneficiaries of an inter-denominational orientation process, it was not specifically focused on Japan that year. While at the University of Chicago, Don was involved with the Federated Theological Faculty and audited a class on Christianity in Asia, mostly in China and India. A Japanese co-presenter of the class gave Don what he considered to be good advice, namely, to think of himself as a scientist when he went to Japan. Also during that year at the University of Chicago, Don and Ardyce received visits from Dr. Nishimoto, Head of the Audio-Visual Department, and Dr. Shinoto, a geneticist and Chair of the Natural Sciences Division and later dean of the college and president of the university. Apparently Dr. Nishimoto drew a rough sketch of the East Grove apartments that were to become the initial domicile of the Worth family once they arrived in Japan.

In 1953, there were many uncertainties about the state of ICU finances and that seemed to continue for the first several years at least as the university sought to establish itself as a viable enterprise in the world of Japanese higher education. Before departing, Ardyce had written to Evelyn Kreider who provided excellent advice on what the Worths should bring to Japan, remembering that post-war reconstruction was still far from complete.

Finally the day arrived to begin the journey to Japan and ICU. The family departed from Fort Collins, Colorado by train bound for Cheyenne, Wyoming and from there by train to Oakland, California. Arriving in Oakland, they were ferried across the bay to San Francisco where they stayed in a hotel for a few days preparing to set sail across the Pacific. July 5th arrived and the Worths boarded the liner "President Wilson" for the long trip across the Pacific, arriving in Yokohama on 29th July 1954.

Waiting to meet them at the dock that hot and humid summer day were two cars occupied by Dr, Yuasa, the first president, and Mrs. Billie Troyer, wife of Dr. Maurice Troyer, Vice-President for Academic Affairs. Having heard a great deal about President Yuasa before departing for Japan, Don recalled that he felt that, in a sense, he already knew President Yuasa fairly well even before meeting him in person.

With baggage packed, the two cars set forth for Mitaka, Don in the car with President Yuasa and Ardyce and the children in the other car with Mrs. Troyer. Both Don and Ardyce recalled that there was still a lot of war damage to be seen with military bases all over and many bombed out areas. Although there were still people living in cardboard boxes under bridges, the trend on the whole was upward as a will to rebuild seemed to be in the air, as Don recalled.

The trip to Mitaka was along dusty roads and it began with a flat tire, a common occurrence at the time, it seems, given the quality of the tires and the state of the roads. Among the first sights encountered upon entering the ICU campus along the dusty main thoroughfare was the original ICU Church. They then proceeded directly to the East Grove apartments. President Yuasa's house was nearby on the site currently occupied by the Administration Building. The cherry trees were still very small at that time, having to grow for quite a few years to begin to approach their present Spring glory. Three faculty houses had been completed by the time Don and Ardyce arrived on campus with their children. Also standing was the Taisanso and some structures built by Nakajima Aircraft, the former owner of the land. As Don recalled, the total number of students was in the 600 to 800 range at that time with faculty members numbering about 30 with possibly 30% of the faculty being of non-Japanese origin. Don felt that in those early years both Japanese and non-Japanese were very articulate in the twice-monthly faculty meetings characterised by much hot debate but also by a lot of excitement engendered by the realization that they were involved in forging the future of this new university.

Don was quick to point out that President Yuasa and Dean-Elect of the forthcoming Graduate School of Education, Professor Daishiro Hidaka, were critically important figures for the university in these early days. Also playing critical roles were Dr. Maurice Troyer, the Vice-President for Educational Affairs, and Dr. Harold Hackett, the Vice-President for Financial Affairs. The Dean of the College was Dr. Carl Kreider, an American of Mennonite background. In those days there were many more non-Japanese involved in administration than was subsequently to be the case. Don recalled President Yuasa as being a strong leader, a man who was able to reach firm decisions and lead the university forward after consultation and consensus building with the various parties concerned. Don was very impressed by the fact that President Yuasa could clearly articulate his arguments and decisions in both Japanese and English. There were always interpreters present in these early faculty meetings but the interpretation was sequential rather than simultaneous, contributing to lengthier meetings as a result. Don recalled a number of other individuals who had particularly impressed him in those days, pointing in particular to Dr. Aizawa, Chair of the Social Sciences Division, a Quaker, and a former diplomat who had represented Japan at the League of Nations. As Don remarked, Dr. Aizawa was completely bilingual and could "speak the King's English."

In those early days, ICU became a close-knit community of faculty members, staff members, and students. Every month there was a birthday party for all those whose birthdays had occurred during that month. The presence of Dr. Emile Bruner, the Swiss theologian, had an enormous impact on ICU academic and community life as Don and Ardyce recalled. Dr. and Mrs. Bruner arrived at ICU in 1953 and left during the summer of 1955. Weekly Bible Study and theological study group meetings were held with Dr. Bruner. The Bruner Debates were famous, as Don and Ardyce recalled, not only at ICU but throughout greater Tokyo as well. As the years went by, the opportunities for such community building activities seemed to fade away as life became too busy and fewer opportunities presented themselves. When Dr. Shinoto, later President Shinoto, and his family moved on campus, a regular Thursday evening study group for staff members was held at their house. Dr. Shinoto would also hold open houses for science students on Wednesday afternoons. As both Don and Ardyce pointed out, in those early years, many campus residents had young people working at their homes and these young people were considered part of the campus community. Thursday gatherings for them were held at the Shinoto's campus home. As time passed, and employment prospects outside the university improved, many of these young people left for gainful employment elsewhere.

Despite ongoing uncertainties and challenges, the university continued to grow both in terms of student numbers and faculty complement. Don thought that by the mid-1960s there might have been 98 faculty positions in place and this might have been the peak in non-Japanese faculty numbers which now had begun to decrease as more and more Japanese faculty members joined ICU.

Both Don and Ardyce remembered that the financial situation remained perilous in the 1950s and 1960s and that "real" deficits were accrued. The financial salvation of the university took the unlikely form of the construction of an 18-hole golf course, perhaps the only one of its kind relatively close to the downtown core. The plan was for the golf course to be operated for a maximum of ten years, as Don recalled, and then it would be sold. The construction of the golf course was a way of securing the land for possible future university development. With the appreciation of land prices by the mid-1970s, it was felt that the time to close down the golf course had arrived. However, there was considerable resistance to this from the shareholders in the golf course, each of whom had paid a major sum to become members. However, the land was eventually sold and the income derived from the sale formed the basis of the substantial university endowment that may have amounted to as much as the equivalent of 400,000,000 American dollars at one point. With this income, ICU was better off financially than most of its sister Christian educational institutions.

As the conversation continued, focus turned to the ideals underpinning the university. Don felt strongly that the "I", the "C" and the "U" are very much worth preserving and that it is important to cultivate alumni support to sustain these ideals into the foreseeable future. ICU graduates became sought after due to their language abilities and international perspective and this, in turn, helped to attract more applicants to the university. Sustaining these ideals in the early days was not easy. As Don observed, a lack of textbooks meant a lot of mimeographing in order to provide course materials for the students. Laboratories had to be built from scratch, and while, tedious and labour intensive, incorporated a certain educational aspect, as Don recalled.

Both Don and Ardyce felt that there was more of a sense of mission in those earlier years. Many people felt a sense of obligation and were highly motivated, especially those involved during the early years, as they felt called to a very important task, namely as participants in the process of not only building a new university but a new world, a world in which the tragedies of the recent past would not be repeated. Such was the allure of the ICU "experiment" that many people chose to come to ICU, an untested institution, inspired by the vision embodied in its ideals symbolized by the "I", the "C" and the "U" of ICU.

As Don recalled, President Yuasa worked strenuously to find employment for the early ICU graduates. The quality and success of the early graduates resulted in many more applicants for admission to the university. For non-Japanese faculty members, the living conditions were sparse compared to what they might have enjoyed back in their home countries. Still, the desire to be part of this bold experiment in higher education in Japan made ICU a compelling place to be. With retirement only months away at the end of March, 1989, both Don and Ardyce felt that the idealism and community spirit of ICU's early days had diminished to a degree. Still, they were pleased that idealism still seemed to play a significant role in the lives of students in the late 1980s.

As noted above, faculty meetings were held twice a month, one meeting devoted to business and the other to the debate and establishment of policy. In the early formative years, new policies had to be developed on a regular basis. While this meant lots of meetings, Don recalled that you always thought that you were contributing to something new and important. Consensus building was not always easy but the university had good leadership during those early, formative years. Dr. Maurice Troyer, the Vice-President for Education and Personnel (forerunner to the present Vice-President for Academic affairs), was responsible for much of the academic conceptualization and staffing. As Don recalled, Dr. Troyer managed meetings in a remarkable way and never hesitated to offer his opinion when he thought it necessary. This sometimes brought him into disagreement with Dean Hidaka who, as a former Vice-Minister of Education, had a different background and different experience to Dr. Troyer, hence a different perspective at times on the issues at hand. While, as Don put it, Dr. Troyer and Dean Hidaka might sometimes "go at each other" in the faculty meeting on one issue or another, they had a deep respect for one another and after such a disagreement, Dr. Troyer would typically go and put his arm around Dean Hidaka's shoulder to indicate that their disagreement had not been on personal grounds. As Don remarked, it was enlightening to see that personalities really could be separated from issues. However, this didn't always happen in general, and sometimes feelings could be hurt.

One of the highlights of Don's time at ICU was the building of Science Hall. Don played an instrumental role in the design of the building which was desperately needed to enhance science education at ICU. Construction on the building began in January 1966 and was completed in December of that year. Don recalls that carolling was held inside the building in December around Christmas time. The science departments moved into Science Hall in January 1967. Students helped move equipment to the new building over the holiday break. As Don observed, it was a real act of faith to get that building. However, unrest associated with the funso period at ICU resulted in limited use of Science Hall for a while.

The conversation then turned briefly to that painful period in the history of ICU known as the funso, an era of student unrest that spread around the world. At ICU, intimations of the funso to come began in the early and mid-1960s. The unrest reached its peak in the late 1960s and came to an end in 1974. Don noted that Dr. Maurice Troyer believed that outstanding issues could be resolved through negotiation despite the enormous investment required in time and energy. There was, in fact, a student government in existence at that time and meetings were held once a week with the Executive Committee of the Student Government. Don felt that Dr. Troyer had enjoyed considerable success in his engagements with the students although the fact that these engagements occurred in English may have been a limiting factor.

Following Dr. Troyer's return to the United States, the situation became more confrontational, leading to a number of occasions on which the university had to shut down operations for weeks or even months at a time. As Don and Ardyce observed, this was a very difficult period in the life of ICU. Outside agencies tried to fuel unrest among ICU students and, for a while, were successful to a significant degree, especially in 1969. However, Don and Ardyce agreed that personal relationships between ICU faculty and ICU students did not break down.

One of the longer lasting legacies of the funso at ICU was the persistence of a divide between faculty members who, during the funso period, had different ideas about how best to cope with the student unrest. As Don recalled, after the unrest had formally ended, it took several years before it became possible to have calm, rational debates in the faculty meetings. Fortunately, as Don observed, the cleavage between faculty members, such as it was, did not seem to break along national lines. It took a long time for students to return to those happier pre-funso times and, as Don observed, perhaps they became inclined to be a little bit too happy, too complacent, too apathetic. No formal student government exists at ICU to the present day.

As our conversation with Don and Ardyce was drawing to a close, we asked for their impressions of where ICU has been and where it may be going based on their more than 30 years of dedicated service to the university. Don quoted Alan Gleason, an economist, who was also chair of the Social Sciences Division for a while: "ICU is not so much a collection of ideals, principles or goals, as a collection of people who have interacted and become committed not only to one another, but to broader, continuing purposes." Both Don and Ardyce felt that ICU graduates continue to honour their alma mater when they set forth on their own personal and professional journeys through life. They remarked on what they considered to be an ongoing problem at ICU, namely a continuing secularization and, possibly, a diminution of the core values, especially those related to Christianity, that had enabled adherents to these values to muster the enthusiasm and resources to bring ICU into the light of day as a viable and respected institution of higher learning.

For Don, as a physicist and Christian educator, the most rewarding thing over the long term was seeing the products (graduates) of ICU who became different than they would have been had they not attended ICU. To see ICU graduates giving expression in their own lives to the values that underlie the educational mission of ICU, many of which relate to Christianity, was a special joy for Don and Ardyce alike.

The success of ICU did not come easy. There were many difficulties over the years. Don quoted a colleague who commented to the effect that "God must have really intended for ICU to exist because people have done a lot of things wrong." He quoted another colleague who amusingly made a similar observation in respect to a campus house being built for his occupancy: "ICU is the university of tomorrow and my (campus) house is the university of the day after tomorrow." Obviously the house was not being built very fast. Don's closing comment was that the mission of the university and how to achieve it should always be open to discussion.

The last interview and conversation session on which this reflection is based occurred in February 1989. In a little more than a month, Don would be retiring from ICU and he and Ardyce would be returning to take up a new life in Berkeley, California, after more than 30 years of dedicated service to ICU. Don and Ardyce were the recipients of many expressions of gratitude, both formal and informal, during their last weeks, months and days at ICU, all so very much deserved. For many colleagues and former students, it was a painful experience to see them take their final leave of the campus en route back to the United States.

Don enjoyed quite a few productive years in various domains following his return to the United States. The years passed and we saw Don and Ardyce once again gracing the ICU campus on the occasion of the 50th anniversary of the establishment of the university. One day we heard the news that Don was not well, and then somewhat later the sad tidings that Don had passed away peacefully during the evening of Saturday, 28th July 2007, surrounded by his loving wife, Ardyce, with whom he had spent a lifetime of 62 years, and other members of the immediate family. In November 2007 a memorial service was held at the ICU Church. Hundreds of people from all walks of life came to pay their respects to a dear departed colleague, teacher, colleague and friend.

As Hallam Shorrock had remarked at our final recording session in February 1989, "Don and Ardyce are really symbolic of the kind of people who came to help found the university and the university has always been first in their lives, and that's what builds a great university." No truer words were ever spoken. A light has gone out of the world, but that light continues to burn brightly in so many of our lives. What an extraordinary privilege it has been to know Don and Ardyce Worth, to live and work with them over a period of years on the sacred task of continuing to build a university whose values and mission, when given concrete expression in the lives of dedicated faculty, staff and student members, produce transformative and transcendent results. To Don, a mentor and friend to so many, a continuing presence in our lives, may you rest in peace knowing that you have completed the journey and passed the torch. Well done, good and faithful servant! To Ardyce, dear friend and faithful servant, we extend our deepest gratitude for all you have done over so many years to help transform the dream of ICU into reality.

「宣教師・教師」ワース先生

永田　竹司

　私が、1980年5月に宗務部・ICU教会に赴任した時、ワース先生は、3月まで務められていた教養学部長の責務をキダー教授に渡されて、少し自由になったところでした。私の出勤最初の日のお昼に、わざわざD館1階のトイレ横の薄汚れた部屋に、私を訪ねて来て下さいました。大きな体を揺らしながら、にこにこして部屋に入って来られ、「ICUにようこそいらっしゃいました。わたしがワースです。」と挨拶されました。その時のことは、今でも鮮明に覚えています。その週の夕方、アーディス夫人と一緒に古い型の黒色のトヨペット・クラウンで、近くのファミリーレストラン「デニーズ」に連れて行って下さいました。

本当に温厚な方で、あの大きな肩を細かく揺すりながら、込み上げてくる笑いを一生懸命堪えながらも、「ウフ、ウフ、ウフ」と笑いを漏らしておられたワース先生を思い出します。長い教授会で退屈すると、カチッ、カチッと音をたてて手の指の爪を切っていました。楽しい先生でした。しかし、自分の信仰、信念には頑固なほど誠実でした。大学と教会の生活に最後まで文字通りコミットされていたことは、誰の目にも明らかでした。教員としても一人の人間としても、学生に対してはもちろんのこと、誰に対しても愛と信仰を実践しておられました。

　よほどやむを得ない事情がない限り、まず大学礼拝と日曜の教会礼拝を休まれることはありませんでした。教会では、教会役員会委員長や教育委員会委員長などの責任を忠実に担われ、特に大学裏門（南門）近くの教会幼児園と教会学校設備である老朽化した旧ハーパーホールを改築するにあたっては、その計画から完成までの諸々の貢献はもちろんのこと、建築費用の返済に当てる募金活動についても、指導的役割を果たされました。1989年に退任され米国に帰国されるまで、時折開催されたICU教会の1泊2日のリトリートにも、ワース先生はご夫妻で必ず参加されました。先生はまた教会聖歌隊の忠実なメンバーでもありました。4分の1拍程度（？）遅れる雰囲気で歌い出される姿が目に浮かびます。

　わたしがICUに赴任したとき、娘は2歳6カ月でした。かなり大きくなるまで、ワースご夫妻は、娘の誕生日を忘れないでいて下さり、心のこもった小さなプレゼントを下さいました。

　私はかつて若かりし一時期、「ミッショナリー・ゴー・ホーム！」と宣教師に向かって直接罵るほど、宣教師に対して批判的でした。若気の至りと言えども、やはり宣教対象を理解しようとしないで、自らのキリスト教理解を一方的に押しつけようとする、多くの米国人宣教師に失望したのには、根拠のないことではなかったと思っています。しかし、ワース先生は、米国の名門であるカーネギー工科大学（現カーネギー・メロン大学、Carnegie Mellon University）そしてイェール大学大学院で学ばれた物理学者として、開講2年目の未知の大学であったICUで、敗戦後9年の日本の学生たちのために、教育

に専心することを決断されました。以後35年間にわたり、どこまでも忠実な一般キリスト者の一人として、教育と生活の実践を通して、キリスト教信仰に生きることのすばらしさを、日本の将来を担う若き青年たちに証ししようとして、謙虚に、忍耐強く、愛をもって、人々に誠意を尽くされました。ワース先生とアーディス夫人に出会い、まさに尊敬すべき宣教師・教師の姿に触れた経験をしたと言っても過言ではありません。このような宣教師・教師が、戦後の日本の高等教育に果たした役割を、忘れてはならないと思います。

　ICU教会および大学宗務部では、長らく教会の日曜礼拝および大学礼拝、またキリスト教週間の特別礼拝・講演を、テープに録音して保存しています。残念ながら1971年10月以降の記録しか残っていないものの、ワース先生が教会の礼拝で語られた説教9本と大学礼拝で語られたメッセージ2本、そして、キリスト教週間での特別講演が1本保存されています。この1988年5月27日の特別講演「科学における信仰の役割とキリスト者の生活における信仰の役割」については、ICU卒業生で、現在東京神学大学で新約聖書学の教員をされている焼山満里子氏の助けを頂き、テープから起こした英語テキストを、この記念集に掲載して頂くことにしました。誤りがあると思いますが、それは永田の力不足ですので、ご容赦ください。因みに、この特別講演の主題から思い起こすことがあります。ワース先生が生まれ育ったワシントンDCにある第四長老派教会の青年会で、若きドナルド・ワース青年が「科学と信仰」という主題の発表をしたことがあるそうです。それを熱心に聞いていたのが後にワース夫人となるアーディスさんでした。

　ワース先生の大学キリスト教活動および教会へのご貢献を記録するという意味で、以下に説教およびメッセージの年月日とタイトルを一覧にいたします。

ICU教会での日曜礼拝説教 (1971年10月31日以降の記録より。すべて英語での説教。)
1. 1974年5月26日　「偶像と像と生」(英語タイトル不明)
2. 1975年9月7日　「愛によって働く信仰」(英語タイトル不明)

3. 1976年4月11日 「ホサナ　十字架につけよ」(英語タイトル不明)
4. 1980年6月29日 "Pressing towards the Goal"(卒業記念礼拝)
5. 1982年4月25日 「死への勝利」"The Victory over Death"
6. 1985年8月18日 「神と人とに仕える自由」"Freedom for Serving God and Man"
7. 1986年6月8日 「幼子のように、しかし子供っぽくなく」"Child-like, but Not Childish"
8. 1987年6月28日 「賞」"Prize"
9. 1988年3月20日 「生きるための教育」"Education for Life"(卒業記念礼拝)

大学キリスト教週間ランチ・タイム特別講演
1. 1988年5月27日 「科学における信仰の役割とキリスト者の生活における信仰の役割」
"The Role of Faith in Science and in the Christian Life"

大学礼拝
1. 1981年1月13日 「すべてのものを新たに」(録音テープ記録紛失のため、英語タイトル不明)
2. 1989年2月7日 「神の恵みによって ── ICU」"By God's Grace ── ICU"(Farewell Chapel Hour Message)

　上記のリストの最後は、ワース先生自身による退任間近の送別大学礼拝でのメッセージです。先生の志と祈りが熱く表現されています。ワース先生は、新約聖書ヘブル書11章〜12章の信仰者のイメージをICUと重ねて語られました。
　地上では、旅人であり寄留者として、まだ得ていない約束の希望を目指して前進し、そして死んでいった聖書の信仰の先達の姿、また目標を目指して走る競技者の姿に、他の日本の既存の大学と異なる新しい大学ICUの創設に関わった先生方、草創期の職員や学生の志を重ねながら、キリスト教信仰

へのコミットメントから生まれるモラリティーがICUに不可欠であることを語っておられます。さらに、私たちの信仰がいかに重要としても、それを超えた神の真実、神の誠実、キリストのあがないの恵みに、私たちの信仰の有効性が根拠づけられていることを強調しておられます。私たちだけの努力や信仰の力で、すべてのチャレンジを受け止め、ICUの目標を達成することはできない。ICUが神の恵みのうちにあることが、決定的に重要なのだとワース先生は言います。

ICUの歴史は、その最初から、あるいは常に順風であったわけではない。草創期において、果たして開学可能なのかと疑われるような危機もあったし、60年代後半から70年代初期における大学紛争時代の闇も経験した。しかし、このような光と闇の経験によって失望してはならない。パウロが「弱いときにこそ強い」と述べている通りである。

ヘブル書12章1〜2節をICUに当てはめ、言い換えたワース先生の言葉をそのまま引用してみます。

> "Therefore, since we have been entrusted with such a great sacrificially obtained basis for ICU, and since we are surrendered by so great a cloud of pioneering forerunners, former trustees, former administrators, former faculty, former staff members, and present day alumni, let us now like them set aside every distraction or obscuring of ICU's original commitments and purposes, and the sin of faint-heartedness, disbelief in God's providential care, or turning in self indulgence from these purposes, and let us, the current ICU community, run with perseverance, trusting God and faithfulness to the mandated purposes of ICU, the race that is set before us in our day, looking to Jesus the pioneer, enabler, and perfecter."（英文は、次の段落のものも含め、永田がテープから起こしたもの。）

最後に、学生、教員、職員の各自に訴えたいワース先生の願いであり、祈りの言葉を引用して終わりにいたします。ICUの歴史に神の御手を見るだけでなく、さらに欠乏と問題を増してさえいる世界のなかで、キリストに従う者として、神によって「明日の大学」となるように命じられたICUの使命の

達成のために、自ら積極的にコミットしようではありませんか、という惜別の最後の言葉です。

> "As students, staff members, and faculty, those now present, in recognition of those who have been our pioneer predecessors and those yet to come to the ICU community enterprise, may we not only see the hand of God in the history of ICU, but actively commit ourselves as followers of Christ to the work that this university as the university of tomorrow has been called by God to perform in this ever needy and distort world."

尊敬するワース先生へ

高倉かほる

　ワース先生との初めての出会いは、1967年の秋であったかと思う。ICU理学科の助手の公募に応募して面接に出かけ、今の理学館の事務室にあった科長室で、物理の先生方の面接を受けた時が初めてであった。石川光男先生、三宅彰先生、原島鮮先生、D・C・ワース先生がそこにはいらした。その頃、物理教室の主任をしておられた今は亡き三宅彰先生が、この物理教室は、コミュニケーションがとても良く風通しが良い教室なのですよ、ということをおっしゃったのを覚えている。ワース先生はとても優しい英語の質問をして下さり、それに何かお答えしたことを覚えている。当時、生物物理学は物理学の中でも新しい学問領域として注目され、ICUの物理教室も、教室全体を生物物理学で特徴付けようというお考えがあったかに見えた。その時、理学

科物理教室に採用されたのは、生物物理の専門家でいらした鎌島一夫先生、そして、統計物理学を用いて高分子物理を研究していらした星野義昭氏、そして生物物理に興味のあった大学卒業したての私の3人であったからだ。小さな大学でも、研究に特色をもたせ、これからの物理教室、ICU 理学科を盛り上げて行こうとされる先生方の熱意を強く感じた。

ほんの数年 ICU で働くつもりであったのに、その後40年間、私は思いがけず ICU の教員として奉仕することとなった。そんなにも長くここに留まった理由は何なのか？ そのことについては、2002年12月、私が、大学教会のチャペルアワーで行なったチャペルトークの内容と関連が深いので、ここに引用させて頂くことにしたい。

チャペルトーク 　　　「赦すということ」

2002年12月 ICU チャペルアワーにて

　私が ICU に奉職いたしましたのは、1968年、今から約34年前のことになります。本当に夢のような月日でした。気が付いてみたら34年間という月日が知らぬうちに経っていたという心境です。多くの素晴らしい人々、先生方や、仲間、そして学生達との出会いがありました。

　最近、ジャーナリズムで、「ICU は学生の満足度全国第1位の大学」という言われ方をするのを、良く耳にするようになりました。ICU がなぜ、全国の大学の中で、このような高い評価を受けるようになったのでしょうか。それが言われ始めたころ、ICU に対するこのような評価は「内情を知らない誤解によるものである」という評論が外部の人からなされたことがあります。この評論をされた方を ICU 祭にお招きし、この満足度第1位の大学という評価が妥当かどうかということで、議論を戦わすといった場面もあったりしました。しかしその時、私は、この満足度第1位の大学という評価について、それは決して誤解ではなく、そのような評価があってもおかしくないという思いで受け止めました。

　満足度第1位という評価がうそかほんとうかはともかくとして、少なくとも、何故このような議論がなされるに至ったのでしょうか？ ICU

はキャンパスこそ広いですが、決して他大学に比べて特別立派な校舎、施設があるわけではありません。また、学生数に対する先生の割合は高いですが、先生の絶対的な数は限られています。学生の満足が行く様に、いろいろな分野の先生をそろえて、これに対応するということも、なかなかできないわけです。そのICUが学生の満足度を全国第1にする理由、それは一体何なのでしょうか？ それはクリスチャニティ (Christianity) を精神的基盤とする大学全体の、学生一人一人に対する関わり方であると私は考えました。大学全体というのは、教員も職員も、食堂や売店の方々、建物をきれいにして下さるお掃除の方々も含めて、すべての方々を意味します。

　ICU は、人と人との心の触れ合いを大切に考え、学生の人格を大切にして、先生と学生の人格は同じであると考えています。学生は、先生の業績を良くするために先生の研究のお手伝いをする人などとは、よもや考えず、本当にこの学生にとって何が大事か、今この学生にしてあげられることは何かという立場で、大学全体で、一人一人の学生に対応して来た結果であると私は考えています。その結果、世界の中で、独創的な立場で、自らの名誉欲や野心からではなく、社会のために活き活きと活躍する卒業生が次々と生まれたのだと思います。学生をとらえる基本的な精神のあり方が全く違うのです。基本的な学生への対峙の仕方が全く違うのです。このような教員と学生との関係は、教員と職員、教員同士などの人間関係についても言えて、つまりは、お互いの人格を尊重し、それぞれの個性、特性を認めあいながら民主的なルールの中で、各々が自主的に自らの仕事に関わって行くという精神的風土が、ICU 全体にみなぎっており、このような雰囲気が、結果的に学生に良い効果を与えてきたのであると思うのです。

　このようなことを考える時、私はいつもドナルド・C・ワース先生の事を思います。アメリカからいらしたワース先生は、ICU が開学されてから間もなくの頃から、ICU 物理教室を育ててきた方ですが、定年のため1989年に退職されました。1968年私が立教大学の理学部を卒業して

このICUに助手として勤めることになった時、初めは本当に変な大学だと思いました。その頃、何が変なのかはハッキリとはわからなかったのですが、特に、先生と生徒との関係が、私が経験してきた今までの社会とは違うのです。先生は先生らしくなく、学生は学生らしくなく。先生は、雲の上で威張っているのではなく、雲の上から降りてきて、学生に心底尽くすのです。先生と生徒の立場が逆なのです。本当に変な大学と思いました。先生は自分の業績、自分の出世のことなど考えずに、この小さな大学で、今この学生たちにしてあげられることを、してあげるべきことのみを真剣に考えているという風に私には見えました。

ワース先生のことで、いつも思い出すことがあります。人に話すのが阻かれるほど小さな小さな思い出ですが、私にとっては、30年もの月日が経った今になって、なお鮮明に思い出される思い出です。それは、本当に人に話すと笑われてしまうのではないかという小さな逸話です。

ある時、学生が一人ワース先生の部屋を訪れて、こう言うのです。たまたま、私はそこに居合わせて話を聴いてしまうのですが、その学生が言うのには、「一般物理学の講義の登録を忘れていたので、今から登録をするので中間試験を受けさせて欲しい」という内容でした。学期も始まって半分以上が過ぎ、中間試験も終わったその時期に学生は恥ずかしげもなくやってきて、中間試験を受けさせて欲しいと言うのです。私はそれを聴いて呆れ果ててしまいました。何という事を言ってくる学生か、と。ワース先生は当然怒りだして、「何という事を言うのか、登録を忘れているなんて。それは君が悪い」と、語気も荒く叱りつけるのが当然であろうと。しかし、次の瞬間ワース先生はこのようにおっしゃったのです。「人生の始めに大きなつまずきをして、失敗をして、だけれど、その後、立派な仕事をして有名な物理学者になっている人が何人もいるのだよ。」ワース先生は静かにそうおっしゃいました。そして、ワース先生は、彼一人のために中間試験を用意し、受ける機会を与えてあげたのでした。

このように、学生を甘やかす事はいけないことだという議論は当然あ

ると思います。しかし、ワース先生はこのような議論があることをわかっていながら、その学生にふさわしいやり方で、今この時、彼を激励し、中間試験を受けさせることが適当であると判断した結果であったのだろうと、今にして私は思います。

　私が Christianity と本当に向き合いたいと思っていたのは、このような素晴らしい先生方の存在があったからです。本日朗読して頂いたマタイ18章21節から35節まで、「仲間を赦さない家来のたとえ」の中で、ペテロはキリストに問いかけます。「主よ、兄弟が私に対して罪をおかしたなら、何回赦すべきでしようか。」このような問いに対して、イエスはこのようにお答えになります。「あなたに言っておく。七回どころか七の七十倍まで赦しなさい。」とてつもない大きさで人を赦すということ、とてつもない心の広さ、悪も善にかえてしまう心の広さ、場合によっては、奇跡もおこすであろう心の広さを、私は、その後、聖書にふれる中で読み取る事ができました。理学科の先生方の暖かい応援のお陰ではありますが、娘2人を育てながら、大学の助手、講師として小さな物理教室の一員としての仕事をこなし、さらに自分の研究を切り開いていく日々が続きました。そんな中で、研究にも一応のまとまりができて、子供たちも自分の力で生きていけるようになったその頃、気持ちに多少のゆとりができたその頃に、カトリックの素晴らしいシスターに出会って、キリスト教を学ぶ機会に恵まれました。その2年後、私は洗礼を受けたのです。（後略）

　ICUでの生活は、私の人生の一番大事な部分とともにあった。ICU の教育カリキュラムをより良いものにするべく新しい実験テーマの開発に取り組む一方、1971年に結婚をして家庭を持ち、2人の娘を育て、1990年に論文博士を取得し、現在の教育研究をおこなう立場になるまで、今から思うとたいへんな努力の連続であった。しかし、その努力を重ねる気持ちを支えてきたのは、私を取り巻く ICU の先生方の暖かいご支援のお陰であった。私は、ICU という大学の教育理念に参同し、ICU を心から愛した。このような大学のた

めなら、どんな努力も惜しまないと思った。このような思いが、40年間も教員生活を続けてこられた原動力ではなかったかと思っている。ワース先生は、このようなICUの精神的基盤を先頭になって作られてきた方だったと思う。先生は、誰に対しても公平であった。できる学生に対しても、何かにつまずいて勉学が思うようにいっていない学生に対しても、お掃除のおばさんにも、先生は、いつも優しい言葉をかけておられた。私のように未熟な新米助手に対しても、先生は、常に、何か隙があれば手を差し伸べ、高みに引っぱり上げようとしておられた。

　　すると、王は彼らに答えて言います。「まことに、あなた方に告げます。あなた方が、これらのわたしの兄弟たち、しかも最も小さい者たちのひとりにしたのは、わたしにしたのです。」(マタイ25章40節)

　聖書の中で述べられた言葉を、先生は気負いなくなにげなく実行しておられた。その後、私は、自分の卒業した立教大学の先輩やそのグループの先生方のお力添えもあって、生物への放射線の影響の物理的基礎を明らかにする学問である放射線生物物理学の分野で学位を取得し、研究を発展させることができた。1999年に私が教授会メンバーになった時、今度は、この私が今まで先生からして頂いた御恩をお返しする番だと考えた。ワース先生が学生に対してされたようにこの私も、学生に対して私のできる限りを尽くすこと、これが使命であると思った。ICUに対するこの思いは、私が退任する年、2008年の2月のチャペルトークの話の中に凝縮された形でまとめてあるので、引用させて頂きたい。

チャペルトーク 　　　　「敵を愛しなさい」
　　　　　　　　　　　　2008年2月6日　ICUチャペルアワーにて
　(前略) 私がICUに参りましたその翌年は、日本中で学生紛争の嵐が吹き荒れていた時で、ICUもその嵐のまっただ中にありました。学生は、大学の民主化の名の下に、教授との対話集会を求め、そこでは対話とい

うよりは、教授を激しい言葉で叱責する場面が何回かありました。そのころICUの教授であられた長清子先生は、そのような学生との対話集会の場で、「ICUは多様性を重んじる大学であらねばならない」とおっしゃられたことが、今も忘れられずに繰り返し思い出されます。その、「多様性」という言葉が、どのような場面でどう用いられたのかは思い出せないのですが、40年たった今も、その言葉だけが、鮮明に思い出されます。正義は一つ、正しい事は一つと思い込まない事。人それぞれの考え方、価値観があって、それをお互いに大切にすることが大事であると、長先生の多様性という言葉はいっているように思われます。ICUに働く人々は、また、ICUで学ぶ学生は、世界人権宣言に署名をすることが求められる、そのことと、長先生の「多様性」と言う言葉は、私にとって、何か重なりあって心に残ったものでした。

　人の世は、いろいろの価値観があって良い、いろいろな考え方が有って良い、お互いにその考え方を認めあって尊重しあうこと、そのために、民主主義のルールが大切である事、話し合う事が大切であること。誰か特定の人が、規則を作り、価値観を押しつけて、それで大学を運営しようと考えない事、この大学に関わる全ての人がおしなべて、その人として尊重されること、このことが大事であると、その多様性という言葉は言っているようにも思われます。ICUは開学以来50年余の間に大きく発展を遂げましたが、その理由は、この多様性とそれを支えるお互いの人権を尊重する精神が、これを支えて来たのだと、私には思えるのです。ちなみに、長先生は、『湯浅八郎と二十世紀』のご著書の中で、ICU創学時に初代学長湯浅八郎を中心とした人々の、どんなに弱く、どんなに未熟でも、一人一人の人間を大切にする民主主義の精神、ICUの建学の精神を、生き生きと伝えています。

　本日は、聖書ルカの6章「敵を愛しなさい」というところを読んで頂きました。ここは、私にとって、聖書の中でも、一番理解しにくいところでもあります。あなたがたを憎む者に親切にしなさい。悪口を言う者に祝福を祈り、あなたがたを侮辱する者のために祈りなさい、と聖書は

教えるのです。こんなことができるのでしようか？　私は、聖書のこの部分を読む時に、いつも思い出すことがあります。それは、上智大学で長い間教鞭をとってこられた、アルフォンス・デーケン先生のご著書の中にある、一コマです。

　デーケン先生が13歳の時、首都ベルリンが連合軍によって陥落し、ヒトラーが自殺をしたその年に、デーケン先生の一家が住む、ドイツのその町にも連合軍がやってきたその時の一コマです。連合軍の兵士を歓迎しようと、お手製の白旗を持って、家の前に立っていたデーケン先生のおじいさんは、なんと近付いてきた連合軍の兵士に射殺されてしまったのです。デーケン先生の目の前でと、そのご著書には書かれています。デーケン先生のおじいさんは、自分の命をかけて反ナチ運動に身を投じてきた人でしたから、それを見た13歳のデーケン少年の気持ちがどのようなものであったか、想像力の乏しい私にも、その不条理な気持ちが十分に伝わってきます。怒りと絶望の気持ちがみなぎる一方で、「汝の敵を愛せよ」と言う言葉を、心の中に確かに聞いたと、デーケン先生はその本のなかで述べています。自分の肉親を目の前で殺され、その上で、その敵ともいうべき殺した相手を愛する事などできるのでしようか？

　2001年、アメリカが9.11事件を受けたその日。ツインタワーが倒され数千人の命が一瞬にして奪われたその日、アメリカは復讐を誓ってイラクとの戦争への道を歩み始めました。この時、アメリカが、ほんのちょっとでも、聖書のこの言葉を思い出していたら、「汝の敵を愛せよ」というこの聖書の教えを、ほんの少しでも思い出していたら、今の世界はどうなっていたでしょうか。イスラム過激派によるテロが横行する恐ろしい世界になっていたのでしょうか。正直言って私にはわかりません。左の頬を打たれたら、右の頬を出しなさいとおっしゃられたキリストの言葉を、頭では理解できても、感情では理解できないのが人間です。それが、神でない愚かな人間の限界なのでしよう。我が身を振り返って、ほんの小さな陰口や悪巧み、裏切りに心動かされる愚かな自分がいます。また、これが正しいと思って言ったり行ったりした私自身が、実

は人の心を傷つけていたという場面もたくさんあるのです。

　私は、この ICU で40年間働く機会を与えられました。素晴らしい環境で、曇りのない目をした勉学熱心な素晴らしい学生にであって、思いやりにあふれた素晴らしい上司や友人に恵まれて、教育研究の機会を与えられました。この40年間は、私にとって、恵みとしか言い様のない、感謝の一語につきる一時でした。その中でも、キリストとの出会い、聖書との出会い、これは最高の恵みでした。

　ICU 退職後、「あなたは何をするの」、と良く人から聞かれます。具体的に何をするのか、どうしても私がしなければならない事を除いては、退職後の生活がどうなるのか、まだ未知な部分がたくさんあります。しかし、一つだけ言えることは、私は、聖書を通じてキリストから問いかけられた問いに答えるように生きて行きたい、このことは確かに言える事です。あなたは敵を愛せるのかという聖書からの問いに、デーケン先生のように、自信を持って「はい」と答えるようになるには、まだまだほど遠く、クリスチャンとしての歩みは、まだまだほんの歩み始めたばかりの私ですが、この歩みに沿っていけば間違わずにすむという心の安らぎが私にはあります。自由な心、穴蔵から出て、広い広い気持ちの良い野原に出た心地です。どうしたら良いか判断に困る事があったら、神様に、聖書に、お聞きしてみれば良いという心の安らぎです。

　今年3月で私は ICU を退職します。ICU は今、激動の変革期にさしかかっています。キリスト教の精神を礎に生まれたこの大学は、50余年の年月を経て、新しい大学へ変革をしようとしています。どのようにこの大学が変革を遂げようとしても、ICU の創学時の精神、このキリスト教の精神を忘れない事、もう少し具体的に言うならば、ICU に関わる誰もが、自分の私利私欲からではなく、権力の座に居座ろうとする欲望からではなく、教師が学生一人一人の真の幸せを願って教育に携わり、大学行政が、職員を支配するのではなく、職員と対等な立場でこの ICU をより普遍的な価値を備えた大学にしようと志し、ICU を構成する行政と教職員と事務職員と学生が、それぞれの本分をこのような気持ちで全

うし、お互いの立場を尊重する。お互いの意見、気持ちを心から尊重する。キリスト教に根ざしたこの精神が続く限りICUは永遠だと思うのです。（後略）

クリスチャンとしてまた教育者として誠実に生きられ、ICUの基盤を作られたワース先生との幸運な出会いの喜びを、今、私は噛み締めている。

Book in Tribute to Donald C. Worth

Ardyce B. Worth

First I want to express the deep appreciation of all our family members to Dr. Keichiro Yoshinaga and Dr. Kaoru Takakura for their efforts in publishing this book and to all of you who have contributed to it.

Fortunately, my husband had completed the autobiographical material found in "Life Journeys, Volumes I and II", and I understand that they have been translated, so you can read them in his own words. In thinking about what I can add to them, perhaps I can tell mostly about the ways he continued to learn from many and varied sources and people. I feel this was one of his great strengths. Many of you who read this undoubtedly were among the people he learned from.

In the years before I knew my husband, he was influenced by his parents and by the neighborhood in Washington DC where he grew up. Apparently the public schools were very good. He often spoke of his shop teacher in junior high school who taught a wood-working skills course one year and a metal-working skills course another year, but was also interested in the character-building part of education. I still have here in my retirement residence a small bookcase which has on both ends the initials "SW" for Stanley Worth, his father. This was made in the wood-working shop in Don's junior high school. It has gone with us many places. I use it for my library books, to keep them separate from other books.

Don's years in Woodrow Wilson High School must have been exciting for him. His Yearbook indicates that he participated in several clubs, and he was one of two graduates (out of a class of about 400) who gave addresses at his graduation ceremony in June of 1941. When notice of his death (obituary) appeared in the San Francisco Chronicle in August, 2007, two men living in the Bay Area contacted me to say they had been in the same high school at the same time. They remembered him, although they had not had any contact with him and didn't know he was living here. One had been one class behind him (Class of 1942), and he had also received a Westinghouse Scholarship to Carnegie Institute of Technology. He wrote to me: "I remember seeking Don's advice before making a trip to Pittsburgh in July 1942 to begin a summer of work at Westinghouse. I met him at his home, where Don Gross, a CIT physics classmate, was visiting. The two of them were pleasantly helpful in orienting a 'greenhorn' to campus life at CIT."

Don Gross was actually living in the Worth home for the summer, and the two of them were traveling to Baltimore every day to work at the Westinghouse plant there. The Westinghouse Scholarship was intended to be a work-study scholarship, but because World War II had begun in December 1941, classes at Carnegie were expedited (no vacations) That summer was the last time the work schedule was carried out.

As you have read in "Life Journeys", the Worths' next-door neighbors, the Carlsons, began taking Don to their church sometime during his high school days, and at the age of 15 he made his decision to be baptized and commit his life to the Christian faith. There was a requirement at Carnegie for all the students to write a two-year dissertation on some topic in "Social Relations" which gave him and his friend Don Gross the opportunity to choose the topic of "Science and the Christian Faith". The result was a 95-page document with a bibliography of 35 books. Such a thorough understanding of the two ways of thinking and of their relation to each other still looks very impressive to me, and I benefited from it in our discussions together.

Another very different kind of learning took place when he went to Nebraska to meet my family, living on a farm. I have sometimes said, "When he came to Nebraska to meet my family, I think that was a greater culture shock than going to Japan." When we were talking together in Washington, DC and we were discovering the many interests we shared, I hadn't realized that the place I called "home" would be so different for him. However, he took an interest in learning about this different way of life, too.

As a result, he often suggested to Japanese visitors to America that they visit the center of the country. In a letter to my family dated June 4, 1956, I wrote: "Don wrote to Masao Watanabe. the physics professor that was here when we arrived and left to go to the University of Washington. Now he's leaving there to go to Harvard, and Don suggested he stop at your place on the way. Don feels so strongly that foreigners don't really see America if they see only the west coast and east coast cities, so I suppose you may have a stream of visitors from Japan in the next few years. Don't do anything different than you would do; it's the ordinary things that you would do that they'd enjoy." I don't think Professor Watanabe was able to make plans to stop, but at least three physics professors did visit my parents: Dr. Kubota who had lectured at ICU and whose daughter was an ICU student, Dr. Harashima from ICU and Dr. Kinbara from another university. All brought back pictures from Nebraska and seemed to appreciate having had a different experience from ordinary tourists.

There were a number of other learning experiences before we arrived at ICU: graduate study at Yale as part of Dr. Ernest Pollard's research group; taking classes at Grace-New Haven Hospital for prospective new fathers before our first child was born; and studying Chinese language for a year when we thought we were going to Nanjing. From that language study, he learned to sympathize with science students taking Freshman English at ICU (while at the same time recognizing its importance) and a continuing and deep interest in China. We were glad to be able to visit the University of Nanjing in 1983, and I am sure he would have been as amazed and delighted as I am to learn of ICU's student exchange program with Nanjing.

When it became impossible to go to China in 1950 and ICU had not yet begun, we went to Berea, Kentucky, where he taught three years at Berea College. There he learned much about teaching in a small liberal arts college with only one other physics professor, an older man who helped him learn about curriculum, relations with other faculty members and administrators, and personal guidance of students.

About the same time as he received word that he'd been accepted for an internship in general education at the University of Chicago, a letter came from Dr. Troyer saying that Don had been accepted to teach in the new ICU in Japan. When he asked the president of Berea College what he should do about it, President Hutchins gave him permission to go ahead and accept the internship and prepare to go to Japan.

So, even though I'm sure many of the distinguished older Japanese faculty members, who made up a big part of the faculty at that time, must have thought him impossibly young to be in charge of the Physics Department at ICU, he had had some unusually appropriate learning experiences to prepare him for the new ICU. We didn't think him so young at that time, but looking back on it later we thought God must have led him in preparation in ways we didn't recognize.

Arriving on ICU campus on July 29, 1954, we had the help of a community of people who were the true pioneers. Don learned as much as he could from Professor Watanabe before he left for advanced study. Dr. Sinoto chaired the Natural Science Division, leading with wisdom. Dr. Yuasa, Dr. Troyer, and Dr. Kreider were always available to answer questions. However, further help was needed to develop a physics curriculum. Dr. Hirano, the Chemistry Professor, kindly went with him and introduced him to members of the faculties at Tokyo University and Rikkyo University. Those physicists were generous in answering Don's questions about what was expected in physics departments in Japanese universities. Dr. Akira Harashima became a part-time lecturer at ICU. It soon became evident that he would be very valuable if he would consider joining ICU full-time.

In a letter I wrote on November 30, 1956. I said to my parents: "Don goes from one major assignment to another. One week he was very busy with Fulbright interviews. This is final examination week for the second term. He has also been spending time in conferences trying to get things worked out for Dr. Harashima to come here full time. We hope it does all get worked out. He seems just the right person to come, a well-recognized theoretical physicist, author of many books, a devout Christian and just the nicest person to know! His colleagues are raising all sorts of questions about his making such a big move, and it certainly is a step that requires a great deal of faith on his part. Perhaps in another few weeks we'll know for sure whether he's coming or not." As you know, he did come and brought wisdom, experience, and generosity with him.

The campus life was always a place of learning. When we first arrived, Dr. and Mrs. Emil Brunner and their son's fiance lived on campus. Faculty members and their spouses had the privilege of attending Dr. Brunner's monthly Bible study held in various homes. In my letter of September 12, 1954, I wrote: "Tonight we were invited to Dr. Brunner's home. Mrs. Brunner is in the hospital just now, but Iris Brun, who was engaged to their son, is living with them; he was killed in a train accident a couple of years ago. The son was a physicist, and he was doing some research on possible ways of preventing hailstorms. They said he had always been interested in ice: when he was 3 years old, he began freezing ice in different shapes and at 17 he had his own weather observations so well kept that the Swiss government once called on him for his readings when some of their equipment broke down. Dr. Brunner is such a friendly man it's hard to remember he's also a very famous man." I suppose it was the common tie with physics that gave us that special opportunity.

When we arrived on campus we found the newly-built President's home and three newly-built faculty homes. Houses for the Endos, Mikis, and Hosokis came with the land purchased for ICU as well as Taizanso and the rebuilt East Grove Apartments, where we lived. Five new Japanese faculty homes were being built, although Don came home chuckling one day because Professor Misumi had said to him, "Dr. Yuasa talks of ICU as the 'University of Tomorrow' but my house is 'The House of the Day-after-tomorrow.'"

By the end of May, 1955, all five families had moved to the campus and helped all of us to learn about Japanese culture and customs: Children's Day, New Year's customs, tea ceremony, the correct time to plant our gardens, and many other things.

As Don said in "Life Journeys II", "Over the years we met many interesting and stimulating visitors to ICU from a number of countries: people who had shown interest in ICU in view of its Christian and/or international exchange potential and achievements. Not all were world-famous like the renowned historian, Arnold Toynbee, and the renowned theologian, Tillich; most, however, were impressive in their sincerity and demonstrated concern for world peace and Christian witness."

The relation between science and Christianity continued to be a strong interest. In 1985 he was asked to find scientists to write articles for an issue of *Japan Christian Quarterly* with an emphasis on Science and Christianity. *Japan Christian Quarterly* was an English-language publication read by Japan missionaries of all denominations and others interested in Japanese Christianity. Its mailing list included educational institutions and private subscribers in many parts of the world. For the Summer 1985 edition, the articles on the main topic were "Conflict between Christianity and Science in Japan" by Dr. Akira Harashima; "Japan's Response to Darwinism in the Meiji Era" by Dr. Masao Watanabe; "Science, Faith and Society" by Dr. Yoshinobu Kakiuchi; "Christianity in an Age of Science and Technology" by Dr. Sukeyasu Yamamoto; and "Science and Christian Faith" by Dr. Donald C. Worth. All of these authors were teaching at ICU at that time.

In Don's article, part of what he wrote was, "Without here attempting to detail the experiences at ICU upon which my ideas about the teaching of science in a Christian university have developed, nonetheless some generalizations can be made concerning the sort of questions which I have found that Japanese students have about science itself, as well as the relationship between science and the Christian faith. These have come to our attention most explicitly at such times as faculty-student discussions during Christianity Week, Freshman Orientation Camp, and during the Senior Integrating Seminar."

The general topics he dealt with in that paper were (1) "Truth in the Physical Sciences", (2) "Can the experimental sciences deal with the singular", and (3) "Limits of certainty in the physical sciences."

And, for both of us, the ICU Church, of which we were always a part, helped us to learn much about our faith as it was lived day by day. Every pastor had some special gifts to share, many special speakers widened our point of view, and the fellowship of faculty families, students, staff, and community members enriched our lives. There were often visitors from many parts of the world who shared our curry rice meal at the dining hall and sometimes came home with us for another cup of tea and more discussion. Don especially took inspiration from the music, joining the choir when other duties permitted.

I'm sure I can say he was thankful to have been led to ICU to be able to live, serve, and receive "abundant life."

第Ⅱ部　わが生涯とICU（35年）

（吉永契一郎 訳）

LIFE JOURNEYS
by
Donald C. Worth

THIS COPY OF MY AUTOBIOGRAPHY
IS RESPECTFULLY CONTRIBUTED
TO THE ARCHIVES OF
INTERNATIONAL CHRISTIAN UNIVERSITY (I.C.U.)
IN THE HOPE THAT IT WILL
PROVIDE INFORMATION CONCERNING
ONE PERSON'S PERCEPTION OF
THE DEVELOPMENT OF ICU'S PROGRAM
AND OF THE ICU CAMPUS
DURING THE TIME PERIOD 1954-1989

IT HAS BEEN WRITTEN
WITH APPRECIATION FOR THE OPPORTUNITY TO
HAVE PARTICIPATED IN THIS VENTURE

Donald C. Worth, Ph.D.,
Professor of Physics, Emeritus

第1章　ワシントン D.C. での幼年時代

　私はニューヨーク州ブルックリン生まれである。母ローラ・カルホーン・ワース (Laura Calhoun Worth) と父スタンレー・ワース (Stanley Worth) はマサチューセッツ州ローウェルで育った。父母は高校時代の同級生である。父はイギリス出身で、母はカナダ出身であった。

　父は1895年、マンチェスター近郊のハドフィールドに生まれ、6歳でアメリカに移住した。祖父ヘンリー・ワースは服地屋で、ローウェルからボストンへ通勤していた。父が12歳の時、祖母のグレース・グッドウィン・ワースが亡くなった。私の記憶にある祖母は後妻のエリザベス・ワースである。父には姉のメイベルと弟のハロルド、シリル、ローランドがいた。父はノースイースタン大学へ進学し、速記・会計等の経営学を専攻した。

　母は1897年、ケベック州ロックバーンに生まれた。父はジョージ・カルホーン、母はドロシー・バーンズ・カルホーンである。兄弟姉妹は、ジョン、フォレスト、バイオレットがあった。カルホーン家はカナダの農地が荒地であったため、小学校時代にローウェルに移住した。ケベックは、フランス語圏であるが、カルホーン家ではフランス語を使わなかった。母の実家では、暖房装置から出る蒸気と自動ピアノが私の記憶に残っている。

　1917年アメリカが第一次世界大戦に参戦した際、父は海軍に志願し、ワシントン D.C. に派遣された。そこで、生涯の友人となるハル・ウィリーとともに、オールド・ネイビー・ビルで会計士として働いた。母はローウェルに残った。海軍での働きが認められ、父は1919年1月にアメリカの国籍を取得し、父母は6月に結婚した。

　母がアメリカ国籍を取得したのは、父との結婚によってである。結婚後、父母はブルックリンのジャマイカに住んだ。私は1923年10月20日に、ブルックリンの聖キャサリン病院で生まれた。その後、父母は D.C. に転居し、1927

第1章 ワシントンD.C.での幼年時代

年から、私が育った4121インゴマー通りに居住した。この辺りはチェビー・チェイスと呼ばれる地区で、D.C.の中心街へトローリー電車が走っていた。

父は最初、税務署（IRS）に勤務し、その後、ハンフリー法律事務所で働いた。そして、仕事を続けながら、早朝と夕方、サウスウェスタン大学に通って、法律学（LL.B.）の学位を得た。私は12歳の時、父の卒業式に参列した記憶がある。

私、弟ラルフ・スタンレー・ワース、妹ジャネット・グットウィン・ワースという三人の子供を抱え、しかも、世界恐慌の時期に仕事をしながら学業を続けたことは驚異である。父母は子供たちには、世界恐慌の不安を与えないようにしていた。

その後、父は、いくつかの法律事務所で税法専門の弁護士として活躍し、法学博士の学位も修得した。そして、70歳を過ぎて、長年の仕事仲間であるスコット・キャプトンとともに、ある有名な法律事務所のパートナーとなった。父が引退したのは、79歳の時である。

2階建ての実家には、地下室や屋根裏部屋、芝生の庭やガレージがあった。地下室には、ボイラー、石炭貯蔵庫、洗い場、トイレなどがあった。1階の氷箱が冷蔵庫に変わった時、冷蔵庫のコンプレッサーが地下室の階段の下に設置された。私は冷蔵庫が我が家にやって来た日のことを憶えている。モーターのスイッチが切り替わるたびに、コンプレッサーが動いたり止まったりすることにワクワクしたものである。また、窓を通して、地下の貯蔵庫にシャベルで石炭を入れていたことも記憶している。石炭がガスに変わった時、地下室はきれいになり、大きな空間が生まれた。私と弟のラルフは地下室に現像のための暗室を作ることができた。私は、後に、地下室をアマチュア無線の部屋にした。

1階には、居間と食堂と台所があり、東西にベランダがあった。2階には3つの寝室、トイレとバルコニーがあった。屋根裏部屋への階段は急で、床もきれいにされてはおらず、夏は暑く、冬は寒かった。後に、アスベストと石膏を混ぜたロック・ウールが屋根裏部屋の床に吹き付けられると、階下の生活が快適になった。私は、短波受信のためのアンテナを屋根裏部屋に張り巡

らせた。

　ご近所の十数件は、表面的な付き合いではなく、お互いをよく知っていた。暑い夏の夕方、近所の人たちは、庭で芝生や花に水をやったり、椅子に座ってのんびりするか、おしゃべりに興じたものである。

　特に、お隣のスウェーデン系アメリカ人クヌート・カールソンとエレン・カールソンとは親しかった。我々三兄弟にとって、カールソン夫妻は第二の両親のようなものであった。彼らはウッドロウ・ウィルソン政権の時代にD.C.にやって来て、農務省で働いていた。夫のカールソン博士は、ペンシルバニア大学の経済学部で博士号を修得した後、神学校に通い、スウェーデン福音カバナント教会から牧師に任命された人物である。彼は、月に数回、スウェーデン語で説教していた。すべての面で、力強く、親切な人物であった。妻のエレンは、以前、ミネアポリスで看護婦長をしており、カリスマ性があって、他人の世話が好きな人物であった。彼女は人々の精神的・体力的健康を願っていた。私がクリスチャンの生活に触れることができたのは、この夫妻のお陰である。カールソン博士は毎週日曜日、私をD.C.の中心部にある第四長老派教会のバイブル・クラスへ連れて行ってくれた。カールソン夫妻は、政府を退職した後、ミネアポリスに戻り、博士は1958年に亡くなった。カールソン夫人に最後にお会いしたのは、1959年、ミネアポリスの老人ホームでである。

　ワース家のもう一人の大切な友人は、デラ・ハガティー（デリーおばさん）である。彼女はバージニア州リッチモンド生まれで、南部女性の魅力と小粋な率直さを持ち合わせた人物であった。未亡人であったためか、ワース家の子供たちをとても可愛がってくれた。私は彼女が、さまざまな場面で、自分に目をかけてくれたことを憶えている。例えば、私が10歳の時、ホワイト・ハウスを見学したことがないと知ると、彼女はさっそく見学に連れて行ってくれた。私はホワイト・ハウスよりも、帰りにチェリー・パイとアイスクリーム・ソーダをご馳走してくれたことに感激した。また、私がアマチュア無線のアンテナを家の外に張ることができるよう、父親を説得してくれたのも彼女である。そして、後に妻となるアーディスを面接して、デートを認めてく

れたのも彼女である。

　その他にも、ワース家の知り合いにはおもしろい家族がたくさんあった。ヒュー家の4兄弟（ボブ、ハービー、バーバラ、パット）と私は仲良しで、電気とアマチュア無線に対する関心から、特に、ボブと仲が良かった。今でもD.C.に戻るたびに、私はボブに会いに行く。ヒュー家とリグルマン家は、毎週土曜日の夜、演奏会を開催していた。私はハーモニカしかできないので、演奏会には参加しなかったが、夏の夜に、窓の外から聞こえてくる音楽は私の子供時代の思い出である。

　数件先には、アーヘンさんが住んでいた。大柄で筋肉質の男性で、私はその体格に少々圧倒されていたが、親切で、思いやりのある方であった。彼に親近感を持つようになったのは、後に、彼がジョージタウン大学アメリカン・フットボール部のコーチであることが分かってからである。

　学校には、知り合いの子供がたくさんいて、空き地では野球やタッチ・フットボールに興じた。後年、住宅地となった場所も私が幼少時には空き地であった。空き地が住宅に変わって行くのを見るのも私の楽しみであった。

　D.C.が優れて文化的な環境にあることは言うまでもない。もっと、いろいろな所へ行くことができたのにと思う。土曜日の午前中は、かなりの数の博物館や図書館を訪ねた。スミスソニアン博物館は、発明と科学業績の宝庫であり、私の好奇心を喚起した。新国立博物館を訪れた際は恐竜とエジプトのミイラに圧倒されたことを憶えている。昔のナショナル・アカデミー・オブ・サイエンス・ビルでは、初めて、分光器による太陽光のスペクトル（「フラウンホッファー線」やさまざまな気体が生み出す線）を見た。今ではD.C.には、航空宇宙博物館など他の施設も加わって、小学生だけではなく、大人にも学習の機会を提供している。私の小学校時代にも、半日は博物館見学ということがよくあった。

　高校時代は、図書館調査が宿題として課せられた。それで、私は議会図書館やフォルジャー・シェークスピア図書館、中央図書館などに出入りすることになった。近所の図書館、大規模図書館は、どちらも学習と情報収集に有益な場所である。

電車を使えば、D.C.の中心部へ行くことは簡単なことであった。トローリー電車は郊外では電線から電気を供給されていたが、中心街ではレールの間の溝から電気を得ていた。中心街では、電線が邪魔だったのであろう。私が乗っていた電車は、ジョージタウンでこの切り替えをしたので、3分間ほど停車した。この切り替え作業で「ガタン」という音を聞くのが楽しみであった。その後、電車は廃止され、ディーゼル・エンジンからの黒い煙を出すバスに取って変わられた。さらに、車線も増えて、車社会の到来となった。しかしながら、電車の方が効率的で環境にも優しかったように思う。

毎年、7月4日の建国記念日の花火大会は、D.C.名物であった。ワース家は指定席のチケットを買うこともなかったので、ワシントン・モニュメントのそばの芝生から眺めていた。花火が「バリッ」という音とともに打ち上げられ、かすかな軌跡を描いたかと思うと、さまざまな色と形が夜空に広がるたびに、私たちは、「オーッ」とか「アーッ」と叫んだものである。現在では、この花火大会は会場がリンカーン・メモリアルに移され、国立交響楽団がコンサートを行って、テレビ中継もなされている。

私は幼少時、物をつくることに興味を覚え、大学では電気工学を専攻したいと思うようになった。特に、アマチュア無線機の製作によって、電気と電子に関する興味が高まった。16歳までに、近所に住むアマチュア無線仲間(「ハム」)の手助けによって、モールス信号が読めるようになり、アマチュア無線の国家資格に合格した。初級免許は1分間に13語の解読、上級免許は25語で、試験は、D.C.にある米国連邦通信委員会(FCC)のオフィスで行われた。試験に合格した私は、W3IMLというコール・サインで、ある短波帯を割り当てられた。それで、私は短波受信機と150ワットのクォーツ式送信機を作った。

技術面での問題はなかったが、発信用のアンテナを屋根裏部屋の窓からガレージの上に立てたポールまで張ることに、父親が抵抗した。父はアンテナが雷を招くと心配したのである。アマチュア無線仲間からの情報と支援、嵐のときはアンテナを降ろすという約束、そして、「デリーおばさん」からの口添えによって、1939年、短波無線を開始することができた。

1941年、カーネギー工科大学に入学すると、物理学科が所有する1000ワッ

トのアマチュア無線基地を、日本軍がパール・ハーバーを攻撃し政府がすべてのアマチュア無線を禁止するまでの数カ月間使うことができた。

　自宅では引越で隣人が残して行ってくれた作業台が、私の工作場所であった。工具もかなりの数を揃えることができた。それ以降、私は木工製作に限りない興味と満足を得るようになった。そして、これは、後年、実験物理の教育と研究に大いに役立つこととなった。

　両親のお陰で、1929年から36年の世界大恐慌の影響を直接感じることはなかった。世間では雇用不安が広がり、家計も厳しかったはずであるが、両親は私が自分で小遣いを稼いで使うことには、何も言わなかった。

　私のアルバイトというのは、50セントで近所の庭の芝生を刈ることであった(自宅の芝生については、報酬はなかった!)。後に、毎週、ワシントン・ショッピング・ニュースという広告誌を配るアルバイトもした。6年生と中学1年生の時には、サタデー・イブニング・ポストとレディーズ・ホーム・ジャーナルとカントリー・ジェントルマンを配った。1936年、中学生になってからは、ワシントン・スターを平日100部、日曜日150部配るようになった。新聞を配るために私は台車を借りていたが、鉄の車輪が大きな音を出すので、日曜日の朝は近所迷惑になることを恐れた。それで、私は古い自転車のタイヤを車輪に被せることによって、騒音を抑えた。雨が降っている時は父が自家用車のオールズ・モビールを出してくれた。弟のラルフもよく手伝ってくれた。

　そのうち、販売店のマネージャーが私を本社での研修に推薦してくれた。彼はもっと購読者が増えることを期待していたようだが、たいして購読数は増えなかった。高校に入学して、新聞配達が無理になると、集金をやってくれないかと頼まれた。これは、給料が良かったので、高校を終えるまで続けた。これはよい人間観察の機会となった。購読料をきちんと準備してくれている購読者もいれば、あらゆる言い訳をして、出直してくれという購読者もいた。

　D.C.で育ったことは、幸せで満足の行くものであった。当時は理解していなかったが、今では、あの時代にあの地域で、あの家庭に育てられたことがいかに幸福であったことかとしみじみ思う。

第2章　通った学校

　私が通ったのは、E・V・ブラウン小学校、アリス・デール中学校、そして、ウッドロウ・ウィルソン高校である。すべて、自宅から1マイル以内で、雨が降っていなければ徒歩で通学した。生徒は割引切符を使えば、非常に安くバスに乗ることができた。恐慌時代にはありがたい制度であった。

　小学生の頃、母は、雨が降ると、私が自宅に戻ることができないので、ドラッグ・ストアでお昼を買うお金をくれた。私はハムとチーズのサンドイッチ、そして、バニラ・シェイクを買うことにしていたが、恐慌時代には、全部で25セントだった。昼食をすぐに済ませると、お昼には地下の娯楽室で遊ぶのが常であった。

　中学校では、お昼には自宅に戻らず、ランチを持って行った。中学校の最初の半年は、ベン・マーチ小学校で過ごした。これは、アリス・デール中学校が拡張工事を行っていたからである。しかしながら、担任の先生は、どちらもスタンツ先生だった。とても活動的な先生で、当時、ジョージ・ワシントン大学で修士課程にも在籍していた。ある時、先生は理科の授業で、フラスコを沸騰させ、コルクで栓をした。10分程度置いた後、先生がフラスコを氷で擦ると、何とフラスコは、再び沸騰を始めたのである。そして、生徒たちにその原因を尋ねた。しかしながら、誰も答えることができず、先生が説明を行ったのだが、クラスの半分は理解ができなかった。中学3年の時にも、スタンツ先生に理科を教えていただいたが、物質についての、彼の鋭い質問と解釈は今でも記憶している。その頃行われたソフト・ボールの試合で、私はナックル・ボールで教師たちを三振に仕留めたのだが、スタンツ先生にはしっかりと打ち返された。

　高校では、カフェテリアで昼食を取った。カフェテリアでは時々、放送があった。多くは学校行事に関するアナウンスであったが、1940年のある時、

重大な知らせがあった。それは、徴兵に応じた者の召集順序が抽選によって決まるというものである。1938年、ドイツはオーストリアを併合し、1939年には、ポーランドに侵攻していた。私に直接の影響はなかったが、理系に進学すれば、徴兵が遅れるという事実が頭をよぎった。

　中学校では、「ショップ」授業が記憶に残っている。当時は、伝統的な科目とともに「実用的な」科目を学ぶというのが流行であった。(ちなみに、私が外国語に選んだのはラテン語である。) 中学1年では、木工授業で、ブランボー先生の下、箸立てを作った。中学2年では、フェアバーン先生の下、金工授業でビスケットの型や食器、ブレスレット、そして、食事の時間を知らせる「どら」を作った。この「どら」は、長い間、我が家の食堂に置いてあったが、母が使ったことはなかった。同じ学年では、ホーキンス先生の下、活字印刷の初歩を習い、短い文章や名刺を印刷した。中学3年の時には、再びブランボー先生の木工授業を受けて、机を作った。そして、木工旋盤の基本を学んだ。これらの「実用的な」経験は、後に有用となるスキルを与えてくれた。

　中学校では、アルダーソン先生の美術の授業も思い出深い。彼女は講堂の模型を持っていて、ステージの照明も再現していた。しかしながら、この照明がうまく調節できないので、私が配線を替えて修理をしたところ、大変喜ばれたことを憶えている。また、中学校では演劇とオペレッタに参加した。「国のない男」という劇を演じていた時のことである。ボーイ・ソプラノで鳴らしたエディは過去には大成功を収めていたのだが、この劇では、「さやかに星はきらめき」という曲の高音部分で声が割れてしまった。それ以降、エディはバリトーンを専門にするようになった。演劇活動は、同時にPTAの収益活動の一環でもあった。

　今から思えば、私の通った学校の先生たちはレベルが高く、私も尊敬していた。特に、私は数学の先生たちを尊敬していた。彼らは、私に授業よりも先に進んで学ぶよう励ましてくれた他、数学についても人生についても慎重に考えるよう教えてくれた。例えば、レーン先生は幾何学の授業で、ソクラテスが自分の倫理に背くよりは毒杯を仰ぐことを選んだということについて考える機会を与えてくれた。高校時代の二人の数学の先生は、中等代数と高

等代数を同時に学ぶことを許してくれた。これは、1学期を前半と後半に分けることで可能となった。

高校3年生の時、英語のレーン先生は、私にシェークスピア劇「十二夜」の宮廷道化師の役を割り当てた。私は軍事教練のリーダーを務めていたので、威厳が損なわれることを心配した。今から思えば、少しまじめ過ぎたかも知れない。彼女の説得で演じてはみたものの、公演後、彼女は「あなたのプライドを傷つけてしまったわね」と謝るはめになった。

高校では、体育の授業と軍事教練が選択であった。軍事教練では、週2回、整列や行進の練習をした。運動という意味では体育と軍事教練は、同等であると考えられていた。私は制服や行進に魅力を感じていたので、軍事教練を選んだ。1年生では「兵卒」、2年生ではリーダー、3年生ではキャプテンになった。ある時は、D.C.のスタジアムで開かれたコンテストに参加したこともある。私の隊はよくやったのだが、演習の最中、与えられた指令の一つを私が忘れたために良い評価は得られなかった。しかしながら、ここで学んだことは、後に、カーネギー工科大学で役に立った。私は大学で予備役将校課程（R.O.T.C.）の通信部隊に入っていたのだが、部隊長が慣れていなかったので、私が傍で指示を出したこともあった。そのためか、私は部隊長近くの旗持ちの役を与えられたりした。

学校時代、教師だけではなく、役職者の方々も、生徒との関係においては見識や配慮を持っていたように思う。私は高校でラジオ部を創設したのだが、アマチュア無線の装置は物理の実験室に置かれていて、屋根の上にアンテナを張る必要があった。ノーマン・J・ネルソン校長は許可を与えてくれただけではなく、私と一緒に屋根に上ってくれた。多分、景観を損ねたり、雷を招かないようにと考えてのことだったと思うが。

中学校2年生の時、私はアマチュア無線との関連で、大学では電気工学を学びたいと思った。MITの評判について聞いていたので、入学案内を取り寄せたりした。メリーランド州のベセズダに住むMITの卒業生の地区代表に会いに行ったこともある。その時尋ねたのは、奨学金がもらえるかどうかである。1938年の時点では、大恐慌は終わっていたが、父親の収入は限られ

ていたので、大学に入ってから必要な経費を賄えるかどうかが心配だった。私は1940年の冬にMITに出願した。そして、初年次の授業料を免除してくれるよう申請した。合格することは問題ではなかった。なぜなら、私の高校時代の成績は、「口頭英語」のB$^+$一つを除いて、すべてAだったからだ。すぐに入学を許可する旨の通知があった。授業料免除に関しては、D.C.で行われる卒業生との面談の結果次第であるとのことだった。私はその面談をよく憶えている。なぜなら、10人ほどの卒業生が、一人を除いて、奨学金がなくても、MITに来ることができるかと厳しく尋ねたからである。私は、正直に奨学金がなければ入学は難しいと答えた。その後、ベセツダの卒業生から連絡があり、私には半分の授業料免除を許可するとのことであった。私はこの決定にとてもがっかりした。これでは入学ができない。

幸いなことに、この辛い経験は致命的ではなかった。なぜなら、働きながら5年間で卒業するコープ奨学金がウェスチングハウスとカーネギー工科大学の共同事業で支給されたからである。毎年、10名の学生が高校の成績・推薦状・試験の成績によって選ばれた。私は財務省近くのウェスチングハウスのワシントン事務所で受験した。面接では、何か機械に関する話をするようにということであったので、アマチュア無線の話をした。1941年の5月、ピッツバーグから合格電報を受け取ったときは、嬉しさと驚きでいっぱいであった。ネルソン校長と私は、5年間で\$5000という奨学金の額の大きさに驚いたものである。私は高校2年生の時、ハーバード・ブック・アワード（賞品は、皮の表紙のベンジャミン・フランクリン伝）を受賞したこともあったが、ウェスチングハウス奨学金の決定によってハーバードへは出願しなかった。

合格電報には、6月の中旬にピッツバーグへ来るようにとあり、先輩の奨学生の手助けで、郊外のウィルキンスブルグに住むことになっていた。先輩たちは私たちをウェスチングハウスの事務所へ連れて行ってくれたり、夏の仕事を説明してくれたりした。そして、キャンパスを案内してくれ、9月の新入生オリエンテーションの様子を教えてくれた。彼らとはその後、よい友達になった。

D.C.は、公立学校がよかったのに加えて、スポーツ競技場や遊び場も充実

していた。私はバスケット・ボールや野球やサッカーをしたことや、プールで遊んだことを憶えている。学校ではアーチェリーやバスケット作りや大工仕事もあった。今から思えば、立派な設備と専任のスタッフを備えた学校で、異なった年齢の多様な人種の子供たちがその恩恵を受けていた。私の両親は治安や環境の良し悪しを心配する必要がなかった。私の思い出は様々なフルーツのシロップがかかったかき氷で、特に、ルートビアとストロベリーのミックスは最高だった。遊び場の外で、かき氷を10セントで売っていたのは、陽気なイタリア人のトニーだった。夏になると、私は近所のチェビー・チェイス・バプテスト教会の聖書学校に通った。聖書学校では、手芸の時間もあったし、コーラスの時間もあった。聖書学校の終わりには、親たちが観に来るページェントもあった。

ワース家は、ペットを飼ってはいなかったが、1939年の夏、つがいのカナリアの世話をしたことは憶えている。それは、3年生の担任だったワード先生が夏の間、弟のラルフに預けたものである。カナリアの籠は最初、台所の横の出窓に置かれていた。しかしながら、次々にヒナが生まれ、最終的には、15羽のヒナがヨチヨチ歩くようになった。これは、3人の子供たちにとっては楽しみでも、母にとっては、迷惑であった。子供たちは、特定のヒナに愛着を持つようになった。特に、ビューティーは、頭に黒い点がある以外すべて黄色で、囀りもすばらしく、よく飛んだ。カナリアたちは通常、出窓に入れられていたが、時には屋内で放されて、二階やサンデッキを飛ぶこともあった。

ある時、出窓の外側の覆いが開いて、ビューティーが外へ飛んでいった。そして、電話線の上から戻って来ない。私たちは外界を知らないこの小鳥がどうなるのか案じた。敵も知らず、食べ物を探すこともできないこの小鳥が。

その晩、私たちは小鳥の末路を案じて、眠れぬ夜を過ごした。次の朝、ある人のアドバイスで、ビューティーの籠を外に置いてみた。ビューティーが籠に近づいた時は興奮したものだ。しかしながら、私たちが側に行くと、ビューティーは飛んで行ってしまった。そして、近所の庭の木に止まっていたので、私とラルフが皿に餌を載せて近づくと、何と餌をムシャムシャと食べるではないか。私たちはホッとして、ビューティーをタオルで包み、籠に

入れた。ビューティーは籠の中で餌を食べ続けた。これがビューティーのヒヤッとした瞬間である。その後はもとの鞘に収まった。

　このように、私は少年期に、家族・友人・先生・校長たちから、この上ない愛情と支援を受けて育ったのである。学校というものは私にとって、楽しい所であった。だからこそ、後年、自身が教師になろうと思ったことは間違いない。

第3章　カーネギー工科大学

　1941年の夏、D.C. エリアから選ばれた別のウェスチングハウス奨学生アンソニー・バッド・マルモに会う機会があった。他の奨学生は、2名がピッツバーグ出身、1名が西海岸出身、残りは中西部出身であった。バッドはワシントンのイースターン高校出身だった。合格の連絡があった際、バッドの名前も聞いていた。ピッツバーグへは6月中旬に呼ばれていたので、我々は寝台車で一緒に行くことにした。私もバッドもこれが、寝台車に乗るのは初めてであった。

　D.C. のユニオン駅を夜、出発して、ピッツバーグへの6時間の旅は始まった。ピッツバーグ駅からは、6ブロックか8ブロック歩いて、ウェスチングハウスのビルに着いた。そこで、上級生のジャック・バワーズとチャック・

クリーニングに紹介された。彼らは電車で、我々をウィルキンスブルグまで連れて行ってくれた。車中、あれが大学のキャンパスだと教えられた。ウィルキンスブルグではウェスチングハウスの若い社員と三人で下宿をシェアすることになった。家主は朝食を作ってくれ、冷蔵庫にあるもので、お昼のサンドイッチを作ってもよいと言ってくれた。これで一月 $40 とは安い。次の日、奨学生10人はオリエンテーションを受け、自己紹介や身体検査をした後、工場内を案内された。私は生産現場を見たことがなかったので、その光景に圧倒された。当時、その工場ではグランド・クリー・ダムに設置する発電機を製作していた。その後、1996年になって、私はワシントン州をアーディスと訪ねた際、その発電機が現役でいる場面に遭遇した。

　私は大学では、電気工学を専攻しようと思っていたので、輸送機械部門に配属された。そこで、オマハのトローリー・バスやシカゴとミルウォーキーの電車のモーターについて、速度と時間が描く曲線やその曲線によって囲まれた部分の面積を計算した。また、交通混雑の際に電圧が下がることを防ぐための予備給電線についての計算も行った。最初は興味深く、やり甲斐もあったが、一旦、手順が身に付くと、私はもっと理論や原理が知りたくなった。この工場での経験と後に大学の物理の教員との会話から、私は専攻を電気工学から物理に変更することにした。現在でもこのことに関する後悔はない。

　9月の勤労感謝の日には、ボブ・ホーブリックが車で D.C. まで送ってくれた。ボブは私が少しホームシックになっていると思ったのだろう。ボブを紹介してくれたのは D.C. の教会仲間である。ボブの一家は、日曜日の夜には、夕食にも呼んでくれ、もう一つの家族のようであった。ウィルキンスブルグに戻って来ると、ボブは、今度は、大学の寮（スコーベル・ホール）への引越しを手伝ってくれた。

　1941年9月の新入生オリエンテーションで、大学生活は始まった。オリエンテーションは数週間に渡り、大学生活についてユーモアたっぷりのガイダンスがあった他、ロバート・ドーハティ学長やウェブスター・ニュートン・ジョーンズ工学部長が、大学の歴史や人文学的価値と科学との関係について、熱心な講演を行った。

私のアドバイザーは、物理学科長のホーウィ教授であったが、学期開始後、すぐに亡くなったので、私がお目にかかったのは一度だけである。それでも、彼の、大学で学ぶこと、レポートの書き方についての真摯なアドバイスは憶えている。その後、アドバイザーはエマーソン・M・ピュー教授になった。私は、すぐにピュー教授に尊敬の念を持つようになり、その気持ちは在学中ずっと続いた。彼は物理の卒業生がいかに将来重要な役割を果たすようになるかを私に説いた。ちょうど輸送機械部門での経験に疑問を感じていたので、私は専攻を変えることにした。それには、電気工学科長のワーク教授の許可が必要であった。高名でしかも厳格なワーク教授は、「まだ君は電気工学を全く学んではいないじゃないか。なぜ、それが不向きだとわかるのかね」と言った。

寮で、私はクリーブランド出身のレイ・ビッセルと同室だった。大学には7つの寮があり、それぞれ80名の学生を収容しており、各部屋には作り付けの二段ベッドと机とクローゼットがあった。寮生活は快適であったが、時には、騒音その他の事件もあった。ある時はいたずらで火事になったこともある。この時は消防士が速やかに消火活動をしてくれたが、学生たちは真夜中に避難しなければならなかった。寮の地下には、ビリヤードや卓球の台があって、試験前以外はとてもよく利用されていたし、居間ではよく会合やパーティーが行われた。

入寮して、すぐに授業は始まった。多くの授業はテーブルが付いた椅子に座って聞いた。製図についてはきちんとした机が与えられた。最初の学期は、解析幾何学、製図、英語(購読・作文)、衛生学、体育(水泳)、R.O.T.C. 講義(地図の読み方)および訓練であった。ほとんどの教室から寮までは400メートル以内であったが、教科書や教材を運ぶのは大変だった(特に、製図板と製図器具)。昼食は寮の近くのお店か大学のカフェテリアで摂った。カフェテリアは主に通学生のためであった。

他の物理学専攻の学生に会うのは楽しみであった。その中に同じウェスチングハウス奨学生であるドン・H・グロスもいた。彼はピッツバーグ郊外ドーモントの出身で、高校での成績がトップであった。彼の家に遊びに行くと、

父親は亡くなっていたので、美しい母親グレースがもてなしてくれた。ドンとはよく一緒に試験勉強をし、泊めてもらったりした。そのうち、どちらも物理学専攻で、熱心なクリスチャン、科学と信仰に関心があり、アマチュア無線が趣味であるということが分かった。

お互いの興味が似ていることが分かると、私とドンはますます仲良くなった。1年が修了した夏に、私たちはウェスチングハウスのボルチモア工場ラジオ部門に配属された。1942年の夏といえば、アメリカは戦争に向けて、あらゆる部門の生産を増強している時期だった。そのような時期に、私とドンが研究開発部門に配属されたのは驚きである。部門長のエンジニアに会い、「レーダー」についての本を渡されると、この仕事の機密性がよく理解できた。私たちが仕事について話をする時には、常に背後に誰かいないかどうか注意したものである。ドンはレーダー受信機に、私は高出力長距離レーダー発信機に取り組んだ。長距離とは270マイル程度で、時には、ボルチモアからフィラデルフィアの雨雲を捉えることもできた。さまざまな技術を学んだが、特に、旋盤の操作を覚えたことが後に役に立った。

最初、工場へは、週5日、実家から通うことにしていた。しかし、その試みは最初の2週間で挫折した。列車やバスを乗り継いで、片道2時間半もかかるのである。そのうち、ジョー・クリッツというエンジニアが実家の側に住んでおり、毎日、車で通勤していることがわかった。彼はケンジントンの自宅まで来るなら、二人を乗せてやってもよいと言ってくれた。それで、我々は私の自宅に滞在して、週に5日ボルティモアまで通勤した。この経験は、アメリカ国民が戦争準備のためにどれほどの犠牲を払っているかを知るよい機会でもあった。父母はドンと私がいることをとても喜んだ。日曜日になると、私はドンを第四長老派教会に連れて行き、ジェームズ・H・ミアーズ牧師やその他の教会員に紹介した。

1942年の夏はナチスとソ連軍がスターリングラードで激しく戦っていた時である。この戦争は我々の生活や将来を脅かすようにも思われ、不安と祈りが色濃い時期であった。当時は、西海岸の日系アメリカ人がキャンプに抑留されているとは知らなかったし、その抑留がいかにひどいものであったか

を知ったのは、後に日本で出会った日系二世の宣教師を通じてである。

　真珠湾攻撃が起こったのは、クリスマス休暇の直前であった。状況が分からなかったために、大学をどうするなどということも考えなかった。休暇が終わって、大学に戻ると、学生と教員は何をすべきかについて真剣な議論を始めた。多くの学生はあと一年は大丈夫だろうと思いながら、予備役に登録した。物理科の教員は、学生たちに入隊よりもまず卒業を優先すべきことを説いた。第二次世界大戦においては、これまでになく技術者が必要とされると言うのである。大学は「早期卒業」のために、年に3学期開講することを決定した。

　これは、難しい選択であった。以前は学年が終わるまでと言っていたが、その時点では予備役に登録するとすぐ入隊することになっていた。物理と電気工学専攻の学生の大部分は早期卒業を選んだ。その年の休暇は、あまり楽しいものではなかった。しかしながら、戦争によって、仕事を辞めなければならない人々に比べれば、たいした犠牲ではない。カーネギー工科大学の学生たちは入隊すると、まずは、「ブート・キャンプ」に送られた。そして、軍人に対して、技術講習を行った。私たちはその軍人たちのために、スコーベル・ホールを明け渡して、空室になっていた女子寮に住んだ。さらに、1942年の秋には、「シータ・グサイ」というフラタニティ・ハウスが空いたので、そこに住むことになった。

　フラタニティ・ハウスに3カ月住んだ後、メンバーにならないかという誘いがきた。一緒に住んでいた学生たちにNoと言うのは辛かった。ご招待には感謝するが、私はクリスチャンなので参加はできないと断った。私は独善的に思われたかも知れない。しかしながら、その時はマルチン・ルターのように「他に選択肢はない」という立場だったのだ。しかしながら、フラタニティのメンバーたちとの個人的な関係は続き、彼らと一緒に合唱コンクールに出て、"It Must Have Been Moonglow"という曲で賞をもらったこともある。フラタニティ・ハウスには、1944年の6月末、卒業するまで住んでいた。

　（短縮教育で）4年生の時には、ピッツバーグ中心部の海軍募集所に行き、工学部長の推薦状とともに少尉に応募した。しかしながら、残念なことに視

力が弱いために海軍は申請を却下した（その頃、私は、目の運動で視力が回復するという訓練を行っていたにもかかわらず。）。このようなことがあったので、その後、一年以内に海軍研究所で少尉になれた時は嬉しかった。このようにして、私の大学時代は第二次世界大戦によって短くなった。卒業式には両親も参加し、後は徴兵されるのを待つばかりであった。

クローバー

第4章　二つの進路

　前述したように、私の工作、アマチュア無線、科学に対する興味は、幼少時に遡る。私が専攻を物理に変えたのは、工学の操作的な側面に満足できず、基本的な現象をより深く考察したいと考えたからである。今から思えば、生意気にも、物事がどう起こるかと同時になぜ起こるか知りたかったのである。
　この点に関しては、高校2年生の時、英語の授業でエンジニアと物理学者の思考の違いについて学ぶ機会があった。オッペンハイマー先生は生徒たちに、3分間で物事を説明する課題を与えた。そして、説明の後には、他の生徒が質問をした。エース・ピッチャーのバートは、「カーブの投げ方」という題で話をした。彼がボールに回転を与えるためにどのような握りをするかを説明した後で、私は彼に、なぜボールは曲がるのかを尋ねた。私は彼が物理

の授業で習ったばかりのベルヌイの法則を持ち出すだろうと思っていた。ところが、バートは「それは私がひねったからだ」と答えたのである。私はさらに「なぜひねるとボールはカーブになるのか」と尋ねた。すると、バートは「そうなるようにできている」と答えたのである。先生は私が不満なのを知っていたが、議論が長引きそうだと考えて、次の生徒の発表へと移った。

　後に分かったことだが、ベルヌイの法則もまた、根源を辿れば「エネルギー保存の法則」に行き着く。そして、なぜエネルギーの消失がない理想状態では「エネルギー保存の法則」が成り立つのか。ここに至って、科学的な分析によっては答えを出すことができない。人によってはだから認識論には意味がないと言うであろう、しかしながら、私のような人間にとっては大きな意味を持つのである。バートの答えは単に世の中がそうなっていることを受け入れるだけだということであろう。もし現在、同じような議論をするとしたら、バートの操作主義には敬意を表しつつも、「空気や重力のない宇宙では回転するボールは真直ぐに進むだろうか」と尋ねるであろう。

　後に、ギリシャの哲学者が原因には二つあって、一つは直接の原因、もう一つは根本的な原因としていることを知った。つまり、科学は「なぜ、我々の世界はエネルギー保存の法則が成り立つようにできているのか」というような根本的な質問に答えることはできないのである。当時は理解していなかったが、英語の授業を通じて、私は科学的真理の根本について考えていたのである。今では、真理には異なったレベルがあると考えている。カーブ・ボールの場合、経験則があって、「エネルギー保存の法則」というような命題が帰納される。この種の真理は $8+6=14$ というような定義に基づいた演繹的な真理とは異なる。さらに、詩や絵画や音楽や祈りによって生じるのは啓示的な真理である。

　私も若い頃は真理に異なった形態があるとは思わず、物事は白か黒かで判別できると考えていた。このような論理はアリストテレス的二元論で、コンピュータにおいて用いられている。そして、数値計算において有効であることは確かであるが物事の多面性を無視している。私はむしろ、「光は波か粒子か」と尋ねられると、あいまいにしておくアジア人の柔軟性を評価してい

る。もちろん、それは、高校を出て何年も経ってからで、異文化経験を通じてある種の成熟さを身に付けてからのことである。

　ドンとの出会いは、物理学とキリスト教の両立に悩んでいた私にとっては救いであった。大学入学前、私は実験科学の世界とキリスト教における「新たな生命」とは別個のものであると考えていた。私の信仰はD.C.の第四長老派教会で始まり、その教会の高校生グループで培われた。そして、二つの真理を両立させようと思ったのは大学入学後である。

　私は6歳から15歳まで、チェビー・チェイス長老派教会に通っていたのだが、それは、どちらかというと母親に言われたからであった。私の父母は、当時、どの教会にも属しておらず、いくつかの近所の教会に気が向いたら出席する程度であった。私はそれらの教会が退屈で、何のインスピレーションももたらさなかったことを憶えている。ある教会では牧師が顔を真っ赤にし、こぶしを振り上げて、「キリストは劇を演じた」と述べていた。多分、キリストの生涯自体が劇だったという意味なのだろうが、両親も私も何とも思わなかった。別の教会では3時間連続祈祷会などというのもあった。

　カールソン夫妻が、ワース家の三兄弟の宗教教育に関心を持つようになったのは、ちょうどその頃である。私はカールソン博士から、第四長老派教会に連れて行かれ、聖書とキリスト教に触れることになった。そして、ミアーズ牧師のバイブル・クラスに参加した。彼は、生まれ故郷のカナダでは、銀行員だったそうだが、ある日、召命を受けて神学校に入学した。彼の聖書講義は極めて明快で、神学的には保守的であったが、福音派の牧師のように熱狂することもなく、バランスの取れた判断をする人であった。私はこの牧師から、1940年の春に洗礼を受けた。この「改心」は、今に至るまで続いている。それでカールソン夫妻とミアーズ牧師は恩人なのである。その後、父母、弟ラルフ、妹ジャネットもこの教会の会員になった。

　私は、最初、科学とキリスト教は真理に至る道が違うということで、納得しようとしていた。したがって、科学的真理はキリスト教信仰の啓示とは、無関係であるとしたのである。しかしながら、このような考え方は、一方が他方への優越を主張し始めた時に問題を生ずる。歴史的には、一方の熱狂的

な支持者たちによって他方への侵犯が起こってきた。ホワイトの『科学と宗教との闘争』は、双方による傲慢な侵犯の例で溢れている。ガリレオの時代から、宗教家たちの実験科学に対する不条理で激しい非難がなされてきた。ガリレオに反対したカトリック教会のみならず、ルターでさえも望遠鏡による天体観測に反対したのである。そして、ニュートンが重力と運動法則で天体の動きを説明すると、科学の信奉者が神学者に対する優越を主張するようになった。双方が自らの信条の限界を知ろうとはしない。科学と神学を学ぶにつれて、私は真理の限界というものを知るようになり、特に、一方の基準で他方を裁くことの限界について考えるようになった。

　大学3年次と4年次の2年間で、私とドンは社会科学の履修要件を満たすために、論文を書くことにした。論文のテーマは「科学とキリスト教は衝突するか」というものである。今思えば、理系のカリキュラムでそのような論文を書くことが許されたことは驚きである。これは、ドーハティー学長が社会意識の高い科学者を育成するために始めた社会科学教育が、いかにリベラルであったかを示すものである。この論文にはグレッグ教授が辛抱強く付き合ってくれた。

　ドンと私は、この論文のために、36の文献を読み95頁を費やした。この論文の最後は以下の通りである。

> 「本研究においては、これまでになく科学とキリスト教を論ずることができ、両者の関係をよりよく評価するための基礎を築くことができた。我々の希望は信仰などなければ世の中はうまく治まるという誤解を解くことである。ここにおいて、科学がキリスト教と衝突するかどうかを判断すること、そして、その判断が持つ意味を考えるのは読者である。我々は両者の衝突が双方にとって、根本的な問題ではないと考える。しかしながら、そう思われる時には、注意深くあらねばならないと考える。」

　私とドンの職業選択についてお話ししよう。我々は背景や関心が似ていたので、どちらか一方が他方が選んだ道を歩んでもおかしくなかった。ドンは海軍予備役に志願した後、ニューヨーク北部で訓練を受け、D.C.の南のアナコスティアにある海軍研究所 (Naval Research Laboratory) のレーダー受信部で

中尉に任命された。

　ドンが赴任する前に、私は海軍研究所に民間人として雇用され、レーダー部に配属されていた。当初は、徴兵された後は海軍少尉となって、現場と研究所の連絡係になるつもりであったが、オリエンテーションの後、6週間前に設立されたばかりのレーダー部に配属となったのである。

　それで、1944年の秋、私とドンは、部署は違ったが、ともに海軍研究所で働くことになったのである。昼はカフェテリアかポトマック河畔に行き、もう一人のキリスト教に懐疑的な同僚を加えて、熱い議論をしたものである。ドンは第四長老派教会にもよく来てくれ、青年会のメンバーたちと仲良くなった。

　第二次世界大戦後、私とドンは違った道を歩むこととなった。ドンは、聖公会の司祭になることにし、マサチューセッツ州ケンブリッジにある神学校に入学した。私も長老派の牧師になることを考えたが、物理を続けることにした。戦後、私は海軍研究所の同僚二人とアイビー・リーグの大学院を訪ね、教育環境とTA（教育助手）になれる可能性を調べてみた。そして、イェール大学のウィリアム・W・ワトソン教授の暖かなもてなしが気に入って、志願をし、合格通知とTAとして雇用するという通知を受けた。TAとしての給料とG.I. ビルのおかげで、私はアーディスとともにニュー・ヘイブンに住むという夢を実現することができたのである。

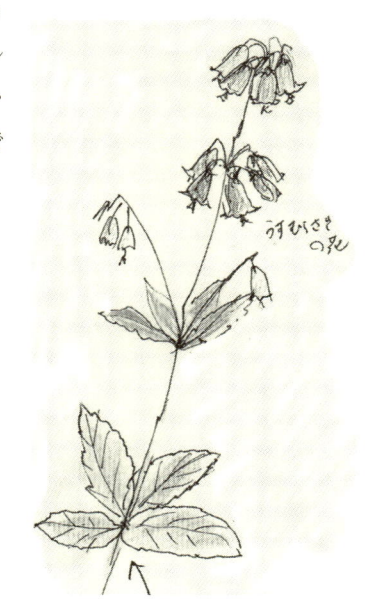

ツリガネニンジン

第5章　第二次世界大戦

　1940年、徴兵が始まったことは以前に述べた。当時は徴兵について賛否両論があったことや、下院が少数差で可決したことは知らなかった。アメリカ・ファースト党のように反対運動をしていたグループもあったし、ナチスを弁護する人もあったようだ。「ヨーロッパのことはヨーロッパ人に任せておけ」という感情は以前から強かった。本当に少数の人たちだけが、ナチスの残虐行為を知っていて、反感を持ち、ドイツとの戦争は避けられないと考えていた。メディアでは、エドウィン・モローやエリック・シーブライドたちが、一生懸命、ナチス侵攻のおぞましさやヒットラーの狂気を伝えていたが、アメリカの介入は避けるべきだという意見もあった。

　1939年、私が自宅の地下室でアマチュア無線に取り組んでいる時にラジオから流れていたのは、ドイツのポーランド侵攻、イギリスとフランスのドイツへの戦線布告、ドイツとソ連の不可侵条約、イギリス軍のダンケルクからの脱出などである。第二次世界大戦は西洋民主主義の危機であった。そして、この危機に際して、アメリカには、冷静に国民を勇気付けるフランクリン・D・ルーズベルト大統領がいたのである。ルーズベルトとチャーチルの性格の違いを超えた、強力で信頼に満ちた協力関係はアメリカの世論には十分理解されていなかった。ルーズベルトのイギリス軍への軍艦提供などは、彼の先見性を示すものである。1940年時点での徴兵制の導入もまた、彼の卓見である。

　第3章では、1940年の徴兵制の開始と、翌年、私が予備役に登録したことを述べた。ピッツバーグの中心部にあった登録事務所へ行った時のこと、そして、その時の不安は今でも憶えている。私はカーネギー工科大学へ通っていたので、卒業までは兵役を延期されていた。（短縮教育で）4年生の時、海軍へ志願したものの却下されたので、結局、1944年まで大学に通った。卒業後はいずれ軍隊に取られるであろうと考えていたので、D.C.に戻ると、実

家にも近い基準局でアルバイトをすることにした。オリエンテーションの後、私は、基準局のワゴンを運転してバージニア州スターリングまで行き、短波信号の指向性実験を磁気を遮断した建物で行った。これで、電波が電離層によって跳ね返された際の電極面の偏向と回転について調べたのである。基準局には午後3時に出勤して、それからスターリングで、異なった周波数の短波の方向と強度を観察した。電波は主にイギリス、フランス、ドイツなどのヨーロッパからで、しばらくすると放送内容についても理解できるようになった。ドイツ軍のプロパガンダも聴いたし、連合軍がフランス奪回に苦労しているというBBC放送も聴いた。それは1944年の8月で、D-Dayが始まって1カ月目のことであった。

　この時はワゴンでの通勤だけが辛いものであった。ある夜には、街灯のない真っ暗な道路でワゴンのヘッドライトが切れた。ブレーキを踏んでワゴンを止めようとしたが、畑に落ちてしまった。私は道路に戻り、後続のトラックに助けを求めたところ、親切な運転手はワゴンを道路に引き上げてくれた。彼は街灯のあるところまで後ろを付いて来てくれ、私は基準局まで無事に帰ることができた。翌日、基準局に、ライトの修理をしてくれるか、別の車を貸してくれるよう頼むと、別の車が準備され、残りの2週間無事に勤めることができた。

　ちょうどその頃、第四長老派教会の仲間で、ハーバードの電気工学を卒業したばかりのハロルド・ダベンポートが、海軍研究所で人員募集をしており、徴兵後もそのまま研究所勤務ができることを教えてくれた。これは魅力的であった。それは、自分の専門が直接、戦争に役立つ機会だと思ったからである。すぐに研究所へ行き、インタビューを受けた。すると、採用され、ジョン・ヘーゲンが指揮を執るレーダー部門に配属されて、ハロルド・ハーマンの下で働くこととなった。私は超短波について学び始めた。超短波はとても周波数が高いので、導波管を通じて増幅されるのである。

　海軍研究所で働き始めて4週間後の1944年8月31日に入隊が決まった。私はバージニアにバスで連れて行かれて、海軍グループに入れられた後、D.C.で身体検査や宣誓式を終えた。それから、お店で制服の採寸をし、自宅に戻った。次の日は研究所の司令部に呼ばれたが、すぐにレーダー部での仕事に

戻った。大きな変化と言えば、制服を着るようになったこと、月に数回、整列行進があったこと、病人介護の訓練を受けたことなどで、その他は入隊前と同じであった。

　研究所での仕事は、海軍がそれまで使っていたレーダーに代わる超短波の試験と評価であった。もちろん、研究所の外で話すことはなかったが、この「XLレーダー」は連合軍の日本攻撃に備えてのものであると言われていた。1944年の秋、アメリカ・イギリス・カナダの連合軍はノルマンディーでナチスを破った。アメリカ軍とドゴールが率いる自由フランス軍はパリのドイツ軍を追い払い、市民の喝采を浴びた。連合軍はさらにライン河を超えてベルリンに向かい、ソ連軍はポーランドを奪取して、東からベルリンに迫っていた。ナチスは、「バルジの戦い」で西の連合軍に対して最後の反撃を試みたが、連合軍の勇敢な戦いと多くの犠牲によってベルリンへの道は開かれた。

　ドイツ軍が降伏したのは1945年の春であった。V-E Dayはヨーロッパ、イギリス、そしてアメリカで盛大に祝われた。私は、ホワイト・ハウス前で群集が大騒ぎをし、電車を止めるほどだったので、海軍研究所から帰宅するのが大変だったことを憶えている。ヨーロッパでの戦争が終わると、すべての関心は太平洋に移った。日本海軍の敗北と太平洋における日本軍の軍事拠点の破壊は大きな犠牲を伴った。1945年6月に沖縄が占領されると、本土の占領も間近であると思われた。

　アメリカ軍が新型でより強力なウラン型「原子爆弾」を広島に落としたのは1945年8月である。そして、プルトニウム型の「原子爆弾」が長崎に落とされたというニュースが届いた。「原子爆弾」の破壊力は圧倒的で、日本人に降伏を迫った（後に、Albert Craigの *The Fall of Japan* を読んで、事情はもっと複雑で、日本軍内での意見の対立もあり、天皇が最終決定を下していたことを知った）。

　4年間のすさまじい戦いを経て、太平洋戦争は1945年8月15日に終局した。そして、日本は1952年にサンフランシスコ条約が発効されるまで占領下に置かれる。私たちが東京に行ったのは、1954年の7月であるが、連合軍の爆撃がいかにひどいものであったかは理解できた。この時点でも日本の再建は、大変難しいように思われた。

第6章 結婚

　アーディスと出会ったのは第四長老派教会の青年会 The Young Adult Conquerors (YACs) である。"Conquerors" という名前は「ローマ人への手紙」(第8章37節)「これらすべての事の中にあっても、圧倒的な勝利者となるのです」から来ている。それは1944年の秋のことで、私は3年ぶりにピッツバーグから、第四長老派教会に戻ったところであった。そして、YACs は以前よりも多様で、成熟したクリスチャンの集まりとなっていた。シアトル出身のマリオン・ウェブとアーネスト・キャンベル、イギリス出身のジョージ・ホワイト、そして、ハーバードを卒業したばかりのハロルド・ダベンポートらがいた。私をアーディス・バクスターに紹介してくれたのもハロルドである。

　私が、ある時、YACs で科学と信仰の関係について話した際、アーディスはとてもよい話だったと言ってくれ、自分はネブラスカの大学で化学を専攻したのだと述べた。彼女は教会の近くのアパートに住んでいたので、教会の後で送って行くのが簡単だった。親しくなるにつれ、アパートまで送って行く回数も増えた。彼女はネブラスカ州セント・ポール出身のいとこと一緒に住んでいた。散歩したり、パーティーに出たりするのが、我々のデートだった。ある時は、別のカップルとダブル・デートしたこともある。

　信仰と科学の問題を彼女と話せば話すほど、お互いが似ていることが分かり、私は彼女が好きになった。彼女は当時、ネブラスカ州立教育大学の通信課程で学んでいたので、解析幾何学について話をしたりした。化学の教員免許には数学の単位も必要だったのである。1945年秋、ちょうど第二次世界大戦が終わる頃、我々は相思相愛であることがはっきりし、翌年結婚する約束をした。8月の終わりに、アーディスは陸軍の地図局での仕事を辞めることにし、大学での勉強を終えるために、ネブラスカに戻った。彼女は、高校を出た頃が、所謂「ダスト・ボウル」と呼ばれる旱魃恐慌の時期であり、父

親の農場は不作で、アルバイトをしながら、ヘイスティングス・カレッジに1年間通うのがやっとだったそうである。その後、彼女は1部屋しかない小学校の先生になったり、中学校で教えたりしながら、1年おきに授業料の安い州立教員養成大学へ通っていたのである。1945年の秋は最後の学期であった。

翌年結婚することはまわりには伏せて置いた。ネブラスカとD.C.で離れて暮らすことは寂しかったが、手紙を頻繁にやり取りし、1945年のクリスマスには、私がネブラスカに行って、婚約指輪を渡す約束をしていた。1945年9月、私は海軍を除隊となり、文民となって、海軍研究所での仕事を続けた。相変わらず、両親とは同居していた。私は毎晩、アーディスに手紙を書いた。

戦争が終わると、レーダー研究は落ち着いていたが、今度は、月からのレーダー反射をめぐって、ベル研究所などとの競争になった。レーダーが月まで往復するのは2.5秒だった。それで、送信機から受信機へのアンテナの切り替えを手動ですばやく行うために、私に真鍮（しんちゅう）でスイッチ・ボックスを作る役目が与えられた。上司はその出来を褒めてくれたのだが、海軍の信号部隊が先に月からのエコーをキャッチし、新聞の紙面を飾ることになった。

1945年の暮れ、私はイェール大学の物理学科に志願し、授業料免除と生活費補助が付いたTAに採用された。これでアーディスがアルバイトをすれば、二人で生活ができるはずであった。私は列車で、ネブラスカのアーディスの家族に会いに行った。戦争が終わって4カ月目であったが、軍人が帰郷している真っ最中であった。列車はとても混んでおり、予約を取るのも大変であった。厳しい冬にシカゴ駅で、ユニオン・パシフィックの列車を待っているのは辛かった。列車は4時間遅れであった。ネブラスカに着いた時には、雪が30センチも積もっていた。婚約指輪は、アーディスにぴったりだった。それから、我々は雪の中を運転して、アーディスの親友の結婚式に出席することになっていた。何とか披露宴には間に合うことができ、アーディスは婚約指輪のお披露目をすることができた。

風邪を引いていたが、1月にはD.C.に戻って、海軍研究所での仕事を続けた。月末にはコロンビア大学で開かれた戦後初のアメリカ物理学会（APS）

の年次大会にグレン・カークランドと出席した。私が楽しみにしていたのはロバート・オッペンハイマーの講演で、彼は主に宇宙線の話をしていたが、「原子爆弾」について、「物理学は罪を知った」と短く、そして、劇的なコメントをしたのだった。海軍研究所には8月まで勤めた。研究所での残りの時間は導波管の改良に取り組み、特に、放射を起こさないボロメーターを作ろうとしていた。

1946年の8月、今度は飛行機でオマハに行った。アーディスは空港まで迎えに来てくれ、ダネブログまでバスで行った。今回はとても暑かった。もちろん、訪問の目的は結婚式で、我々は8月11日にネブラスカ州セント・ポールの第一長老派教会で結婚することになっていた。それから、アーレン牧師に会って、D.C.のミアーズ牧師からの紹介状を渡したり、グランド・アイランドにケーキを取りに行ったりした。結婚式はアーディスの家族、親族、友人たちを招いて、とても思い出に残るものであった。アーディスの妹のノーマと弟のニールが立会人になってくれ、披露宴は教会の地下室で行われた。

新婚旅行は、オマハのホテルを予定していたが、アーディスのいとこのユージン・リングフォードがプラッツマスにある自宅に招待してくれたので、そちらに滞在することにした（道中、最初にしたことは車に付けられた新婚のプレートや空き缶などを処分することだった。）。それから、バクスター家にしばらく滞在して、リンカーンからシカゴ行きの列車に乗った。それから、ピッツバーグまで飛行機で行き、ドン・グロスやボブ・ヒューブリックに会った。そして、D.C. に戻ってワース家の熱烈な歓迎を受けたのである。

D.C. では家族と教会仲間に会った後、コネチカット州ニュー・ヘイブンに向かった。それから、宿に一週間いて、大学のハウジング・オフィスの紹介でスミス家の地下室を借りることにした。夫婦はとても丁重で親切だった。ニュー・ヘイブンにはすぐ慣れた。物理学科を訪ねて、大学院生研究室を見たり、初年度のカリキュラムを尋ねたり、TA の職務について説明を受けた。アーディスはグレース・ニュー・ヘイブン病院で実験助手の仕事を見つけ、血液検査の仕事を始めた。半年後、別のアパートに引っ越し、さらに半年後、退役軍人住宅への入居が認められた。

カンパニュラ

第7章　ニュー・ヘイブンでの生活

　私の研究室は、スローン実験棟の2階で他に3人の大学院生がいた。この実験棟には、図書館、講義室と学部学生のための実験室があった。私の担当は学部学生の実験であった。TAとしては教員や他の大学院生と知り合いになることが大切で、学生としては教科書や文房具を揃えることが必要であった。その際、退役軍人割引が役に立った。8月に到着したおかげで、余裕を持って授業に備えることができた。

　TAの給料とG.I.ビルで結構な額になったが、生活するためには、アーディスも働かなければならないのは、最初から明白だった。彼女は結婚前に、理科教育の学士号を得ていたので、教員として働くことを考えていた。しかしながら、ちょうど病院で検査技師の募集があったのである。アーディスは医師や看護師や飼育係たちと働くことが気に入った。彼女が仕事を終えると、私たちは大学院生用のカフェテリアで夕食を取ってアパートに戻った。アパートには調理器具がなく、お湯とトーストが準備できるだけであった。

大切なことは、教会を見つけることである。大学教会を含むいくつかの教会に出席した後、私たちはベネディクト記念長老派教会が気に入った。ちょうどその教会では、スコットランド人の宣教師による特別集会が開かれていた。我々はその集会と教会員の歓迎によって、会員となることにしたのだが、その教会は会員が100名にも満たず、経済的には苦境にあった。そして、常駐の牧師はおらず、イェール大学神学校から学生や教員や宣教師たちを招いて礼拝を守っていた。その当時、イェールの極東語学研究所にはアジアの言語を学ぶ宣教師たちがいたのである。

実際、ニューイングランドで長老派は珍しい。それは、かつて長老派と会衆派の間で、ニューイングランドは会衆派の地域とすると定めていたからである。しかしながら、ニュー・ヘイブンに住むスコットランドからの移民たちは、断固として彼らの長老主義を守ろうとした。そして、裕福だったベネディクト氏の未亡人が寄付したのがベネディクト記念長老派教会であって、800名が収容できた。教会堂ができたのは、我々がやってくる30年も前で、すでに修理が必要な上、地下はまだ未完成であった。しかしながら、私もアーディスも、そして、他の教会員たちもこのように古くてやや荒廃した教会堂で、牧師も持たずに活動を続けることに意義と充実感を見出していたのである。我々はよく、ベネディクト教会ほど万人司祭主義を実現している教会はないと語り合ったものだ。我々の友情はその後もずっと続いた。

それから、私はイェールの学生や教会員たち12名ほどで結成された合唱団に参加した。指導をしてもらったのはニュー・ヘイブン地区の学校で音楽監督を務めている方であった。さらに、私は教会学校の校長にも任命され、長老にも選ばれた。教会員同士はとても仲が良く、お互いを訪問し合ったり、食事に出かけたりしたものだ。これからアジアへ出かける宣教師たちとも仲良くした。今から思えば、ここでの人間関係が、後に自ら「平信徒宣教師」となることに影響があったと思う。とにかく、ここで出会った若者たちほど、魅力的で陽気で有能で、そして、使命感に燃えた人たちにはその後も出会ったことはない。

大学院で物理の講義は、結構、大変だった。それは理解することが大変だ

と言うよりは、常にテストがあったからである。初年度必修であったレイ・ペイジ教授の講義は、毎朝行われ、月に1回、4時間の試験が土曜日にあった。問題はとても難しく、彼の講義及びテキスト *Introduction to Theoretical Physics* の方法と理論を理解できているかどうかが試された。このコースは、いわば博士課程に相応しいかどうかのリトマス・テストであり、2年次の最初にある博士認定試験の前触れであった。

　大学院初年度の実験は、実験物理で博士論文を書くために必要な技術の修得であった。主な実験はX線回折、4分の1と2分の1の波長板を使った偏光実験、蒼鉛の単結晶作り、Gouy balance を用いた磁気測定などである。指導と成績評価は教員によって行われた。

　これとは対照的に学部での入門物理の実験助手の仕事は、教育技術を磨くものであった。私は30名の学生のグループの責任者となり、指示を与えたり、レポートを採点したりした。大学院2年の時には、演習の時間に講義助手も経験した。それはベテラン教授の講義の後で、関連する話をしたり、質問に答えたり、クイズを出したりするものであった。私は原子核物理を博士論文のテーマにしており、大学院3年次からは原子力エネルギー委員会からの奨学金をもらったので、学部のTAは辞めた。

　私がアーネス・C・ポラード教授の下で博士論文のテーマに選んだのは、「中性子エネルギーの同時計数法測定」である。一つの計数管は水素によって満たされており、（重陽子と）入射中性子との弾性衝突によって反跳陽子を発生させる。もう一つの計数管はアルゴンによって満たされており、最初の測定器から出てきた反跳陽子を受け止める。この実験の目的は二つの計数管からでるシグナルのうち、反跳陽子に由来するものだけを選り分けるということにあり、そのためには高精度の回路の設計が必要であった。当時、最も高精度だったのは、同じくイェール大学のホワード・シュルツ教授の同時計数回路で、10億分の100秒であった。最近では精度がさらに数千倍になっている。私の実験装置はアルゴンと窒素の衝突実験に用いられ、その結果は *Physical Review* に掲載された。

　大学院の1年目が終わった時、退役軍人住宅に空きができ、我々はかまぼ

こ型住宅に引っ越した。建物は全部で80棟あり、各棟には二家族が住んでいたので、全部では160家族が住んでいた。この場所は、以前、イェール大学のポロ競技場だったところである。玄関を入ると右手には台所、左手には居間があった。奥にはシャワー・ルームと二つの寝室があった。丸みを帯びた壁や外向きに開ける窓に慣れてしまえば、快適な住まいであった。建物の間には石炭箱があって、冬には1日に数回石炭を補充した。我々は玄関を改築したりした。本来はそこに1949年までいる予定であったが、実際は1950年までいた。

　大学院生の共通の心配は、博士論文を書く前の認定試験である。我々の時代はその試験が、大学院2年目の最初にあった。それで物理学科の大学院生20人が、1947年の夏、集まって1年次の復習をしたり、口頭試問の予行演習をしたりした。後者は実際の口頭試験において、冷静さを保つためである。

　この頃は、終戦直後であったこともあり、物理学科の大学院生は異様に多かった。それで、大学は4時間の筆記試験で優秀な成績を収めた学生については、口頭試問を免除することにした。ありがたいことに私も免除された。ところが、同級生の何人かは口頭試問を受けなければならなかった。一人の同級生は、その能力が周りから高く評価されていたにもかかわらず、口頭試問で慌ててしまい、おかしな回答をしてしまった。この出来事があってから、私は口頭試問が、プレッシャー下においていかに冷静に振舞えるかの心理テストであって、能力を測るために最適の方法ではないと思うようになった。

　1948年8月21日、長男のドナルド・バクスター・ワース（ドニー）がグレース・ニュー・ヘイブン病院で生まれた。アーディスは難産で、1週間に3度も入院した。しかしながら、病院に行くと陣痛は収まるのであった。当時、私たちは車を持っていなかったが、お隣のゲーンセイ夫妻が車を貸してくれた。3度目の入院でドニーは生まれた。アーディスは出産準備講座にも通っていたので、難産は意外だったが、私は教会やアーディスの母、そして、D.C.の両親に出産報告をした。息子の誕生で、我々の生活はいっそう忙しくなったが、アーディスの母や隣人、教会員たちのおかげで、何とか乗り越えることができた。特に、ゲーンセイ夫妻の育児アドバイスが参考になった。

アーディスは引き続き病院の育児講座に通って、予防注射などの指示を受けた。認定試験の後、私は博士論文のための実験に取り掛かっていたので、アーディスとドニーのために時間を割くことができなかった。1948年の冬までには、予備実験も終え、博士論文の草稿を書くこともできた。アーディスはタイプを手伝ってくれた。実験を完了し指導教員から OK をもらうのは大変だった。しかしながら、1949年の春には博士課程修了後のことも考える余地が出てきた。

1949年1月、私はコロンビア大学で開かれたアメリカ物理学会（APS）の大会で博士論文で用いた装置と最初の観測データについて発表をした。この時には、採用予定のある物理学科の学科長たちと面会もした。ある大学は、特に関心を示し、採用の一歩手前まで行った。しかしながら、その頃までには長老派の「平信徒宣教師」として海外に赴任するという決心を固めつつあった。

長老派教会のニューヨーク事務所と具体的に話を進める以前から、我々は、イェール大学でアジアの言語を学ぶ宣教師候補たちとベネディクト記念長老派教会で接触があった。ある時、私は食事の席で、彼らの一人に、「自分も平信徒として海外宣教師になれたらなあ」というようなことを呟いたことがある。すると驚いたことに、その話が長老派海外宣教団にまで伝わっていたのである。そして、宣教団のヘリック・ヤング博士がイェール大学神学部を訪れた際、私が呼ばれた。博士は、私に南京大学で物理学の助教授になってはどうか提案し、詳しいことはアーディスと一緒にニューヨークでとのことであった。それで、我々はニューヨークへ行った。熟考と祈りの末、我々はこれが、アリストテレスの「マケドニア行き」であると思い承諾した。すると、多くの質問状や性格テストなどが事務所から送られてきた。手続きを終え、南京大学に赴任するに当たっては数々の問題があった。

最大の問題は、D.C. とネブラスカに住む二人の両親であった。私の父は私がアメリカの大学で職を得ることを望んでいたようだが、我々の決断を尊重してくれた。ただ、当初の予定である7年間という任期を長いと感じていることはよく分かった。それから、宣教師としての講習会や会議にも出席し、

1年間、イェール大学で中国語を学んだ。

1949年6月、我々はハートフォードで開かれた超教派の宣教師会議とニューヨークで開かれた長老派宣教師のためのオリエンテーションに出席した。我々が不在の間、隣人のギニー・ライトがドニーの世話をしてくれた。8月には購入した中古車でD.C.とネブラスカへ行った。それから、1カ月間、シカゴのマコーミック神学校でジョセフ・ハルトゥーニアン教授とフロイド・フィルソン教授から平信徒宣教師のためのトレーニングを受けた。ここでの学びと、12名の宣教師候補仲間たちは、とても深い印象を残した。

9月になって、中国語のレッスンを開始した。その頃、アーディスは二人目の子供を妊娠していたので、彼女がレッスンに出られたのは半日だけであった。私は物理の学習から中国語の習得への転換に苦労した。ある時は中国人講師に、「なぜ、そう言うのか」と尋ねたこともある。彼女の回答は「理屈などありません。習うより慣れろです」というものであった。

二番目の子供、キャロル・マリー・ワースは1950年6月11日に、同じくグレース・ニュー・ヘイブン病院で生まれた。ドニーの時とは違って、キャロルはアーディスが病院に着くとすぐに生まれた。産後の回復も早く、二人は5日で病院を出ることができた。キャロルは我々の寝室に置いたバスケットで眠っていたが、家が狭くなってきたことは明らかだった。

1950年の春までに中国共産党は北京から南京を占拠し、国民党は台湾に移っていた。6月には我々が中国に行けないことは明白となった。そして、東京に新設される予定のICUに赴任する可能性があることを知らされ、春にはニューヨークのICU財団に志願書を提出したりもした。ICUはまだ計画段階だったので、採用までには時間があった。それで、ICUが開学するまでには何か別の仕事をする必要があった。

長老派海外宣教団と長老派キリスト教教育局を通じて、私はケンタッキー州ベリアにあるベリア・カレッジが物理の教師を探していることを知った。私はすぐに列車に乗り、ピッツバーグ、シンシナチ経由でベリアへ行った。ベリア・カレッジはブーン・タバーンという宿を予約してくれていた。次の日、私が朝食を取っていると、ワルドマー（ワリー）・ノルという物理学の教

授が訪ねて来た。朝食の後、ワリーはキャンパスを案内してくれ、新しい理学館が計画されていることを教えてくれた。その後、学部長のルイス・スミスや学長のフランシス・ハッチンスを紹介してくれた。学長は、中国で教えた経験があった。ベリアの歴史や伝統を知れば知るほど、私の関心は高まった。それで、ICU に赴任するまではベリアで働くことにし、興奮してニュー・ヘイブンに戻った。

　4年間の思い出とケンタッキーでの希望に胸を膨らませて、我々はニュー・ヘイブンを去った。車は荷物でいっぱいだったが、ケンタッキーの友人に少し預かってもらい、子供たちをネブラスカにいるアーディスの家族に紹介した。それから、またケンタッキーに戻りベリアでの生活を開始した。優しい人たちと美しい自然に恵まれて、ベリアで過ごした1950年から53年まで3年間はとても幸せだった。生活は質素で物価はとても安かった。年収は2900ドルという破格の安さであったが、大学から借りている住宅の家賃も月18ドルというものであった。

月見草

第8章　ベリア・カレッジとシカゴ大学

　ベリアではアパートの2階を与えられた。1階には、引退した宣教師であるポール・ハリソン医師と妻のアンが住んでいた。ハリソン医師はバーレーンで宣教活動をした後、ベリア病院の医師として、地域に多大なる貢献をしていた。我々のアパートの裏側からはアパラチアン山脈が見えた。ニュー・ヘイブンからの長旅を経て、我々はやっと「落ち着いた」。長老派宣教団のロイド・ルーランド博士は、中国情勢について楽観的であったが、我々はすでにICUに行くことになるだろうと考えていた。

　我々は、ベリアで最初の夕食をハリソン医師宅で取った。そして、近隣には子供のいる家庭が多いことを発見した。雑貨屋や薬屋、ブーン・ターバン、郵便局はすぐそばであった。大学には方形の中庭があり、全部で8つの建物があった。我々のアパートから理学館までは徒歩10分であった。ベリアでは、学生たちが土地の言葉でよく挨拶を交わしていた。

　新年度の講演会で大学関係者と顔を合わせた。我々は自己紹介をするとともに、他の新任教員たちにも会った。ハッチンス学長は「ワース夫妻はイェールからいらっしゃったのです」と述べた。これは、学長がイェールの出身で、長沙で長くYale in China事業に関わっていたことによる。

　大学関係者と会ったその日から、我々は、彼らが世の中の平和と改善のために働いていること、そして、修行とも言える厳しさで素朴な生活を送っていることを知った。彼らは平和主義者で、正義の実現を願っていた。とてもしっかりした考え方を持ち、親しみやすくて、一緒にいて楽しい人たちであった。我々はそのように理想的な環境を喜んだ。

　学生たちは、主に、ケンタッキー、テネシー、バージニア、ウェスト・バージニア、ノース・カロライナ、サウス・カロライナなどアパラチアン山脈地域の出身者で、少数の学生が他の地域や海外からの出身であった。ベリアは

そもそも、開発の遅れた山脈地域における教育振興を目的としていた。入学選考においては、成績と同時に奉仕の精神が考慮され、授業料の払えない家庭の出身者に優先権が与えられた。そして、学生たちは学内就労によって授業料を払うことができた。ベリア・カレッジは全米でも有数の資産を持つリベラルアーツ・カレッジである。すべての学生は TA として、あるいは学科事務室、工房、ブーン・ターバン、食堂などで、週に 12 時間働いて、技術や克己心を養った。そして、それらの就労活動は教育活動としても評価された。年に一度、成績優秀な学生と就労優秀な学生は、別個に表彰された。生活費を必要とする学生には、週 24 時間就労のパートタイム学習も可能であった。

　ベリアの学生を知ることができたのは、大変貴重な経験であった。彼らの多くは人里離れた田舎の出身であり、バス停から自宅まではさらに奥地まで歩かなければならない者もいた。我々がベリアにいた頃は、ハイウェイの建設が進んでいた時であり、孤立した地域が解消されつつあった。これは、同時に、古いスコットランドの方言が消えて行く過程でもあった。

　カーネギー工科大学とイェール大学で学んだ私にとっては、教員が二人しかいない物理学科は大きな環境の変化であった。これらの大学では、教員が多数で高度に専門化しており、最新の実験装置が学生にも教員にも利用可能で工作室も充実していた。これに対して、ベリアの物理学科の工作室は小さな部屋で、ドリルや研磨機もあったが、ほとんどは簡単な工具であった。私は工作室で、多くの時間を過ごした。まずは、工具の数を増やして、近所の発電所に貸し出されていた旋盤を取り戻した。旋盤はかなり傷んでいて、ドリルがきちんと下まで降りなかった。それで、私はやすりや研磨剤を用いて修復した。この旋盤は、実験に必要な部品を作るに役に立った。

　私の同僚のワリー・ノル教授は、ベリアに就職後にアイオワ州立大学で博士号を修得していた。ワリーからは、物理の教え方だけではなく、気難しい人との付き合い方、常識的な問題解決の方法などを習った。ワリーは平和主義者であったが、反平和主義者の主張にも理解を示し、一緒に活動することができた。この時には理解していなかったが、ベリアでの経験は、後に ICU で物理学科を立ち上げる際に大きく役に立った。

ベリアに来て二年後、他の4名の教員とともに、大学教育の大切さを訴えるために地方を回ったことがある。教員の一人は音楽科所属のバイオリニストであり、訪問先で、彼の演奏は人々を魅了した。他の教員たちはベリアでは経済的負担なしに学業が可能なことや、卒業生たちがいかに活躍しているかを訴えた。もちろん、入学選考は厳密で、学力の他、将来故郷のために働きたいという意欲も評価していることを伝えた。

ハッチンス学長がこの「教育アウトリーチ」に私を任命したのは、物理の演示実験を行わせるためである。私は、以前、核融合を説明するのに、電磁石のスイッチを切ると大きな積荷が崩れ落ちる仕掛けを講堂に作って、学生を驚かせたことがあった。山間部への訪問は楽しい経験で、私の演示実験もうまくいった。しかしながら、それがどれほど当初の目的を果しただろうかと考えていたが、ある時、大学で私の演示実験を覚えていてくれた学生に出会った。少なくとも、一人の学生に効果はあったのである。

ベリアで学んだ多くのことのうちの一つは、専攻外の学生のための「一般教育」である。伝統的なリベラルアーツ・カレッジで教えられてきた「リベラルアーツ」はもちろん、同様の目的を持っていたが大衆向けではなかった。ハーバードでは、ジェームズ・B・コナントが *General Education in a Free Society* を著し、第二次世界大戦後の大学の大衆化に伴い、人間性の理解と科学技術の限界についての理解が大学教育の基盤であるとして、「一般教育運動」を始めていた。

ワリーはベリアにおける自然科学の一般教育に熱心で、サバティカルをハーバードで過ごしたりした。私は彼から初めて一般教育について教えられ、歴史的展開に沿って自然科学を教えるという方法を学んだ。後に、私たちがベリアでの任期を終える頃、シカゴ大学で開催されるカーネギー財団「一般教育講習会」に応募するよう勧めてくれたのも彼であった。うれしいことに、この申請が認められたので、我々は1953年夏、ベリアを離れ、それから1年間、シカゴに滞在することになった。その間に ICU での雇用が実現し、1954年の夏には、日本に向けて出航することが決まった。

1953年の夏、我々はシカゴまで車で行き、大学近くのアパートに落ち着

いた。アパートはバーンズさんからの又貸しで、3階まで階段を上らなければならなかった。その夏のシカゴはとても暑かったので、階段を上るたびに汗が出た。また、午後の暑さに耐えられず、ミシガン湖まで行って、水遊びをしたりした。アーディスは3番目の子供を妊娠していたので、とても暑さが堪えた。

　別に頼んでいたトラックが、引越しの荷物をベリアからシカゴまで運んでくれたのだが、運転手はトラベラーズ・チェックを拒否して、現金を要求した。それで、シカゴ大学の会計に駆け込んだところ、事務所はすでに閉まっていたにもかかわらず、チェックを現金化してくれた。これは大学関係者間の信頼関係を示すものであって、それからの1年にとってはよい兆候であった。

　アーディスは9月半ばに出産予定であったが、ベリアの医師は、8月始めにシカゴまで移動することは問題ないと言った。シカゴでは第一長老派教会で知り合いになったトリプル夫妻が親切にしてくれ、アーディスが出産の際にはドニーとキャロルの世話をしてくれた。それから、アーディスの母イレーン・バクスターがシカゴに来てくれた。

　1953年9月14日、3番目の子供アン・エリザベス・ワースが誕生した。アンは赤毛であった。私たちは成長するにつれてその色が消えると思っていたが、実際は、大人になるまで残った。彼女を連れて帰ると、ドニーとキャロルが喜んだ。それから、アーディスの父アーチ・バクスターもやって来た。

　その年は、二度、家族旅行をした。最初の旅は11月で、D.C.へ行き、子供たちを両親に会わせることと妹のジャネットの結婚式に出ることが目的であった。結婚式は、私たちと同じ第四長老派教会で行われ、ドニーとキャロルも手伝いをした。シカゴに戻ったときには粉雪が舞っていた。それから、12月の半ばに、ネブラスカへ行き、クリスマスをバクスター家で祝った。1954年の1月からシカゴ大学でクラスを受け持つことになっていたので、私は先に戻った。

　シカゴ大学で教えることは楽しく為になった。同じくカーネギーのプログラムでオキシデンタル・カレッジから来ていたジョン・ハイメーカーと私は、通常の学部授業を担当しディスカッション・クラスも受け持った。ディスカッ

ション・クラスには、12名から15名の学生が参加し、教員はあくまで補助的な役割を果たした。ディスカッション・クラスをどのように主宰したらよいかについては、ロバート・オッペンハイマーの弟子であった理論物理学者のレオ・ネデルスキーが講習会を開いた。当時、初年次生に与えられていたテキストの著者は、ニュートン、ドルトン、ラヴォワジエ、ボイル、シャル ル、ゲーリュサック、アボガドロなどであった。学生たちはテキストを注意深く読んで、概念や一般化、方法論や実験データの妥当性を判断することになっていた。私は新入生たちの洗練された議論に驚いた。それで、学生を教えるということは、単なる情報伝達ではなく、産婆役として教師の力量が問われていることであることが分かった。ジョンも私も、シカゴ大学における一般教育の深さを知ることになったのである。

当時、シカゴ大学は、学部最初の2年間と最後の2年間を分けていた。後半は専門化し、理論重視で研究志向の強いもので、「プロフェッショナル・プログラム」と呼ばれていた。そして、最初の2年間の一般教育は、専門を学ぶために必要な基礎を与えるとされていたのである。私はICUでも参考になるような教育経験を与えてくれたカーネギー財団に感謝している。

シカゴ大学は、近隣に神学校をいくつも抱えており、「連合神学大学 (The Federated Theological Faculty)」と呼ばれていた。私は、ジェームズ・ニコールズ教授やジョゼフ・キタガワ教授の講義を聴講することができた。彼らの講義は私の思考法をアジアで適応させるために大変役に立った。残念だったのは、その年のテーマが日本ではなくて、中国であったことである。それから、シカゴ大学物理学科の授業にも出席した。エンリコ・フェルミ教授は原子の波動力学を教えており、ゲルーマン教授は素粒子論を教えていた。一流の学者の講義もシカゴでの収穫であった。

シカゴで最後の3カ月間は、ニューヨークにある長老派の事務所と東京女子大学の渡辺正雄助教授とのやり取りに費やされた。渡辺助教授は春からICUで General Physics を教えており、秋からは私が引き継ぐことになっていた。長老派の事務所とは、旅程や引越し荷物の運送方法について打ち合わせをし、渡辺助教授にはどのような実験器具があるのかを問い合わせた。

家族5人とノーマ・バクスターの6人で、シカゴからD.C.までは車で戻った。それから、ニュージャージーではゲーンセイ家に寄り、ニューヨークでは長老派海外宣教団に挨拶にいった。シカゴに戻った後は、列車でネブラスカに行き、アーディスの家族に会った後、コロラド州にニールとアン・バクスターを訪ねた。ワイオミング州チェイニーからサンフランシスコまでは列車で移動した。

サンフランシスコではチャイナ・タウン近くのホテルに宿泊し、中華料理を食べた。また、市販の薬もたくさん買った。サンフランシスコの長老派事務所を訪ねて、シカゴとネブラスカからの荷物が到着しているか確認したりした。これが太平洋航路、初体験であったが、その後も荷物の輸送には、労力と時間を使った。港では、何とニュー・ヘイブン時代の仲間や長老派事務所の人たちも見送りに来てくれた。ウィルソン大統領号はゴールデン・ゲート・ブリッジを潜り、太平洋へと進んだ。西からの風が強く、船がひどく揺れたので、我々はこの先どうなることかと案じたものである。

船がロング・ビーチに停泊した際は、別の友人たちに会うことができた。アーディスのおじエドワード・ローは、我々をLAの自宅に招き、一晩泊めてくれた。ロング・ビーチから再度出航する時には、バンドの演奏や見送りの紙テープが華やかだった。そして、カーネギー工科大学時代の友人も来てくれた。何と、感動的な見送りだろうか。

ハワイまでは5日かかった。ホノルルでは、YWCAの海の家で着替えて、ビーチに出かけた。ホノルルでは驚いたことに友人の友人が現れ、レイをかけてくれた上に、車で案内してくれた。海に浮かぶレイと流れる音楽を残してハワイを出航した。

ハワイ

第9章　初期のICU

　横浜到着は印象深い。それは、期待が大きかったせいかも知れないし、朝方だったからかも知れないし、ハワイと対照的だったからかも知れない。横浜港に着くとウィルソン大統領号には、日本の役人が乗り込んで来て、入国審査を始めた。荷物は廊下に出すように指示され、審査の最中に港に運ばれた。その後、迎えの人々の乗船が許され、湯浅八郎学長とトロイヤー夫人がやって来た。彼らは横浜まで、三鷹から車二台で迎えに来てくれたのだ。税関処理に詳しい服部さんもICUからやって来て、我々の荷物を処理してくれた。ICUまでの車窓はすべてが物珍しかった。ICUの南では東京天文台をちらっと見た。それから、いくつかお店が並んでいるのを見た後、滑走路から正面に出来たばかりのICU教会と対面した。

　我々は、イースト・グローブに落ち着いた。イースト・グローブは木工所を改築したもので、両隣はトンプソン夫妻とミュンスターバーグ夫妻だった。その他には、ケント州立大学から短期で来ていたウェンガー夫妻や次の年にはマカレスター・カレッジに戻る予定のブライアン・ジョーンズ夫妻、そして、ムーア夫妻がいた。イースト・グローブの住人たちは、皆、気のいい人たちで、我々がICUに慣れるまで面倒を見てくれた。ミネアポリスの教会から寄付された学長宅に住む湯浅夫妻も個人的にさまざまな支援をしてくれた。

　ICUのキャンパスは大きかったが、イースト・グローブと本館までの距離はせいぜい150m程度であった。私は昼食のためにアパートまで戻ることができたし、図書館や事務所や売店はすべて本館の中にあった。この便利さは本館が教室だけになってしまった後年には失われたものである。本館は戦争中、中島飛行機の事務所であった。私が聞いたところによると、1949年にICUが取得した時点では、本館には階段が付いておらず、梯子で登り降りしたとのことである。1954年の時点では、すでに東西と中央には階段があった。

本館は3階までで、4階の屋根裏部屋は講演会や集会に用いられ、後に LL 教室や教育学科の事務室になった。4階の北側は臨時の食堂であった。

　自然科学科の事務所、実験室、講義室は、すべて本館1階の西側に位置しており、2階の図書館の真下であった。床は剥き出しのコンクリートであったので、掃除が難しい上、ほこりも溜まった。物理学教室は二つの事務所と一つの実験室が与えられ、20人収容の小さな教室と90人収容の講義室を共有していた。講義室は一般教育や専門基礎に使われた他、4年生の「総合科学演習」で用いた。別に一部屋空いていたので、私は実験装置を作るための工作室にした。

　どのような物理科目を提供するかは緊急の課題だった。1954年の夏、私が赴任した際には、まだ2年生までしかいなかった。渡辺助教授は、1953年から、非常勤で自然科学の一般教育を教えていた。1954年の春からは2年生向けの物理も教えていた。ところが、その両方の科目とも、9月に行われる前期の残り4週間は、私の担当となった。当然、私の講義はすべてが英語であり、学生たちはどのようにして、そのような変則性に適応できたのだろうかと思う。

　このようなエピソードは、ICU のバイリンガリズムが、いかにユニークで野心的なものであったかを示すものであると思う。日本人の学生には、英語を用いて、学び、働き、そして旅することが求められた。ノン・ジャパニーズの学生には、日本語で学ぶことが求められ、学内外の日本人との接触が期待された。バイリンガリズムと国際性は裏腹の関係にある。ノン・ジャパニーズの学生の中で最も印象的なのは、ユナイテッド・ボードの奨学金で ICU にやって来た香港からの留学生たちである。ICU は1953年から、毎年5名、香港からの留学生を新入生として受け入れてきた。彼らは英語力が十分で、日本語の学習に集中した。その結果、彼らは広東語、英語に加えて日本語もでき、場合によっては北京語もできたので、仕事をする上で貴重な財産となった。これらの留学生のために開始された ICU の日本語教育は、日本語学科にまで発展し、言語学研究も行われるようになった。特に、1年間滞在する交換留学生のための日本語教育は彼らの日本滞在をより一層有益なものとした。

一般物理の教科書として、アメリカのテキストを古書でシカゴから輸入することにした。テキスト自体は安いのだが、輸送費を加えると日本のテキストの2倍から3倍の値段となった。アメリカのテキストは、分厚く、記述が詳細であるが、日本のテキストほど数学を用いていない。しかしながら、ICUの学生はテキストに見られる教育思想の違いをも楽しんでいるようだった。数年後、日本の出版社がライセンス契約でアジア版を出すようになって、価格は手ごろになった。これによって、テキストの種類も豊富になり、日本の他の大学でもアメリカのテキストを採用するようになった。出版業界における競争は激しく、アジア版の印刷場所も、後に、韓国、シンガポール、インドへと移って行った。

　NS（自然科学）専攻でない学生のための一般教育のテキストを英語でどう準備するかは問題であった。もともと需要自体が少ない。それで、私はシカゴ大学で行われていた原典購読方式を採用することにした。1学期に5つのトピックを選び、それらに関連した文献を謄写版で印刷し、売店で販売した。取り上げたのはアリストテレス、アリスタルコス、プトレマイオス、コペルニクス、ガリレオ、ケプラー、ニュートン、フック、ライプニッツなどであった。そして、天体と地球の構造に関する理解の進展を追った。ニュートンのプリンキピアは事実と推察から得られた太陽系について壮大な理論である。講義を通じて、私は物理学がプロセスであることを訴えた。その試みは野心的過ぎたかも知れないが、後に卒業生たちは、科学の方法を吟味するよい機会であったと褒めてくれた。自然科学の一般教育は、このように時間と労力のかかるものであったが、何とか切り抜けることができた。後にはもっと体裁のよいテキストが市販されるようになった。

　1954年の4月から新学期は始まっていたので、6月に赴任した際の課題は2年次以降の物理学科のカリキュラムを完成させることであった。それで、参考にするため、化学科の平野四郎教授の紹介で、東京大学と立教大学を訪問した。どちらも親切に対応してくれ、学部教育のカリキュラムに対する私の質問にすべて答えてくれた。さらに参考にしたのは、前年度に滞在したシカゴ大学物理学科である。日本とアメリカの双方を参考にすることは、日本

の実情に合わせながら、国際的に活躍できる人材を育てるために必要であった。その後、物理学科の卒業生たちは国内外の大学院・企業で活躍することによって、専門性とリベラルアーツが両立することを示してくれた。しかしながら、当初、リベラルアーツに対する偏見は根強いものであった。

物理学は観測の学問で、概念や理論は、実験によって補正される。したがって、物理学のトレーニングは実験のトレーニングでもあり、実験設備や演示実験が不可欠である。物理学科における初期の課題はテキストの確保と同時に、設備を充実させることであり、意義のある一般教育を行うことであった。予算の許す範囲で、ある程度は島津などから実験器具を買うことができたが、一般教育の演示実験までは予算がなかった。それで、工作機械を使って多くは自作となった（この時、購入した電動やすりは、その後、20年間、使うことができた）。幸運にも、大学が教室管理のために、大工さんを一人雇ってくれたので、物理学科の手伝いもしてもらった。工作室で物理学科の学生が、自ら実験装置を製作することはよい教育になった。そのせいか、後に多くの卒業生が、他大学の大学院に進学後、手際よく実験準備をすることができたと報告してくれた。

新設の大学の多くはそうだが、ICUも設立当初から教員と事務職員の協同作業が重要であると考えられていた。ICUの場合は、特に、教育目標が斬新であったことと、多様な教職員が存在していたために、より多くの協同が求められた。教員は、月に2回、水曜日の午後、しばしば長時間の教授会に加えて、月に一度、学科会議を行った。その他に、学長、教育担当副学長、財務担当副学長、教養学部長、大学院部長、学生部長、図書館長をメンバーとする運営委員会が月に一度開かれ、役員会もしばしば開かれた。

文化や教育的背景の違いは可能性と同時に軋轢を生み出す。後に、教授会に出席していたある客員教授が、バイリンガルとは言いながら、教授会は、事実上、二つの会議が同時に行われているようなものだと述べていた。一つの会議では、率直な議論が進められ、最終的には多数決によって物事が決定される。もう一つの会議では、事前に少数の教員によって結論が定められており、後は根強い説得か無言の圧力を用いて、その結論が採択される。私は

新任の西洋人教員が、会議の途中で意義を唱えて、他の教員を驚かせた場面をいくつも知っている。日本人の教員によれば、どのような決定も一旦それが採択されると、既成の事実となってしまうのだった。だが、会議は計画や情報が共有され、意見交換がなされる場ではあった。大学規則から、年間スケジュール、時間割、授業時間まであらゆることが議論された。教員全員が教授会に出席することは日本の大学の特徴であり、合意形成、教員研修の観点から大きな意味を持っていた。

1955年の4月からは、新しい年間スケジュールが実施されることになった。秋学期に海外からの留学生を迎えるためには、二学期制とは決別する必要があった。日本の大学では通常、2月と3月に入学試験を行い、前期は4月から始まる。そして、夏休みを取った後、9月に前期の続きと期末試験を行う。そして、秋休みの後、後期が始まり2月まで続く。そこで、ICUは4月に始まる三学期制を採用した。春学期は4月から6月まで、秋学期は9月から12月まで、そして、冬学期は1月から3月までである。入学試験は2月に行われ、卒業式は3月の終わりに行われた。一学期16週間の二学期制から一学期12週間の三学期制への移行に伴い、授業時間は50分から70分に増やした。

教員の中には、三学期制に疑問を呈する人もいたが、実際、利点の方が大きかった。それは、教員にとっても学生にとっても、夏季に海外へ出ることが容易になったからである。もちろん、海外からの留学生受け入れにも役立った。後に三学期制は日本人の学生が交換留学生となることを容易にし、交換留学をICUの目玉とするに至った。

1955年の改革は、3年生・4年生の存在を念頭に置いたものであった。高年次生に対応するためには、教員の数を増やす必要があったのと、卒業研究も開始しなければならなかった。国際性があって、多様性に理解がある教員を探すには時間と注意が必要であった。それで、非常勤講師に依存した。実際、日本の大学では非常勤講師の活用が極めて盛んである。非常勤講師は、時には、本務校でICU生を卒業研究に受け入れてくれる場合もあり、大学院進学や就職に際して推薦状を書いてくれた。さらに、大学にとっては人件費を浮かすことができる。ただし、ICUが、専門の講義だけではなく、教養科目や学生

の人格形成にも関心のある常勤教員を求めていたことは言うまでもない。

　非常勤講師が、あまりに優れているので、常勤になるようお願いしたこともある。原島鮮教授は、東京工業大学の物理学科所属で、研究者として名高い方であり、最初、4年生の物性論を非常勤で担当していただいた。原島教授は三代目のクリスチャンであり、バイリンガルでもあって、様々な場面で私を支援してくれた。それで、2年後、篠遠喜人学科長の尽力で、原島教授には、威信のある東工大からICUへ移籍することを了承していただいた。東工大では多くの反対があったと聞いている。それに対して、原島教授は「これは召命です」と答えたらしい。

　ICUは、当初から卒業論文を課していた。物理学科では、理論についてのレポートを書くか、実験を行ってデータを取得するかのいずれかであった。正直なことを言えば、最初、物理で卒業論文を書くことは学生の力量を超えているのではないかと、私は考えていた。しかし、学生たちはすばらしかった。実験物理に関して言えば、学生は無から装置を作り上げたし、専門性が高度な場合は他大学の協力を得ることもできた。

　渡辺昭雄君は、建築士を目指しており、音響学を卒業研究に選んだ。何人かの建築士に当たったところ、小林理学研究所（リオン）を紹介された。研究所の職員は、渡辺君に音響測定には二種類あって、建物内で空気銃の音を直接測定する方法と、異なる周波数の信号を流して反射や吸収を加えた音の分布を測定する方法があると教えてくれた。我々は能舞台で音響測定を行い、テープレコーダーに録音した結果を研究所で解析してもらった。彼は、後に建築士になった。

　1956年は、卒業研究指導に忙しかったと同時に、翌年3月に行われる初の卒業式の準備が大変だった。もちろん、式次第やゲストのことも気になったが、4年生の就職状況や大学院進学状況が大きな関心事であった。特に、リベラルアーツは日本では知られていなかったので、その成果は、卒業生に示してもらう他はなかった。就職課と学長、教員、理事の努力により、卒業生の進路は目覚しいものであった。1期生たちの活躍は後に続く学生たちにも励みになった。ICUの卒業生はリベラルアーツに対する偏見・学閥と戦った

のである。すべては彼らの努力と能力の賜物である。ICU の卒業生は、当初、一般的には、疑いの目で見られたものだが、次第に賞讃を得るようになり、企業からも大学院からも引く手あまたとなった。1957年は入学志願者が激増した。これは、以前、ICU への入学をためらっていた優秀な学生たちも受験するようになったことを意味する。数年後には、他に入試会場を求めなければならないほどであった。

　1949年に ICU が構想された段階では、戦前からあるキリスト教主義大学の大学院となる予定であった。しかしながら、これらの大学は独自に大学院を持つことを希望し、文部省の規定では大学院は学部がある場合にのみ設置可能であるとされていた。したがって、ジョンズ・ポプキンスのように大学院から始めることはできず、リベラルアーツ・カレッジとしてまずは出発し、可能ならば、後に大学院を設置することにした。大学院については教育学研究科を考えていた。それは、キリスト教教育の基盤として、教員養成が大切であったことと、戦前はキリスト教主義大学から帝国大学大学院への進学が難しかったことによる。

　1956年、日高第四郎教授は、翌年の大学院開設を目指して文部省との交渉を開始した。幸いにして、日高教授は文部次官として華麗な経歴を持っており、どのようにして設置認可を得るかを心得ていた。多くの書類が作成され、視学官の訪問は1957年始めに行われた。そして、いくつかの改善点を残して、4月からの教育学研究科設置が認可され、大学院生受け入れが可能となった。主な改善点は、既存の4つの学科に教育学科を加え、その上に教育学研究科を設けることである。その際、ICU は本来、リベラルアーツの基盤が共通で、専門を開始するのは3年次からであることを主張したが、教育学科は別個に新入生を受け入れるように指導された。しかしながら、ICU における学科の壁は低いので、教育学科の学生が、一般教育や他学科履修をすることに支障はなかった。

　1957年春、教育学研究科の最初の入学式が行われた。学生も教員も少なかったが、大きな一歩であった。その後、大学院は博士課程にまで拡張され、大学教員も生み出した。私は大学院では、「AV 機器の原理」を教えた。それは、光

学機器や音響機器の物理的な仕組みを解説するものであった。大学院生や大学院教員たちとの接触を通じて、日本の教育の現状について知ることができた。

ICUは、レジデンシャル・キャンパスを理想としていた。1949年に敷地が確保されて、遠藤夫妻と細木夫妻がキャンパスに居住した。細木夫妻宅のそばには、中島飛行機が戦前に移築したカヤ葺の泰山荘があった。細木盛枝氏は1923年の関東大震災後の東京復興に貢献した人物であり、ICUの最初の施設課長であって、どのような問題も解決してくれた。遠藤左門氏は本館1階の売店の主人であった。

本館は1953年にオープンした。三鷹と武蔵境からキャンパスまでは小田急バスが営業しており、学生、教職員は通学していた。すなわち、我々が赴任した1954年時点でも、ICUはまだレジデンシャルではなかったのである。既に完成していた建物と言えば、教会堂（アイオワの教会からの寄贈）、学長宿舎（ミネアポリスの教会からの寄贈）、そして、外国人教員4家族のための住宅、そして、泰山荘ぐらいであった。食堂と第一男子寮、第一女子寮、メープル・グローブ、そして、日本人教員のための住宅が建設中であった。1958年までにこれらの建物は完成した。

初期の外国人教員のほとんどは数年で退職し、新しい人々がやって来た。1956年の秋に赴任したのは、キダー夫妻とグリーソン夫妻、そして、ギブス夫妻である。我々はイースト・グローブに1年間居住し、その後は、イリノイ大学に戻ったリンドストローム家の住宅に移った。その年の11月には、4番目の子供デイビッド・スタンレー・ワースが荻窪の衛生病院で生まれた。それから、ゴーシェン・カレッジに戻ったクレイダー家の住宅に引越し、1958年の夏まで住んでいた。

1958年の夏からは、サバティカル・リーブを取り、アメリカの教会や大学を訪問して、ICUが2期の卒業生を送り出したこと、教育学研究科を開設したことなどを報告した。今回は、氷川丸で帰国し、バンクーバー、シアトルを経由して、ネブラスカとD.C.を訪ねた。リーブの最中はNSF（National Science Foundation）の研究費を受給し、バーシニア大学で原子核物理研究を行った。

第10章　バージニア大学

　航海は常に楽しいものだが、今回は日本の船であること、そして、子供が一人増えたことが大きな違いであった。氷川丸は食事が良く、娯楽や託児所も完備していた。私は2歳半のデイビッドを何度も、機関室に連れて行って、エンジンのすばらしさを見せた。宣教師の家族、バンウィック家、ガーマニー家、キッチン家、マッカモン家とは以前からの知り合いであった。三谷一等航海士とはよく一緒に夕食を取ったが、教養があって、楽しい紳士であった。

　船の進行状況は地図上に示され、時計を1時間遅らせるようにという指示が定期的にあった。このようにゆっくり「時差ボケ」を解消できるのは船旅の魅力である。ハワイに近づくと、日付変更線を超えるので、同じ日が二度続く。それで、マッカモン家のジュリーは二度、誕生日を祝ってもらった。

　ホノルルには、1日滞在して4年前との違いを楽しんだ。ここで気がついたのは、東京と違って、我々の会話はすべて周りの人間に理解されているということである。それはまるで、プライバシーがなくなったかのようであった。しかしながら、アメリカと同じ食事ができることは喜びであった。ホノルルを出航する時には、常に感傷的になる。それは、温暖な気候で人種対立もなく、陽気に暮らす人々との別れを意味するからである。

　バンクーバーでは、他の宣教師家族とともに、港の教会に出席した。教会員の人々は、突然、5家族、16人の子供に驚いたようであった。出航して、混雑したバンクーバー港をデッキから眺めていると、何と氷川丸は、材木運搬船と衝突した。運搬船の船首が氷川丸の右に突っ込み、船は揺れた。幸いなことに、破損は船の上部に限られた。30分後、通常の運行を再開し、水路をシアトルに向かって南に進んだ。この時は、常に海岸沿いを航行していることが救いであった。

　シアトルからは列車でネブラスカに行き、アーディスの両親に会った。そ

れから、シカゴではJ・ギブソン・ワイナンズ教授夫妻に会った。ワイナンズ教授は、ウィスコンシン大学マディソン校の物理学科の教授であり、1年間、台湾でフルブライト・スカラーとして過ごしてきたばかりで、これから1年間、ICU に客員教授として赴任する予定であった。そして、当時、ICU がワース家のために建築していた住宅に入居することになっていた。それで、我々は物理や住宅のことについていろいろ話した。ちなみに、私が1963年にマディソンでリーブを過ごした際には、ワイナンズ家に住んだ。

我々が日本を離れる際、ICU と ICU 財団は相談して、ワース家に新車を1年間、貸与することにした。そうすれば、状態の良い車を関税をかけずに日本に持ち込むことができたからである。それで、私はニューヨークで、シボレーのステーション・ワゴンを受け取ることになっていた。この時、父は飛行機でニューヨークまで来てくれ、保険や権利書などの書類手続きをしてくれた。それから、ハドソン川を越えて、新車で D.C. まで戻った。新車を運転するのはとても楽しかった。車はとても調子が良く、金色の外装は注目を集めた。1958年の時点では、車の盗難などもなく、次の年には、きちんと車を ICU に返還することができた。

シャーロッツビルでは、キャンパスに近いところに家を借りた。柵に囲まれた庭や駐車スペースもあった。この家はアメリカ文学を教えているブロトナー教授がリーブの最中、借りることができたものである。この家には古いテレビがあったので、子供たちは初めてテレビを見た。しかし、しばらくすると、彼らは友達と遊んだり、学校行事に参加することの方を好んだ。

物理学教室は、ブロトナー家から2マイルほど離れたところにあった。NSF からの研究費は ICU からもらう通常の給料の半分と合わせると、生活するには十分であった。そのため、後のリーブのように、非常勤講師を務める必要もなかった。物理学教室では実験物理学者のフランク・ヘアフォード教授とデクスター・ホワイトヘッド教授に会った。デクスター教授が私のアドバイザーであった。

バージニア大学には、物理実験棟の地下に GE から寄贈されたシンクロトロンがあった。これは、GE に勤めている卒業生がいらなくなったシンクロ

トロンを母校に持ち込んだものである。このシンクロトロンは、最大70メガボルトの荷電粒子を放出することができ、その荷電粒子がターゲットに置かれた金属によって止められると制動放射を起こして、陽子や中性子を発生する。この装置は厳重にコンクリートで防御され、稼動している時には一帯は立ち入り禁止であった。そして、すべての作業は遠隔操作でコントロール・ルームから行われた。私の研究テーマは原子核から放出される光子－陽子の測定であった。アルミニウムから放出される光子－陽子については1959年5月にバージニア大学で開かれたシンポジウムで発表した。

　もちろん、放射には様々なものが混在しており、陽子の検出は容易ではなかった。幸い、薄いセシウムヨウドの結晶膜をライト・パイプに接続し、制動放射が起きると光電子増倍管が電気信号を発生させるようにして、光子－陽子を検出することができた。結晶膜の厚さを知るためには別の実験が必要で、修士の学生ゲレン・ヘイスト君が取り組んで、学会誌に発表した。研究活動の他には、大学院の講義やセミナーに出席した。それらは、最新の物理理論を与えてくれ、次の年、日本へ戻った際には田無市にある東大の原子核研究所で実験を始めることができた。

　バージニア大学でのもう一つの出来事は、トマス・ジェファーソンが創設した伝統的な記念講演会で、ICUについて話をすることができたことである。何人もの物理学科の教員が聴きに来てくれ、私たちと同じ教会に通っている著名な数学者のマクシェーン教授も聴きに来てくれた。講演後、ICUではどの程度、キリスト教精神が実現できているのかという質問が出た際、マクシェーン教授は、日本ではまだクリスチャンの割合が1％以下にしか過ぎないじゃないかといって私を弁護してくれた。

　シャーロッツビルでは、ウェストミンスター長老派教会に通った。1970年代に北長老派と南長老派が和解するまで、ウェストミンスターは南長老派であり、ジャン・オーウェンというすばらしい牧師がいた。オースティンの神学校を卒業したオーウェン牧師は、力強く、勇敢であった。それは、説教が明快であったというだけではなく、市民権運動の指導者でもあったからである。私たちは彼と妻のジュディを尊敬していた。私はクワイアに参加した。

オーウェン牧師の提案で、シャーロッツビルの牧師会でも ICU について話をした。そして、ICU が民族の和解の場であろうしていることに賛同を得た。シャーロッツビルが教育における人種統合に悩んでいた時期、ウェストミンスターのような教会に所属できたことは幸福であった。

　ドニーとキャロル、アンの教育をどうするかは問題であった。ディビッドは3歳であったので自宅にいて、アンは、ウェストミンスターに開設されたばかりの幼稚園に行った。ドニーとキャロルについては、アメリカン・スクール（ASIJ）から成績証明書を持ってきていたので、著名なベナブル小学校に入ることができたのだが、6カ月間、小学校は閉鎖されたままであった。それは、シャーロッツビルの学校は人種統合を行うべきであるという裁判所の判断にアーモンド知事が反対して、すべての学校を閉鎖したからである。

　近隣の父母たちは自分たちの自宅を開放して、「自主学級」を始めた。私はドニーのために、一つ机を買ったことを憶えている。ベナブル小学校の教師たちはそのまま給料を支給されていたので、自発的に「自主学級」で教え始めた。カフェテリアや運動場は閉鎖されたものの、専門家の授業が受けられることに、父母たちはほっとした。私たちはドニーとアンを6カ月間、このような学校に車で送り迎えした。

　1959年2月、バージニア州の最高裁判所は、学校閉鎖は教育を受ける権利の侵害であるという父母たちの訴えを認め、連邦裁判所も人種統合を妨げるための学校閉鎖は憲法違反であるという判断を下した。この二つの判決で学校閉鎖や黒人の子供の受け入れ拒否は不可能となった。

　PTA では、その後の対応をどうするか話し合った。父親が前バージニア州知事であるという弁護士は、ベナブル小学校を辞めて、私立学校に転校しないようにしようと提案した。そうでないと、ベナブルが黒人だらけになると言うのである。オーウェン牧師は「間違った理由から正しい結論を出す者もいるものだ」と述べた。いずれにせよ、この弁護士の倒錯した議論のおかげか、父母たちは子供たちを私立学校には転校させなかった。ようやく、ドニーとキャロルは5月までベナブル小学校に通った。その年の秋からはシャーロッツビル高校も人種統合された。

5月になると、家族はネブラスカのアーディスの両親の所に滞在した。私はミネアポリスに、かつての隣人エレン・カールソンを訪ねた。すでに、夫のクヌート・カールソンは他界しており、エレンは老人ホームに入所していた。私はアーディスや子供たちの写真を見せて、楽しい時を過ごした。

　ネブラスカでは、アーディスの弟ニール・バクスターと妻のアンにも会った。それから、コロラド、アリゾナを経て、カリフォルニア州クレアモントにレイ・バーバー教授夫妻を訪ねた。彼らはフルブライトでICUにいたことがある。ちなみに、ICUの校歌を作詞、作曲したのは彼らである。その時は、レイが癌の治療をしているとは知らなかった。

　LAでは、アーディスの親戚を訪ねた。サンノゼで泊まったモーテルの主人は、スイス人で、ICUのことをエミール・ブルンナーのいる大学として憶えていた。それから、サンフランシスコで、車をウィルソン大統領号に積んだ。前回と同じ船、ホノルル寄航、そして、横浜到着であった。今回は日本についての知識もあるので、余裕を持った船旅であった。

お茶の水

第11章　ICUの発展

　横浜では、グレン・ブルーナー財務担当副学長夫妻、原島鮮教授と息子さん、それから、二人の学生が出迎えてくれた。グレンは、昔、メソジストの宣教師として日本に滞在したことがあり、日本語が得意で、神戸のアメリカ領事館に勤めていたこともある。1958年、ICUは彼をハロルド・ハケットの後任に任命した。彼が入国審査や税関検査を手伝ってくれた。

　それから、ブルーナー夫妻の車でICUに戻った。途中、ワシントン・ハイツで昼食を取った。今回は5年前より、道路が整備されており、カタカナで書かれた看板の文字も読むことができた。キャンパスに戻ると、懐かしい風景とともに建築中の建物があった。それから、長老派がワース家のために建ててくれ、ワイナンズ夫妻が最初に住んだR住宅に入居した。到着の晩は、キャンパスにできたばかりの原島宅で、台湾の東海大学の学部長、西本三十二教授夫妻と夕食を取った。我々が、初めて西本教授に会ったのは、1953年のシカゴ大学である。

　R住宅は2階建てで、南向きの斜面に建っており、田んぼや野川を望むことができた。当時は大気汚染もひどくはなく、西側からは富士山が見え、神々しい感じがした。実際、リーブの前に、私たちも、設計にも携わっており、その際には、鶴川にあるアルデン・マシューズの家を参考にして、他のICUの建物を手がけた大成建設に相談した。マシューズ邸に習って、我々の住宅も上階の北側を玄関にし、居間や食堂を南側にした。そして、南側はとても日当たりがよかった。階下には、浴室や寝室、洗濯機や対流装置を置いた。そのため、南側は太陽の日を受け、北側も対流装置で暖められた。

　R住宅の最初の住人であったギブソン・ワイナンズは、住宅建築に詳しく、我々が戻ってくるまでに、新居の欠陥を修繕してくれており、そのリストを残していた。ここには、1959年から1980年まで20年以上居住した。当時は、

太陽エネルギーに関心はなかったが、後にそれを研究テーマにするようになったのは、日光を有効活用した住宅に住んでいたからだと思う。

ICUに戻ると激務が待っていた。実験設備の充実、卒業研究指導、教員学生懇談会、国際交流委員会、留学生相談、海外からの視察対応、フルブライト委員会の選考委員、ASIJのPTA活動、理学館の設計、そして、原子核物理の研究などである。海外からの訪問者は、すべてがアーノルド・トインビーやティリッヒのような著名人ではないが、誠実な人々で、世界平和やキリスト教主義に深い関心を示してくれた。この時期、大学院には行政学研究科が付け加えられた。理学科は総合科学の大学院を構想した。

理学館の話は、1950年代の初めからあった。1960年代になって、計画はより現実的なものに変更された。もともとラルフ・ディッフェンドルファー博士の友人で、あるメソジストの教会員がICUに理学館のための資金を提供する予定であった、ところが、彼の財団は税務署と訴訟になり、判決が出るまでは引き出しが凍結された。理学館の建設費用は100万ドルで、彼の寄付は50万ドルであった。ニューヨークのICU財団に、裁判で勝てる見込みが付きそうだと連絡があったのは、1965年になってからであった。

1960年、初代湯浅八郎学長が次の年に退職したいという希望を表明した。理事会と教授会は学長選考委員会を設置し、次期学長の選定に当たった。私はそのメンバーの一人であった。1961年の春、帝国ホテルで選考委員会は何度も会合を開き、神田盾夫ICU教授、鵜飼信成東大教授、原島鮮ICU教授が候補となった。理事会は圧倒的に鵜飼教授を支持した。

最終的に、選考委員会は鵜飼教授を選出した。当時、鵜飼教授はハーバードで客員教授をしていたので、ジョージ・潔・東ヶ崎理事長がハーバードまで出向いた。鵜飼教授は東大との相談が必要であるということから、夏の帰国まで決定が延期され、正式に受諾したのは10月であった。10月30日に鵜飼教授はICUの第2代学長に就任し、湯浅学長は名誉学長となった。1961年、鵜飼学長の下、新執行部が発足した。エバレット・クレインジャンズ教授がモーリス・トロイヤー教育担当副学長を受け継いだ。

リーブから帰国して、私は原子核物理の研究を継続したかったので原島教

授に相談した。すると、原島教授は東大の原子核研究所の野中到教授を紹介してくれた。言葉が問題とならないよう、紹介状には、立教大学で修士を終えたばかりの今田仁助手が私に付いていると書いてあった。

　私と今田助手は、研究所で野中教授に面会した。野中教授は英語に堪能で、サイクロトロン研究チームのリーダーである真田順平教授を紹介してくれた。真田教授もまた英語が得意で、研究チームに入れてくれることを了承した。次の新しい研究が始まるまで、私と今田助手はオブザーバーとして、当時、進行中の研究に参加した。

　真田グループが取り組んでいたのは、57メガボルトのサイクロトロンを用いた陽子－重陽子の散乱である。次の実験では、陽子－陽子を扱う予定であった。原子核研究所での実験は2〜3週間連続という過密なものであった。照射に用いられるのは、陽子、重陽子、ヘリウム原子核などであった。一つのチームには10名のメンバーがおり、8時間ごとに交代で実験を行っていた。メンバーは国際的で韓国人やアメリカ人やフランス人もいた。真田教授のグループは雰囲気が良かった。我々は片言の英語や日本語で会話をしたが、何とか意思の疎通をすることはできた。学術用語は、英語がそのまま使われていたことも助けとなった。原子核研究所は、設備も立派で、食堂や寝室などの環境もよかった。私は武蔵境からバスで研究所まで通った。夜遅くなるときは車で行った。研究所では、国立大学と同様私立大学からも研究者を受け入れており、加速器のメンテナンスも良かった。

　後に、私と今田助手は真田グループの正式メンバーとして、数週間、データを取り続けたり、研究計画や装置の改良を話し合ったりした。研究所は立派な工作室を完備しており、ベテランの職員が適切なアドバイスをしてくれた。研究所での経験は、学問的にも個人的にも楽しいものであった。大学で昼間教えて、夜、研究所で実験をすることは大変であったが、このような経験は次のリーブで、同じようなことをするのに役立った。1963年のリーブでは、ウィスコンシン大学マディソン校で、半分研究、半分教育に当たることになった。その時点でワイナンズ教授は、ニューヨーク州立大学バッファロー校に移っており、自宅を私たちに貸してくれた。

ヒヨドリジョウゴ

第12章　ウィスコンシン大学マディソン校

　羽田とアンカレッジは対照的であった。羽田は密集した住宅地帯で、空港までの高速道路はまだ計画段階であった。それに対して、アンカレッジに着いた時は町がどこにあるのかと思ったくらいである。それから、予定していたアラスカ・メソジスト大学へ行った。キャンパスにムースがいることと、夜が2時間しかないことに驚いた。
　アンカレッジからは飛行機で、ジャヌーへ行き、エスキモーの病院で看護師をしているアーディスの妹ノーマに会った。ジャヌーでは氷河を見たり、マディソンでは19セントのハンバーガーが1ドル50セントであることに驚いたりした。アラスカの住人は本土のことを「下の48州 (lower forty-eight)」と呼んでいた。それから、シトカまでフェリーで行き、シェルドン・ジャクソン短期大学に滞在した。そこでは、日本にパルプを輸出している工場を見

学したり、ロシア正教会を訪ねたり、鮭漁を見学したりした。15歳のドニーは漁船に乗せてもらい、7キロの鮭を釣って私たちを驚かせた。

シアトルでは、ハラム・C・ショラックの父の紹介で、中古車を手に入れた。子供たちはシアトル万博の跡地を見学に行った。それから、西に向かって移動し、オレゴンでは梅干を売っていることに驚いた。どうやら、オンタリオの周辺には日系人が住んでいるらしい。それから、アイダホ、ワイオミングを経て、イエロー・ストーン公園に滞在した後、ネブラスカでニール・バクスターとアーチ・バクスターに会った。

それから、ウィスコンシン州マディソンのワイナンズ宅に落ち着いた。ワイナンズ宅は、メンドータ湖に面した美しい場所にあった。ワイナンズ夫妻は、特別な工事を除いて、すべて自分たちで家を建てたらしい。アンとディビッドはショアーウッド・ヒルズ小学校へ通い、キャロルは中学校、ドニーは高校へ通った。ワイナンズ家は以前からの住人であったが、その後、ショアーウッド・ヒルズは高級住宅街となったようで、病院で住所を告げると治療費が割り増しされた。

物理学科は4階建てで、隣に数学科と共同の図書館があった。教員の研究室、バン・デ・グラフ加速器や工作室などは地下にあった。私も地下に1室を与えられた。週に2度、私は演示実験を担当した。講義室の座席には傾斜が付き、可動式の黒板や、隣には実験準備室もあった。これは便利で、実験器具は準備室の棚からすぐに出すことができた。この配置は理学館を作る際の参考になった。

原子核研究に関しては、ウィリー・ハエベルリ教授の指導を受けた。教授はスイス出身の高名な学者であった。快活な人物で、私に適切なアドバイスをくれた。私の研究テーマは重水素における重陽子と陽子の相互作用であった。そのためには、光電子倍増管の設計が必要である。陽子と重陽子は同時計数法によって検出された。装置はうまくできたのだが、実験データは安定しておらず、論文にはならなかった。演示実験の他には、週2回の演習と週1回の実験も担当した。

1963年の感謝祭の直前、ケネディ大統領が暗殺された。私は授業の前に

立ち寄ったクリーニング店のラジオでその事実を知った。店員は驚き、嘆いた。私は一旦は授業を始めたが、すぐに休講にした。

　その日は、感謝祭を祝うために、家族でD.C.に出発することになっていた。そのまま、出発したが、メディアは慄いて、大統領暗殺のショックが別の事件を引き起こすかも知れないと報じていた。D.C.には、無事に到着したが、国全体が沈んでいた。我々は、悲しんで、葬儀の模様をテレビで観た。ドゴールらの列席者、衛兵たちの行進、大統領府での最後のお別れ、アーリントン墓地への埋葬などは、全国民を厳粛な気持ちにさせた。そして、それは93年前のリンカーン大統領暗殺の再現であるかのようであった。

　マディソンに戻っても沈うつな気持ちは続いていたが、仕事に戻る必要があった。マディソンにはまだ訪問していない教会があった。次の年の春はネブラスカの長老派の会合でもICUの話をした。オマハではダンディ長老派教会のエド・スティムソン牧師がICUに関心を持ってくれた。

　メンドータ湖は11月から4月まで凍っており、その上を自動車が通ることができた。マディソンは6月が一番美しい時期であったが、その頃には、日本に戻る予定であった。ミシガン、ペンシルバニア、コネチカット、D.C.、ケンタッキー、ネブラスカ、ワイオミング、ユタ、ネバダを経て、カリフォルニアに着いた。

　バークレーで、使っていた車を長老派の教会員で中古車販売に携わっているラップ氏に渡した。家族はクリーブランド大統領号でサンフランシスコ港から横浜に発ったが、私は理科教育の学会をICUで開催するために飛行機で羽田に向かった。

第13章　理学館完成

　ICU に到着すると、342号住宅へ戻って、理科教育学会の大会準備を始めた。原島教授の伝手で多くの参加者や講演者を確保することができ、大会は成功に終わった。大会は大阪でも開催した。この時、できたばかりの新幹線に乗ることができ、静岡付近では富士山を見ることができた。前年、ASIJ は中目黒から、ICU キャンパスの南西に移転していた。これは ICU 理事会の決断によるものであった。ICU 関係者の子供たちにとって、中目黒への通学から解放されることは大きな利便であった。

　リーブの最中、理学館の計画はかなり進んでいた。私の不在時、ロジャー・グリーソン教授は計画委員会の委員長を、1965年の夏、ルイズビル大学に転出するまで務めた。4学科からの代表と地学関係者は稲富昭建築設計事務所と相談をした。最終案は3階建てで、東側に生物科、西側に化学科、南側に物理学科、北側に数学科が講義室・研究室を持ち、220人収容の大講義室、コンピューター室、工作室、放射線実験室を備えていた。中心部には、エレベーター、NMR用実験室、トイレが計画された。三つのウイングには数多くの実験室も計画された。

　1965年9月までに、理学館の計画がほぼ整ったが、化学と生物の実験テーブルには頑丈なものが必要で、業者と相談の上、特別な塗料でコーティングしたテーブルを発注した。それぞれの学科は独自の要求を持ち出した。化学科は、他にドラフトや白煙対策、シャワーなども必要であると主張した。計画委員会はあまりにそれらの要求が細かいことに驚いたが、懸命に対処した。

　1965年12月、理学館の最終案が執行部と理事会に提出される直前、計画が中断されるような出来事が起こった。それは、1963年から続いている左翼学生の運動であった。彼らは大学コミュニティを破壊し、学生自治を確立しようとしていた。1963年5月には、本館前で授業料値上げ反対のハンガー・

ストライキが起き、1965年の春と秋には食堂値上げ反対運動と生協設立運動が起きて、12月には本館が占拠された。そのため、理学館の図面や計画案が本館から持ち出せなくなったのである。我々はこの場に及んで、計画自体が邪魔されるのではないかと恐れた。幸い占拠は長く続かず、クリスマスまでに、本館は利用できるようになった。しかしながら、この占拠は後の学園紛争の前触れでもあったのである。

　稲富建築士は何とか理学館が建築できるように、必要な備品の経費を調査し、優先順位を付けて、執行部・理事会にリストを提出してはどうかと提案した。この時点での予算はディッフェンドルファーの友人からの50万ドル、そして、ニューヨークのICU財団が集めた50万ドルであったが、計画は100万ドルを超えていた。しかしながら、理事会と執行部は理学館の建設を決意した。理学館建設の一部には文部省からの私立大学に対する特別補助も当てられた。それで、1965年12月27日、ICUは竹中工務店と理学館建設の契約を交わした。

　1966年1月8日に、理学館の起工式は行われた。関係者が出席し、ICU教会の牧師が感謝と工事の安全を願う礼拝を行った。その後、起工式の参加者をワース家に招いて、お茶を出した。我々はこの日を待ち望んでいた。

　この年の3月、私は台湾の東海大学で集中講義を行った。それは、前年度担当した原島教授が私を推薦してくれたからである。途中から、アーディスもやって来た。高振華教授は我々を日月潭に案内してくれた。高教授は、大学でも、宿舎でも、教会でも、大変親切にしてくれた。私の授業は1日4時間、5週間で、1学期の内容を終えるものであった。台湾人の学生は英語が得意で、熱心に聞いてくれた。

　台湾に来たアーディスはドニーがIBM奨学金を授与されたと教えてくれた。これはとても名誉なことだった。そして、ドニーはアマースト・カレッジに合格した。ドニーのASIJの卒業式には、アーディスの妹ノーマも来てくれた。ドニーがどうやってアメリカに行こうかと考えている時、ノルウェー人の同僚教員が自分たちと一緒にシベリア鉄道に乗らないかと誘ってくれた。それで、ドニーはヨーロッパ、ニューヨーク、D.C.、ネブラスカ、ケンタッ

キーを経て、アマーストに辿り着いた。

　3階建てで、西、東、南と三つのウイングがある理学館の建築を見守るのは楽しかった。まずは、高強度のコンクリートで格子が組まれた。そして、それらの格子が持ち上げられて三階の床、二階の床となった。それから、支柱やケーブルの取り付けが行われた。これらの作業は八つのジャッキと八本のケーブルで行われた。これらの作業は、少々驚きでもあった。ある見学者は「30トンの格子があんなに簡単に持ち上げられるのか」と述べていた。しかしながら、橋梁建設に定評のある竹中工務店にとっては普通のことであった。以後、36年間、理学館には構造上の欠陥や弱点は見つかっていないし、ケーブルも痛んではいない。

　1966年11月、理学館は完成した。それで、13年間利用した本館から引っ越すことになった。クリスマスの前後に引越しをする予定であったが、キャンパスでキャロリングをするグループが完成を感謝をするために理学館の吹き抜けを使わせて欲しいと言ってきた。これはすばらしい提案だった。参加した人々の歌声は、まさに「多様性のなかの協調」を象徴するものであった。それは理学科の統合だけではなく、ICUの国際性を示していた。

　引越しに際しては、運送業者の手も借りたが、多くの移動は学生と教員と職員が、トラックやカート、自転車で行った。2階や3階への引越しにはエレベーターが不可欠であった。エレベーターが設置されたのは理学館が最初で、本館に設置されたのは数年後であった。引越しを終えた感想は、まさに「疲労すれど幸福」というものであった。年が明けると、通常業務の再開が課題となった。もちろん、講義はすぐに開始しなければならなかった。しかしながら、負担感は「新しい出発」という意識で軽減された。新しい黒板というような小さな変化でも気持ちは高揚した。学術雑誌の閲覧室やコンピューター室ができたことも高揚感の一因であった。

　理学館の完成を喜んで間もなく1967年の初め、ICUは能研闘争に巻き込まれた。これは以前の学生紛争も同じであるが、他大学の左翼運動に触発されたものであった。能研闘争は2月に最も激しかった。何とか入試は実施できたものの、新入生は入学することができなかった。講義も実施できず、卒

業式も中止となった。

　多くの学生が登校しなくなったので、活動家たちは支援者を失い、運動も沈静化した。力を取り戻した教授会は、学生憲章に照らして、教育研究活動を妨害した活動家たちを処分するという学生生活委員会の決定を支持した。少数の活動家が退学処分となり、活動支援家たちについては、1学期から2学期間の停学処分となった。1966年5月10日から1967年4月10までの記録については、ICU史編纂委員会から「ICUにおける入試紛争」という報告書が出ている。5月から学内秩序が徐々に回復した。活動家が本館に入ろうとしたこともあったが、警備員に止められた。教授会は今後の授業について検討し、新入生、2・3年生、新規9月生、それぞれのために集中講義を行うこととした。

　この年、キャロルはASIJを卒業し、イリノイ州のレイク・フォーレスト・カレッジに奨学金を得て入学することが決まった。アーディスの両親が卒業式に出席してくれた。ドニーもアマーストから戻って来た。その夏、キャロルとドニーは同じ飛行機でオークランドまで行き、それぞれの大学へグレイハウンドで戻った。

　夏には、入学式を実施することができた。集中講義は1時限の時間が長かったが、大学関係者の尽力により、1968年3月までにすべての補講を終えることができ、卒業生も送り出すことができた。学生運動によって生じた精神的・教育的ダメージは大きなものであった。ICUが再開できたのは教職員の努力の賜物である。しかしながら、これは嵐の前の静けさに過ぎなかったのである。

　1968年秋からは、原子核研究所の真田教授の推薦により、リンウッド・リー教授の下で、ニューヨーク州立大学ストーニー・ブルック校で客員教授兼客員研究員となることができた。キャンパスの近くに住居を借りることもできた。

台北

第14章　ニューヨーク州立大学ストーニー・ブルック校

　ワールド航空でオークランドまで行き、レーミントン・ホテルに泊まった。そして、以前、中古車を売ったアドルフ・ラップ氏に会い、ランブラーを手に入れた。ナンバー・プレートはアーチ・バクスターから、事前に送ってもらっていた。それから、我々、4人は LA に向かった。日本での運転に慣れた私にとって、カリフォルニアの自動車はとても速く見えた。実際、私は高速道路をゆっくり走り過ぎたという理由で、反則切符を切られてしまった。

　アリゾナ州立大学で、アメリカ物理教育学会 (AAPT) の大会に出席した。大学寮にはエアコンが付いていたのが幸いだった。フェニックスは、華氏110度が涼しい方で、夜の10時になっても華氏95度だった。

　次に、オクラホマ州キングフィッシャーの教会で ICU のことを話した。牧師と教会員はとても歓迎してくれた。ネブラスカまでの途中、カンザス州

ノース・ニュートンでは、イレインとロン・リッチが以前勤めていたベテル・カレッジの前を通った。

アーディスの自宅で過ごした後、ネブラスカ州クラークソンにあるチェコ長老派教会でICUの話をした。それから、以前、訪ねたことのあるオマハのダンディー長老派教会へ行った。そして、アイオワ州デコラに元ICU同僚のマーサとシャーマン・ホスレットを訪ねた。レイク・フォレスト・カレッジには、ベビー・シッターをしながら大学に通っているキャロルを訪ねた。次に、ニューヨーク州シラキュースで、トロイヤー夫妻に会った。彼らを横浜で見送って2年が経っていた。話に聞いていた彼らの自宅で、ICUの近況を報告できることは楽しかった。

ストーニー・ブルックでは、キーブーツ家の住宅を借りることになっていた。まずは近くのモーテルに泊まって、住居を案内してもらった。この時、親切にも、荷物のいくらかは置かせてもらった。後で分かったことだが、実際の居住は9月からでも、6月の時点で荷物を置いたという事実によって、11月の大統領選挙には投票の資格があることになった。それから、物理学科にリンウッド・リー教授を訪ねた。教授は、私と同じイェール大学で原子物理専攻だった。ストーニー・ブルック校の第一印象はとてもよかった。新設の大学で設備なども立派だった。

そして、マサチューセッツ州のマウンテン・レストへ行った。マウンテン・レストは宣教師たちの避暑地である。以前、ICUで隣人だったトンプソン夫妻も一緒だった。彼らの娘シドニーはスタンフォード大学のチャプレン、ロバート・マッカーフィー・ブラウンと結婚していた。マウンテン・レストには、ドニーもやって来た。ドニーはベトナム反戦運動に関わっているシドニーの話を熱心に聞いていた。ドニーはニューヨークの恵まれない子供たちを対象に、バーモントでワークキャンプをやっていた。

マウンテン・レストからは、D.C.に戻った。それから、シカゴのノース・パーク・カレッジで開かれる長老派宣教師大会に出席した。アンはシカゴの友人宅で過ごした後、長老派のユース・キャンプに参加した。ディビッドは一人で、飛行機に乗ってD.C.に戻った。ディビッドは13歳だったが、一人で飛行機

に乗るのは初めてで喜んでいた。この経験が、後にパイロットになることにつながったのかも知れない。

　シカゴで開かれていた民主党大会は大荒れだった。宣教師大会も影響を受け、デモに対しては警官隊も出動した。これは、全国的なニュースであって、同じ年のベトナム反戦運動を彷彿とさせるものであった。このデモの背景については、日本での宣教師仲間のジム・フィリップスが教えてくれた。

　それから、キャロル、アン、ディビッドを迎えに行って、ストーニー・ブルックへ向かった。アンは中学校、ディビッドは小学校に通うことになっており、私たちはポート・ジェファーソン長老派教会に加わった。ドニーもしばらくは、ストーニー・ブルックにいたが、秋からはカリフォルニア大学バークレー校に転校する予定であった。IBMからの奨学金は、継続して受給できることになった。

　ストーニー・ブルックでは、研究と同時に、演示実験の授業を一つ受け持った。250人収容の大講義室は、デザインも設備もよく、すばらしい実験道具が完備されていた。それから、20人の学生の演習も受け持った。演習担当の大学院生たちは演示実験を聴講して、物理の原理がよりよく理解できるようになったと述べていた。ところが、肝心の学部新入生、特に、工学専攻予定の学生たちは退屈そうにしたり、大学新聞を読んだりして、足を投げ出している者もいた。これらの学生には、演示実験よりも、実際に自分たちで実験をやらせる方がよいのかも知れない。工学を専攻するからといって、物理の原理に疎くてよいはずはないのだ。

　リンウッド・リー教授は、原子力研究室の室長で、ブルックヘイブン国立研究所の研究者を含む実験物理学者、理論物理学者たちを組織していた。マイケル・レヴィーン博士と一緒に、私は偏向計を製作した。この装置は、重陽子のビームがターゲットに当たった際に生じる陽子の偏向角度を測定するものである。私がデザインし、マイケルが製作した。リーブが終わるまでには、満足の行くデータが取れたことが幸いであった。

　1968年〜69年は、どこの大学でもベトナム反戦運動が盛んで、キャンパスが揺れた時期であった。コロンビア大学の本部が過激派学生に占拠され、

ストーニー・ブルックにも余波がやってきた。しかしながら、ストーニー・ブルックの場合は政治運動というよりは、寮の不足を解消して欲しいというものであった。ロング・アイランドは、人口が分散しており、ニューヨークやブルックリンから通学している学生も多かった。大学の努力にもかかわらず、寮の建設が学生数の増加に追いつかなかったのである。それで、二人部屋に三人入居させるということを行っていた。これが学生には不満で、反対運動やストライキを招いた。そして、要求の中には、ベトナムからの撤退もあった。大学当局は、事態が悪化する前に、3日間の休校措置を発表し、学生との対話を始めた。これはよいガス抜きとなった。反戦運動自体は、SDS (Students for a Democratic Society) のエルドリッチ・クリーバーを除けば、穏便なものであった。ある集会では、学生がSDSに向かって、「お前たちは、俺の意見を代表などしていない」と叫ぶ場面もあった。組織の論理が優先される日本の学生運動と比較すると、一人でも反対意見を述べる学生の存在は新鮮であった。

　ICUでの経験が、ストーニー・ブルックで役立ったこともある。私はある委員会のオブザーバーだったが、会議の最中、学生デモが押し寄せて来るという経験をした。その際、私は即座に委員たちに逃げるように指示した。なぜなら、教員たちを監禁してしまえば、要求を飲ませることが簡単になるからである。同じ学生運動でも、アメリカの場合は具体的な要求を伴っており、日本の場合は、観念的・政治的であった。アメリカ人の学生にとっては、寮の過密や徴兵は差し迫った問題だったのである。

　1969年の春までに、ストーニー・ブルックでは学生運動が下火になったが、日本では、真っ盛りで、大学での授業が中止された。ICUが春学期を中止したいという連絡は不安なものであった。秋学期も未定なので、スポンサーであるニューヨークの長老派事務所に相談することにした。ICUから戻って来たばかりの日本担当ニュートン・サーバーは、長老派宣教団としては我々に一任するとのことであった。それで、私たちは、ICUに戻って秩序を回復するのが使命であるという結論に達した。

　その年の夏、キャロルはストーニー・ブルックの夏期講習でドイツ語を履

修した。私は春学期の終わりに、新入生のための短期集中物理学を引き受けた。それから、D.C. へ行って、両親の金婚式を祝った。アメリカ人宇宙飛行士が初めて、月に着陸したのもこの時であった。その後、ICU からピッツバーグ大学へ向かう予定のグリーソン夫妻をストーニー・ブルックに迎えて、ICU の最新情報を得た。

　ストーニー・ブルックを引き払うと、アイオワでホースレット夫妻の息子とフェアフィールド夫妻の娘の結婚式に列席した。彼らは日本での宣教師仲間である。それから、ネブラスカでアーディスの両親の金婚式を祝った。ここで1年間使ったランブラーをスチュワート・バクスターに譲った。それから、サンフランシスコまで飛行機で行き、ドニーに会った。

　オークランドから東京までの飛行機は日米協会のチャーター便を利用するはずであった。しかしながら、この夏は、チャーター便の数が多いことに日本航空が異議を唱えたので、我々は急遽、台湾まで行き、そこで乗り換えて羽田に行くことになった。そのため、羽田で三宅彰教授と鎌島一夫助教授を6時間待たせることになった。それから、三宅教授の車で ICU に戻り、キャンパスの近況について説明を受けた。

ガクアジサイ

第15章　学生紛争

　1969年8月29日にICUへ戻ってきた。この頃までに学生活動家たちは、本館の占拠から、D館に拠点を移していた。アンとディビッドはASIJに戻った。ICUの学生たちは授業が再開するまで、自宅で待機するようにと言われていた。私たちは教員や学生たちを自宅に招いて、過去の出来事や将来について話し合った。キャンパスに居住していない教職員たちにも会った。学生運動に反対している教員もいたし、心情的に共感している教員もおり、感情的になる教員もいた。ICUは膠着状態にあった。

　1967年6月から久武雅夫教授は、学長代理として、リーブ先のアテネオ・デ・マニラ大学から戻ってきた。久武教授は断交の場に引きずり出され、健康上の理由で休職することになった。学部長であった武田清子教授も辞任した。そして、過激派の学生たちから信頼を得ていた秋田稔学部長代理も事態を収拾できずに辞任した。それで、人文学科のキダー教授、社会科学科のグリーソン教授、理学科の三宅教授が、活動家の妨害に抗して、授業を再開しようとしたが失敗した。過激派の学生は教員側のあらゆる打開策を潰した。彼らは三鷹市民会館や国際文化会館で開催しようとした教授会も妨害した。D館を占拠した彼らは、キャンパス内を見回り、教職員を脅し、排除の動きに抗議した。この攻防の最中に我々は戻って来たのである。

　1969年9月、湯浅八郎理事長と三宅彰学長代理の指導力により、この難局も終わりを迎えることとなった。活動家による騒動に巻き込まれたのはICUだけではない。他大学では異なったセクトの過激派が内ゲバを繰り返していた。ICUの活動家は早稲田の活動家に影響されていた。影響されていたと言うよりは、むしろ指示を受けていた。過激派は成田闘争においては、プロレタリアートとして、土地を収用された農民たちのために戦うのだと主張していた。しかしながら、彼ら自身が農民や労働者階級の出身ではなかった。彼

らの活動は、単に日本政府を転覆しようとする政治運動であった。

　三宅教授は、教授会で選出された学長代理であり、理事会も彼を全面的に支持した。三宅教授は私に学部長代理への就任を要請した。それで、私は井上和子教授と川瀬謙一郎教授に執行部への参加を要請した。他に学生部長も執行部に加わった。10月15日、我々は学生に春学期の補講に対する希望調査を行った。700名の学生が参加を希望し、300名の学生が返事をしなかった。過激派学生はこの調査に返事をしないように運動をした。300名の学生は脅されるか、過激派からの仕返しを恐れて、返事をしなかったが、結局、彼らも、後に受講を希望した。臨時執行部は過激派学生への対処について、楽観的ではなかった。しかしながら、学業を続けようとしている学生が存在することに幾ばくかの安堵を得たのである。

　湯浅八郎理事長は、紛争の最中、京都の自宅を離れ、数週間、東京のホテルに滞在した。10月中旬、理事長は、理事会・執行部と相談の上、教授会を招集し、D館から過激派を排除するために警官隊を導入すること、キャンパスの周りに柵をめぐらせて出入りを規制することを発表した。これによって、学生たちは本館、理学館、図書館を過激派の妨害を受けることなく利用できるようになった。湯浅理事長の決断は残念ではあったが、勇気あるものであった。彼は決然として、「お望みならば、『湯浅フェンス』と呼んでもよろしい」と述べた。

　10月20日、午前6時、警官隊がサイレンを鳴らしながら、キャンパスに入場して来た。彼らがD館に到着する前に過激派は逃走した。警官隊も過激派を逮捕する意図はなかったようである。噂によれば、流血を避けるために、警官隊から過激派には事前に予告があったらしい。21日からは、警官隊が見守る中、建設業者が柵の設置を開始した。25日までに作業は完了し、検問所が1カ所設けられた。そして、正規学生のみが入構し、静かに学ぶことができるようになった。

　科目登録の照会は郵便で行われ、登録希望の学生には入構証が発行された。学生は登校時、入構証を検問所に預け、帰宅時に、再び持ち帰った。これは不便ではあったが、キャンパス内の人物が正規の学生であって、法的に入構

できるということを示すために必要であった。1969年10月27日、春学期の補講は緊張して始まった。出席学生も徐々に増え、学生は静かに学ぶことができた。11月1日まで登録は受け付けた。

　最初の行事は、新入生の入学式であった。彼らは合格してはいたが、入学していなかった。彼らの英語の授業は集中講義として開始され、次年度の入学生を迎える前に終了することが目標であった。2年生以上の講義も集中講義であったが、4年生は就職・進学を控えて、より集中度が高かった。留学生は別のスケジュールを取った。

　そのため、教員は、3つの異なるスケジュールで授業をした。春学期の補講は10月から12月、秋学期の補講は1月から2月、冬学期の補講は3月から4月まで行われた。授業時間は長くされ、1日の開講科目数も増加して、土曜日も開講された。もちろん、失われた学期と同じ質の教育はできなかったが、文部省の基準は満たすことができ、卒業も認められた。

　それから、手紙で返事を寄越さなかった学生をどうするかである。彼らは活動家たちに同情していた。しかし、活動家たちへの忠誠心を別にして、彼らは本当に学業を放棄したいのであろうか。たとえ、卒業が遅れるにしても、少しの猶予期間を設けても良いのではないだろうか。日本の法律、およびICUの学則では、3カ月以上、登録せずに学生であることはできなかった。そして、それ以上は除籍となり、再入学をする場合には、入試に合格する必要があった。それで、我々は学生たちに、大学から正式に休学扱いを受け、学生として留まるよう呼びかけた。

　過激派の学生たちに対しても、大学の法的正当性を認めるならば休学を認めることにした。もちろん、学生生活委員会と教授会は、彼らの活動歴に相応しい処分を課し、彼らがそれを受け入れるならばである。当然のことながら、活動家のリーダーたちは、大学と国家の法律を受け入れることまでして、学生の地位を保ちたいとは思わないと述べた。それで、3カ月後に、彼らは除籍となる予定であった。大学は彼らに何度も考え直すよう勧告した。しかしながら、主張を曲げない活動家たちは休学届けを出さないと言い張った。ところが、デッドラインの2日前、我々の断固とした態度を見て、早稲田の

指導者たちは態度を変えた。それで、20数名の学生から最後に休学届けが提出された。これはICUの活動家にとっては痛手であった。そして、彼らがいかに外部の影響下にあったかの証拠でもある。学生の処分については決定が先送りされた。我々は活動家たちを支援していた少数の助手たちとも対決した。私は学部長室で8名の助手たちから、3カ月ルールへの反対意見を聞いた。私は冷静に、そして、断固として、ルールを訴えて、彼らを論駁した。その後、彼らの中からは大学側へ立場を変える者も現れた。

11月1日、理学館で保護者の集会が開かれた。30名ほどの保護者たちが大学の様子を心配して集まったのだが、活動家の保護者たちは、ある意味で、活動家たちよりも態度が悪かった。ある者は三宅学長代理の辞任を求めるなど、学生の将来を心配しているというよりは、左翼思想を宣伝していた。私はその時、司会をしていたが、保護者たちの中には、このような政治性に気が付く者もあり、ある保護者は、きっぱりと大学側を支持すると主張した。フェンスはキャンパスを囲んでいたが、1970年4月までに、大学には静けさが戻った。2月には入学試験と面接が実施された。

執行部と就職課によって、1970年度卒業予定学生について、就職先に説明会が行われた。ほとんどの企業はその説明を受け入れ、採用を実行した。湯浅理事長と三宅学長、そして、多くの教員の努力によって、卒業生の就職・進学に支障はなかった。これは全教職員にとって救いであった。

1970年2月16日、問責委員会が活動家たちに質問を行った。彼らは1967年の能研闘争の首謀者でもあって、一度は停学処分を受けていたのだが、同情的な当時の役職者たちによって、再入学が認められていたのだった。休学届けは出されていたが、彼らの様子は静かに大学に戻るというものではなかった。そして、前年の10月以降、カフェテリアの学生を扇動したり、脅したりしていた。委員会の決定は活動家4名を除籍にするというものであった。6名の教員がこれらの活動家たちを支持した。中でも、2名の教員は支持するのみではなく、デモの企画・実施さえも行っていたので、特別教員問責委員会に呼ばれることになっていた。しかしながら、彼らは設定された委員会に出席せず、理由書も提出しなかった。それで、問責委員会は二人の教

員の解雇を決定し、教授会も了承した。そして、他の4名の教員は自主的に退職した。

1970年4月、過激派学生・同調教員の処分、冬学期補講の完結によって、フェンスが取り払われた。治安の維持に役立ちはしたが、見苦しかったフェンスの撤去に学生・教職員は喜んだ。三宅学長代理は、教授会で再選され、理事会でも承認された。私は、2年任期で正規の教養学部長となった。紛争当時の活躍ぶりから、井上和子教授には副学部長をお願いした。彼女は、研究で忙しかったにもかかわらず、引き受けてくれた。

学部長として最初の仕事は、新入生に対するオリエンテーションと入学式である。入学式では学生が国連の人権宣言を含む学生憲章を受け入れ、大学の規則に従うことを誓う。1年前のことを思えば、この宣誓の重要性がひしひしと感じられた。6月に春学期が終わった時、ワース家は1969年8月以来、初めて緊張感から解放された。

7月には、家族で、ナホトカから横浜に戻ってくるキャロルを迎えに行った。彼女はレイク・フォレスト・カレッジでロシア語を専攻しており、学生ツアーで、レニングラード、モスクワ、キエフを回った。そして、ウィーンに行く他の学生と別れて、一人でモスクワからシベリア鉄道に乗って来たのである。列車内では、ロシア語と英語で他の乗客たちとの会話を楽しみ、ナホトカからの船上では、日本語とドイツ語が役に立った。

それから、家族で大阪万博に行った。キリスト教館には、バチカンから借りた美術品が展示されていた。このキリスト教館に対しては、左翼のクリスチャンが「物質的・商業的」であるとして反対していたが、我々は他のクリスチャンたちと同様、感銘を受けた。しかしながら、この展示が「万博問題」として、左翼のクリスチャンに口実を与え、日本キリスト教団や同志社大学神学部、東京神学大学を分裂させたことは残念なことであった。

9月から、ICUは正常に戻ったという感覚が強まった。9月入学の学生のためのオリエンテーションや入学式も無事終了した。特に、海外からの交換留学生の数が減少しなかったことが幸いであった。1971年3月には、3年ぶりの卒業式を開催することができた。4月には、250名の新入生が入学した。

第15章　学生紛争　241

　同じ月、私とアーディスは宇治で開かれた教団の宣教師会議に出席した。そして、奈良に ICU を退職していた西本教授夫妻を尋ねた。西本教授は、当時、別の大学の学長を務めていた。我々は1953年に、シカゴで初めて出会った時のことを語り合った。それから、同志社大学近くの湯浅邸を訪ねた。湯浅学長は民芸品のコレクションを見せてくれ、お茶を出してくれた。残念なことに、これが清子夫人とは最後の別れになった。

　夏の終わりは西軽井沢で二週間過ごすことができた。ICU の関係者から、別荘の離れを借りることができたのである。そこで、結婚25周年を祝った。9月には、アンが鷺宮のアパートに移った。彼女は ASIJ を卒業すると、メリーランドのセント・ジョンズ・カレッジに合格していたが、一人暮らしの経験を東京でするために、1年間入学を延期した。それで、家庭に残った子供はディビッドのみとなった。

　1971年9月、篠遠喜人夫妻をキャンパスに迎えた。遺伝学者で、理学科長や教養学部長を務めた篠遠教授は葉山に引退していた。春の教授会で次期学長に選出された篠遠教授は、以前のシラキュース・ハウスではなく、学長宿舎に居住することになった。篠遠学長は2年間ではあったが、大変評判が良く、大学を盛り上げてくれた。例えば、夫妻は日曜日の礼拝やチャペル・アワーに出席し、キャンパスの共同体意識を大切にした。1973年秋の任期終了はとても寂しい出来事であった。1972年春は、卒業式も入学式も例年通りの日程で行われた。紛争以前と同じではないが、キャンパスは復興しつつあった。私は教養学部長に再任された。副学部長には、固辞する井上教授の代わりに、原一雄教授が就任した。

　1972年3月、父からの国際電話で母のローラが亡くなったことを知った。病気であるとは聞いていたが、回復しつつあるとも聞いていたので、これはショックだった。娘のキャロルと妹のジャネットも電話に出てくれた。当時、キャロルはアーディスの妹のノーマ・バクスターと同居していた。その年の夏には、すでにアンの大学入学に付き添って、ニュージャージーのオーシャン・シティで休暇を取る予定を立てていたので、母の葬儀に出席することは諦めた。しかしながら、大学からは数日の休暇を取り、母のことを思っ

た。ICU教会の牧師はシーベリー・チャペルで、母の記念礼拝をとり行ってくれた。そこで、私は母の生涯と信仰について話しをした。多くの友人が参加してくれ、慰めの言葉をかけてくれた。

夏には、デューク家と一緒にケネディ空港まで飛んだ。それから、キャロルの運転でD.C.の自宅に戻り、落ち込んだ父に会った。そして、妹のジャネット・ショーウォルターとバージニアにある母の墓参りをした。そして、ニュージャージーにある長老派の休暇施設へ行った。宿舎は比較的大きかったので、ジャネットの家族も滞在した。キャロルもやって来た。その後、ヨーロッパ旅行を終えたアンをケネディ空港に迎えに行った。彼女は、沖縄、台湾、香港、マレーシア、ビルマ、インド、オランダ、そして、イギリスを旅したのであった。それから、皆でアンの大学入学式に参列した。

次に、ネブラスカへ向かった。ケンタッキー州レキシントンでは、ワース家の親族に会った。道中、インディアナのモーテルでニクソン大統領の辞任を知った。レイク・フォレストからはキャロルの荷物をD.C.に送った。ネブラスカではアーディスの両親に会い、そこからは、グレイハウンドでカリフォルニアへ行って、ドニーに会った。オークランドでは、ICUの元同僚ディック・ミラーに会い、バークレーのシューメーカー夫妻のお宅に一週間滞在した。シューメーカー教授はかつて、カリフォルニア大学とICUの交換留学のディレクターを務めていたことがある。バークレー校を卒業したドニーはオークランドで働いていた。我々は、サンタ・ローザの近くの湾岸エリアで太平洋を見ながら、ピクニックをした。それから、アーディスは病気の母親の元に戻り、私とディビッドは日本に戻った。

日本に戻ると、ディビッドは、ASIJでの授業があり、私は教養学部長としての仕事が始まった。この年、韓国の延世大学、アイオワのワートブルグ・カレッジとも交換留学を開始し、ICU生がカリフォルニア大学に交換留学できるようになった。その後も、交換留学協定の申し込みは増えたので、私は国際交流室を設置し、初代の室長になった。1974年からのリーブの際には協定校の開拓を行った。

1973年7月、アーディスの父アーチ・バクスターが90歳で亡くなった。アー

ディスは葬儀に出席できなかった。しかしながら、9月にアーディスの母ノーマ・バクスターが心臓発作をおこした際には、ネブラスカへ行った。留守中、ディビッドや食事の面倒を見てくれたのは、隣人のケントとビバリー・イケダである。

1973年春、ICUの教授会と理事会は、次期学長に中川秀恭教授を選出した。中川教授は聖公会の中心人物であり、北海道教育大学の学長として、文部省と交渉の経験もあった。また、長年、ICUの評議員も勤めていた。私と中川学長はICUの交換留学制度を充実させることで一致していた。特に、アジアにおいて、延世大学、香港中文大学以外の大学との提携が課題であった。1974年3月、私は学部長の任期を終え、国際交流室室長となった。

それ以前から、ICUは韓国人の教員を探していたが、この頃、政治学担当として、金栄作教授を採用した。金教授は東京大学で博士号を修得し、日本語と英語にも堪能であった。彼は日本語で授業が出来る最初のノン・ジャパニーズ教員となるはずであった。しかしながら、金教授はソウルで開かれた国際会議の最中、スパイ容疑で警察に逮捕されてしまった（彼の南北統一支持が、韓国政府を刺激したことは間違いない）。中川学長と私はソウルへ行き、金教授の弁護士とも会って、韓国政府に抗議した。我々は日本政府やアメリカ政府にも相談した。しかしながら、我々にできることはあまりなく、手ぶらで戻ることとなった。4年後、金教授は釈放され、韓国外務省に招かれたと聞く。しかしながら、ICUにいらっしゃることはなかった。

1974年秋からのリーブは、D.C.のアメリカン大学に滞在することにした。その前に、私とアーディスは、アパラチアン州立大学で開かれたアメリカ物理教育学会（AAPT）の大会に参加した。秋から、オレゴン州のルイス・アンド・クラーク・カレッジに入学するディビッドは、遅れて、一人でD.C.にやって来た。

第16章　ワシントン D.C.

　ノースカロライナでは、車を借りるのに必要なクレジット・カードを持っていなかった。レンタカー会社の人は、親切にも AAPT と連絡を取り、カードなしで車を貸してくれた。アパラチアン山脈を運転して、大学の寮に滞在していると、かつて勤務していたベリア・カレッジを思い出した。ノースカロライナでは、コーディリア・キダーの実家を訪ねた。そこで、コーディリアの母と妹に会った。シャクナゲのとてもきれいな所だった。

　当時、私の父はまだ現役で、8時から5時まで働いていた。車での送り迎えがあり、昼食を弁護士クラブで取って、夕方はアーディスが準備した夕食を取った。それから、ランブラーの中古車を手に入れたが、すぐに父がポンティアックをくれたので、ランブラーはキャロルとダンに譲った。7月中は日曜日になると、皆で食事に出かけ、ケネディ・センターの催し物に出席した。当時、アメリカン大学の博士課程にいたリンデ夫妻とリンカーン・メモリアルにピクニックに行ったこともある。8月7日にネブラスカへ出発し、ニールとアン・バクスターを訪ねた後、ノーマ・バクスターをコロラドに訪ね、彼女の友人の別荘で過ごした。それから、22日に D.C. に戻って来た。

　9月1日には、キャロルとダン・バッカの結婚式があった。彼らは2月に書類上は結婚していたが、式はまだであった。結婚式は D.C. にあるニューヨーク通り長老派教会のリンカーン・チャペルで行われた。このチャペルの名前は、南北戦争の最中にリンカーン大統領が礼拝を持ったことに由来する。私は、キャロルの願いで、歌をうたった。結婚式はとても意義深いものであった。ダンはシェフなので、レセプションの食事も豪華だった。子供たち4人に、父の他、多くの人が参加してくれ、日本からキャロルの友人も来てくれた。

　ジョージ・ワシントン大学の物理学科では、コール教授の演示実験に出席したり、図書館を利用したりした。アメリカン大学では、ハリソン教授の演

示実験に出席し、リーブ中の教員の研究室を使わせてもらったりした。アメリカン大学で General Physics を教えていた教授は、私にも何か演示実験をするように促したので、私は身近な材料で静的平衡を説明する実験器具を作成し、講義を行った。反応は良かった。

10月には、ニューヨークのウォルドルフ・アストリア・ホテルで開かれた ICU 財団設立25周年式典に参列し、ICU の支援者たちに会った。財団のディレクター、ルース・ミラーと再会できたことは喜びであった。それから、イェール大学へ行き、ヒュー・パトリック教授と交換留学の可能性について話し合いをした。教授は、個人的には賛成であるが、イェールの教授陣は学部学生が交換留学をすることに消極的であるという返事であった。ハーバード大学では、学長秘書に会うことができたが、ここでも、学部生は他所に行く前に、まず、ハーバードの教育をしっかり受けるべきだという意見であった。東アジア研究所で ICU に理解のある教授たちの反応も「申し訳ないが、大学がもっと交換留学に積極的であったらなあ」というものであった。

父は、D.C. の自宅を売り、ラルフとマリオンが住むフロリダに引っ越すことが希望であった。自宅売却は私の高校時代の同級生が引き受けてくれた。すぐに買い手は見つかり、購入時の数倍で売れた。私が父からポンティアックを譲り受けたのも、この引越しの最中であった。D.C. では、ICU から世界銀行に出向していた横田洋三教授夫妻にも会った。

1月になってノースカロライナ州ダーラムでは、ICU の元同僚レイシー夫妻に会った。そこで、何と25年振りに、イェール大学での指導教員ポラード教授に会ったのである。教授はレイシー家のすぐ側に住んでいた。それから、ICU の古い交換留学先であるジョージア州のウェスレヤン・カレッジを訪ね、学長と夕食をともにした。そして、フロリダに行き、父の新居を訪ねた。また、ICU での思い出深い同僚であるチャールズ・W・イーグルハートとロバート・H・ゲアハートに会った。それから、太陽光エネルギーの研究で知られているフロリダ大学を訪ねた。また、ゲイズビルに住むトロイヤー夫妻にも会った。

次に、西に向かった。途中、アラバマでは、メルビスというギリシャ人の

町を通った。彼らはもともとシカゴからの移住者で、成功した証に、ギリシャ正教の聖堂を建てたとのことである。ヒューストン大学では、太陽エネルギー学科を訪ね、研究リーダーに会った。彼によれば、ヒューストンは、全米でも、エアコンの消費電力が最も多い都市であり、太陽光を利用することに大きな意義があるとのことである。それから、カーネギー工科大学時代の友人、ジャック・マッキンタイアに会った。彼はプリンストンで博士号を得た後、テキサスA＆M大学で原子核物理を研究していた。

それから、ワコーに行き、王蕭明に会った。王は初期のICU物理を卒業した香港からの留学生で、イェール大学で博士号を修得した後、ベイラー大学の物理学科の教授になっていた。夫人のマエは、医師で経済的に困難な患者の面倒を見ているとのことであった。私はオースチン・カレッジと交換留学を始めたいと考えていたので、オースチンで探したが、カレッジの所在地は全く別の場所で、とても訪ねることはできなかった。

ニューメキシコでは、FEP (Freshman English Program) の教員であったスティーブとスーザン・ジョンソンに会った。彼らは砂漠がいかに、多様な生物や地層に恵まれているかを説明していた。次に、アリゾナ大学を訪ねたが、太陽エネルギーの研究者は不在であった。それで、急遽、アリゾナ州立大学の太陽エネルギー学科を訪ねて最新の情報を得た。

それから、カリフォルニア州のレッドランド大学を訪ね、大和田康之の家に泊まった。大和田は、ICU1期の卒業生であり、在学中は、電話のオペレーターのアルバイトをしていた。彼は、卒業後、コロンビア大学で教育行政学の博士号を取得した。しばらくは、鵜飼学長の下で働いていたが、レッドランド大学に移ったのである。大学のキャンパスを見学したり、大和田の同僚に会ったり、元ICUにいたメソジスト宣教師のマリー・ベイルに会ったりした。

そして、アナハイムで開かれたAAPTとAPSの合同大会に参加した。これらの大会は、最近の動向を知り、研究者・教育者たちとの親交を深める上で役に立った。サンタ・バーバラでは、ショラック夫妻に会った。ハラム・ショラックはカリフォルニア大学で交換留学を手がけていた。それから、ビル・

アラウェイに会って、カリフォルニア大学からICUに来ている学生、ICUからカリフォルニア大学へ行っている学生について話をした。ショラック家では、カリフォルニア大学サンタ・バーバラ校に来ているICUの学生や教職員に会った。

オークランドではドニーに会ったが、私が風邪を引いていたため、バークレーの関係者と会うことはできなかった。この時までに、ディビッドは大学を辞め、ポートランド短期大学で溶接を学び始めていた。これは宣教師の師弟に多いことであるが、アメリカへの再適応問題であると思われる。

シアトルでは、ノーマ・バクスターのアパートで、日本再入国のための書類をICUから受け取り、日本領事館で手続きをした。オレゴンでは、パシフィック・ルター大学と交換留学の可能性について話をした。しかし、ちょうど執行部の交代時期に当たっていたので、あまり積極的には話をしなかった。さらに、バプテストのリンフィールド・カレッジも訪ねた。交換留学に関心は示してくれたが、その後の連絡はなかった。

ポートランドではホーマー・ライス医師夫妻のお世話になった。彼らとは、1949年、シカゴのマコーミック神学校で開かれた宣教師壮行会で会って以来である。私たちは赴任が遅れたが、彼らは、長い間、イランで宣教活動をしていた。それから、アイダホ、ワイオミングを経て、コロラド州立大学太陽エネルギー研究所を訪ねた。次に、オマハではダンディー長老派教会を訪ねて、旧交を温めた。

アイオワ州では、クエーカー派のウィリアム・ペン・カレッジで交換留学の話をしたが、快い返事はもらえなかった。次に、改革派のセントラル・カレッジでは講演を行った。この大学は、ICUとの交換留学制度に強い関心を持っているようだった。それから、すでに交換留学を行っているワートブルグ・カレッジに滞在した。

ワートブルグでは、ICUからの交換留学生とともに昼食をいただいた。これは、心のこもった歓迎であった。それから、ICUの関係者であるマーサ・ホスレットのいるルーサー・カレッジに向かった。シャーマンが亡くなった後、マーサはICUに戻って、しばらくFEPで教えていた。たくさんの学生

がメープル・グローブに遊びに来て、学業だけではなく、さまざまな人生相談に乗っていた。

　ミネソタ州のロチェスターでは別のICUでの元同僚エミー・ウォーに会い、日曜日には、近くのロチェスター第一長老派教会へ行った。それから、ウィスコンシン大学マディソン校太陽エネルギー研究所と科学史学科のエド・ダウブ教授を訪ねた。エドは、日本での宣教師仲間で、同志社大学で教えていたことがある。それから、ベロイト・カレッジと交換留学の可能性について話をした。

　次に、ICUと交換留学を始めたばかりのグランド・バレー州立大学を訪ね、責任者のゲアハート博士に会った。インディアナのゴーシェン・カレッジでは、ICUの初代教養学部長カール・クライダー博士に会った。オハイオ州トレドでは、グリーソン夫妻に会った。アランは13年間、ICUで経済学を教え、我々の子供たちは皆、幼馴染である。彼はトレド大学を退職する直前であった。

　それから、ボーリング・グリーン州立大学へ行き、川島藤也教授に会った。彼はSS（社会科学科）を卒業した後、韓国のYMCAで働いていた。そして、韓国人の女性と結婚した。ICUでも少し働いた後、現在はボーリング・グリーンで政治学を教えている。彼らとの昼食は楽しかった。

　フィラデルフィアでは、フィリス・ハービソンの家で昼食を取った。彼は、親切にもドンとアン・グロスを招いてくれた。ドンに会うのは、家族に会うようなものである。プリンストン大学では、ICUとの交流責任者ウィリアム・アットモアに会い、かつて、ICUでフルブライト・スカラーであったマリウス・ジャンセン教授にも会った。3月25日、D.C.からLAを経由して羽田に戻って来た。

第17章　ICU の再建

　1975年3月28日、9カ月のリーブを終えて、ICU に戻って来た。最初に行ったことは三鷹市役所に行って、外国人登録を行うことである。1954年に比べれば、外国人登録は改善されていたが、指紋を取られるのは同じであった。係員は済まなそうにしていた。

　指紋押捺は、在日韓国人にとっては、大きな問題である。アメリカ人の宣教師の中には、在日韓国人との連帯を示すために、押捺を拒否する者も現れた。在日韓国人にとって、指紋押捺は「二級市民」扱いに等しかった。1989年にこの制度は廃止された。逆に、アメリカは、今でも外国人に指紋押捺を要求している。したがって、実は、アメリカ人が指紋接取は差別であると主張することはできないのである。

　この頃までにはアメリカの物理のテキストが、日本でも出版されるようになっていた。物理を英語で教えることは、ICU のバイリンガリズムを実践することでもあったが、教科書代の節約にもなった。バイリンガルであるというのは、私の日本人の同僚たちが日本語の教科書を使っていたからである。入学式で、学長は大学における人格形成の機会、社会貢献への責任について話をした。そして、学生たちは、学生憲章に署名をした。それから、人文学部のキダー教授が講演を行った。

　入試の出題は、日本の大学にとって、大きな問題である。ICU でも、毎年、数名の教員が秘密裏に問題を作成し、印刷も密かに行われる。受験産業の中には、受験生のフリをしたスパイを送り込んで、問題を記憶させ、次年度の対策を立てるところも現れた。入試の監督もまた、教員の職務である。ICU の入試は、伝統的に何を憶えているかよりも、思考力等将来の学習能力を問うものである。そのため、予備校泣かせでもある。合格発表の日には、合格した喜びと不合格の落胆とが入り混じり、心を痛めずにはいられない。

入試は、読むことと書くことを基本としているので、視覚障がいの学生が志願してきた際には、課題が生じた。当時、日本の多くの大学は、視覚障がい者の受験を認めていなかったので、前例のないことだという意識がある一方、ICUの道義的使命感から、学長の下、委員会が組織された。委員会では盲学校の教師たちと相談の上、入試の可能性・方法について研究した。教員の中からは疑問の声も上がり、すべての受験生に公平であるということが課題となった。それで、密かに点字の入試問題を作成するなどの工夫をした。詳細については報告書を参照して欲しい。最初の受験生は不合格であったが、その後、3名の視覚障がい受験者があり、2名が合格した。草山こずづえさんは盲学校で立派な教師になり、八木陽平君は、テキサス大学の大学院に進学した。

　入学式の1カ月後、春と秋にICUは新入生のリトリートを行う。もちろん、入学後、時間は経っているので、学生は様々な情報を得ているのだが定着していないことも多い、そこで、リトリートは学生と教員に交流の機会を与えるのである。もちろん、4月生と9月生の置かれた状況は違う。4月生は、国際的な雰囲気で英語の学習を行うことに適応している最中であり、9月生は日本への適応を図っている帰国生とノン・ジャパニーズの学生である。ノン・ジャパニーズの学生は寮やホームステイ先や下宿で、環境の変化に戸惑うことも多い。特に、彼らの自己主張は暗黙の了解や先輩・後輩関係と対立する。自然に恵まれた場所でのリトリートは、彼らが率直な疑問や緊張感を解放する場であり、同じ経験をしたことのある上級生からのアドバイスは、限りない助けとなる。

　4月生の入学試験と異なり、海外からの9月生の選考方法は異なる。彼らの出身高校・大学は世界に散らばっているので、卒業証明書や標準テストの結果を利用することになる。書類選考は総じてうまくいっていたのだが、海外留学の経験のない教員からは反対意見もあった。それで、入試委員会は各国の標準テスト、成績証明書と入学後の成績の相関関係を調査することにした。書類選考で入学した学生たちの入学後の成績は満足の行くものであったので、書類選考に対する批判を鎮めることができた。80名の帰国生と50名

の交換留学生 (One-Year-Regular) はいずれも ICU で良好な成績を得ていた。

　ICU の日本語教育は以前から定評があった。日本人の学生が英語に堪能になるように、ノン・ジャパニーズの学生が日本語を修得できるようにすることは、ICU のバイリンガリズムの柱である。1975年からは、新たに夏期日本語講習 (SPJ) が開設された。私は最初の責任者であった。SPJ は、日本語教育のスタッフと交流行事を手伝う他学科の教員で実施され、数年で100名程度の教員が協力した。

　連絡、住居手配、出迎え、参加費徴収など SPJ の運営は大変であったが、年齢や背景も違う受講者たちに出会えることは何よりの喜びであった。最大の課題は、夏季に追加の勤務を行った教職員に手当てを支給するかどうかということであった。もちろん、日本語教員に対しては手当てが支払われたが、他の教職員に支払うことは、日本の習慣になじまないようであった。秋に海外からの学生を迎える際にも、出迎え、住居の確保が大きな問題である。これらの点に関して、教務課と学生課の役割は大変大きい。

　クリスマスには、キャンドル・ライト・サービスが行われ、クワイアの合唱、クリスマス夜話の後、参加者全員でハレルヤを歌う。これは、キャンパス・コミュニティにとっては盛大な行事で、卒業生も戻って来る。その後、グループに分かれて、キャンパス内をキャロリングする。教職員のためのクリスマス礼拝と昼食会もある。これは、キリスト教主義大学の使命を明確にする良い機会である。昼食会では、子供たちにささやかなプレゼントもある。ICU の年末休暇は、クリスマスとお正月が一緒になっているので長めである。1954年の時点では、日本のお正月は1月10日まで続き、お店も開いていなかったが、その後、7日には営業が始まるようになった。

　ICU の初期には、1カ月に2回教授会があったが、体制が整うにつれて1回になった。しかしながら、1回の教授会では、議論に十分な時間が取れない。それで、年に1回、冬学期の終わりに教員のリトリートが開始された。そこでは長時間にわたって、大学の方針が話し合われ、結束を強める良い機会となった。

　ICU も日本の他の大学と同様、最初から卒業研究を必修にしていた。物理

学科の場合は実験が多い。私は4年生が野心的であることに感心した。彼らは、まず装置の製作から始めて、データの収集、考察までを行う。初期のICUでは、実験道具も十分ではなかったので、実験準備は大変であった。井上通子さんは、卒論でNMRを作り上げ、強力な磁力設備を持つ研究所に出向いてデータを収集した。彼女は、卒業後、奨学金を得て、ノーベル物理学賞受賞者でハーバード大学教授バン・ヴレックの下で博士号を取得した。

　ICUの卒業生は、外資系の企業に就職する者もいるが、大部分は日本の企業に就職する。約15％は日本の大学院に進学し、約10％は奨学金を得て海外の大学院に進学する。昔は、海外への外貨持ち出しが500ドルまでに制限されていたので、渡航費を支給されることも重要であった。卒業生の中には、貨物船でアルバイトをしながら、太平洋を渡った者もいる。

　交換留学室の室長を務めていた際、アメリカの協定校は十分な数があったので、アジアとヨーロッパの協定校を増やすことによって、国際性を高めようとした。1975年秋、私と中川学長は香港中文大学を訪れた後、シンガポール、フィリピン、インドネシアの大学を開拓に出かけた。シンガポール大学はイギリスの伝統を受け継いで、学部段階での交換留学に否定的であったが、南洋大学は理解を示してくれた。

　フィリピンではシリマン大学、アテネオ・デ・マニラ大学、フィリピン大学を訪ねた。インドネシアではキリスタス大学とサティヤ・ワカナ大学を訪ねた。シリマン大学、アテネオ・デ・マニラとは新たに協定を結び、香港中文大学とは留学枠を拡大した。南洋大学とは協定を結ぶに至らなかった。サティヤ・ワカナはICUと性格が似ていたが、インドネシア語のみの教育で英語が使われていなかった。

　1976年春、私は、再び教養学部長に就任し、副学部長に川島重成教授を指名した。彼は、ICUとアマーストの卒業生で、英語もしっかりしていた。執行部の議論を正確に伝えてくれた他、大学内外の状況について詳しく教えてくれた。

　秋には、田淵實財務担当副学長は、ノン・ジャパニーズの教員と、彼らの家族の教育費の大学負担について話し合いをした。この頃までに、ノン・ジャ

パニーズの教員の雇用契約は、ICU財団とではなく大学と結ばれるようになっていた。この問題に関しては、ICU財団のポール・グレゴリー牧師から助言を得た。ICUは、ノン・ジャパニーズの教員が日本に滞在しているために、追加の経費を必要とすると認めた。この規定は日本人教員が海外に赴任する際にも適用された。しかしながら、問題の根底には、日本人教員とノン・ジャパニーズ教員の給与の格差が横たわっていた。

アルバイトでお金を貯めたアンは5月に日本にやって来た。アルバイトで英語を教えたり、友人に会ったり、馴染みの三鷹、吉祥寺、新宿、仙台に出かけて行った。12月にはディビッドも戻って来た。ポートランド短期大学で、彼はモーター整備に熱中し、修理工として働けるよう2倍の早さで履修をしていた。

私とアーディスは、毎月、「浜京」という名の読書会に参加していた。この読書会は、戦前、宣教師たちによって始められたもので、現在も続いている。「浜京」という名前は、「京浜」をもじったものである。読書会とはいっても、2時間、一緒に声を出して、本を読む会であった。

ICU教会での結婚式は、いつも見事で披露宴は学食で行われた。披露宴では、花嫁が2度か3度、装いを変えるのが習慣であった。我々は祝辞が長いことと、「いつまで続くか?」などというスピーチに驚いたものである。

1959年、ベン・デューク教授が赴任すると、毎週、木曜の夕方、経団連で英語教室を始めた。参加者は英語が得意で、タイムの経済記事について意見を交換した。彼が休みの時は、私が代わりを務めたりした。

フロリダの父は、アルツハイマー病になり、ラルフの世話で老人ホームに入った。ラルフは、毎晩、ホームに立ち寄り、父の夕食を手伝った。1977年3月、ラルフからの国際電話で、父がもう長くないことを知った。それで、私はアーディスと一緒に父に会いに行った。彼はまだ元気で、私のことも分かり、車椅子での移動もできた。別れる時は辛かった。彼もそれが最後の別れであると知っていたと思う。それから、セント・ジョンズ・カレッジのサンタフェ・キャンパスにアンを訪ねた。

5月31日に父は亡くなり、ICU教会はシーベリー・チャペルで記念礼拝を

開いてくれた。多くの同僚が参加してくれ、私はキャンパスに記念植樹をした。遺体はフロリダから、D.C. に運ばれ、第四長老派教会で、リチャード・ラベルソン牧師が葬儀を行った。そして、弟のラルフと妹のジャネットが見守る中、母のそばに埋葬された。

　1978年4月、私は4度目の教養学部長に就任した。副学部長にはマディソンで博士号を得た立川明助教授を任命した。入学式の前に、私はICU高校の開学式に出席した。この高校は帰国子女のために、文部省の支援によって建てられた学校である。帰国子女たちは外国語に堪能であったが、日本語や数学に学力不足があり、補習教育を必要としていた。日本の学生とも交流するために、帰国子女の枠は3分の2とされた。このような高校があることは日本の大学を国際化する上でも重要なことである。

　8月に、私とアーディスはカリフォルニアに行き、ドニーとドロシー・クルーガー・ホーブリックの結婚式に出席した。ドロシーは再婚で9歳の息子ガスがいた。結婚式はオークランドのカレッジ・アベニュー長老派教会で行われた。ワース家の兄弟3人とキャロルの養子クリス、ラルフとジャネットも出席した。司式はICUキャンパスでの隣人ハラム・ショラック牧師が行った。

　1979年5月には、国際交流室長の都留春夫教授とアメリカに行き、協定校および協定希望校の視察を行った。協定校はすでにかなりの数になっていたので、種別ごとのバランスを考える必要があった。訪ねたのはカリフォルニア大学サンタ・バーバラ校、UCLA、サウスウェスタン・カレッジ、ワートブルグ・カレッジ、グランド・バレー・カレッジ、そして、ペンシルバニア大学である。

　フィラデルフィアでは、トロイヤー夫妻、ジョン・コベントリー・スミス博士を訪ねた。都留教授は、かつて、トロイヤー教育担当副学長の手伝いをしていたこともあるので、再会を喜んでいた。スミス博士は、戦前、明治学院の長老派宣教師であったが、拘束され、日米交換船で帰国した人物である（都留教授の父親は、その頃、明治学院で教えていた）。帰国後、スミス博士はピッツバーグで牧師となり、長老派海外宣教局の日本部長を務めて、ICU財団の設立に功績があった。都留教授がアメリカの大学院で学べるように奨学金を準備したのは、スミス博士である。

1980年3月、学部長職を終えると、私はリーブを取った。4期、8年、学部長職にあったことになる。在職時は、混乱もしていたが、大学の運営・取り巻く環境について、深い理解を得ることができた。今回のリーブは、まずフロリダで過ごした後、学会参加や教会訪問をすることにした。それから、ロンドンで国際会議に参加して、ローレンス・バークレー研究所 (LBL) で研究をした。

パンジー

第18章　フロリダとバークレー

　まず、バークレーに行き、バークレー長老派宣教師ホーム (BPMH) を訪ねた。それから、ドニーとドロシーを訪ねた後、元 ICU の同僚デルマー・ブラウンの紹介で、ローレンス・バークレー研究所 (LBL) を訪ねた。そして、その研究所の太陽エネルギー研究セクション・リーダーのアーロン・ハント博士と秋からの研究の打ち合わせをした。それから、ボルチモアで開かれているアメリカ物理学会 (APS) の大会に参加した。

　ラルフは、父親の遺産で、我々にフロリダのアパートを買ってくれていた。アパートは2つの寝室に2つのトイレがあり、大きな居間が台所に通じていた。全館冷房も完備していた。共有部分には、昼間の利用が高齢者に制限されたプールもあった。バスは走っていたが、頻繁ではなかった。問題だった

のは、我々がバス停でバスを待っている最中、近所の住人たちが迷惑そうな顔をしていたことである。つまり、このエリアではみんなが車を持っているので、歩いている人間は怪しまれるのである。ほどなく、中古車を手に入れたので、この問題は解決した。

ラルフは、レンタカー屋から中古車を買うことを勧めてくれた。これは良い考えだった。購入したダットサンは、1年間、調子が良かった。フロリダの免許を取るためには、ネブラスカの免許を返上しなければならない。用心のため、私がまず、フロリダの免許が取れることを確認してから、アーディスもフロリダの免許を取った。

この頃、長老派はまだ、南北に分裂しており、フロリダは主に南長老派であった。南長老派の教会をいくつか回ってみたが、教会員は圧倒的に白人であった。そこで、北長老派の教会であるリコンシラー教会に行ってみると、暖かく歓迎してくれた上、人種も多様であったので、そちらに行くことにした。フロリダの田舎を旅してみると、他民族国家でありながら、教会自体が人種を隔てる壁について鈍感であることが分かる。旅をすることは啓発されるためのよい機会である。この点においても、ICU教会の多様性は貴重である。

アーディスはフロリダの免許を得てすぐ、ハイウェイの交差点で信号無視の車と衝突した。大事には至らなかったが、相手は飲酒運転の退役軍人であった。ラルフは事故現場に駆けつけてくれ、レッカー車の手配をしてくれた。修理工場は強力な工具を用いて、凹んだダットサンのボディーを1週間で元通りにしてくれた。

それから、フィラデルフィアで開かれたアメリカ太陽エネルギー学会の大会に参加した。途中、キャロルとダンや第四長老派教会も訪ねた。トロイヤー夫妻やルース・サンにも会った。次に、ウィスコンシンで開かれたアメリカ物理教育学会（AAPT）の大会にも参加した。途中、いくつかの教会でICUの話をした。

そして、ニューヨークのストーニー・ポイントで長老派宣教師の会合に出席した。途中、オハイオでは、オバーリン・カレッジを見学した。フィラ

デルフィアのオーランド長老派教会でICUの話をした際、一人の教会員が、トロイヤー博士が入院していると教えてくれたので、博士をお見舞いに行った。

　ロード・アイランド州プロビデンスで開かれたエネルギー教育に関する国際会議は興味深かった。私は、特に、太陽光の利用に関心を持った。それから、車をキャロルとダンに預けて、ボルチモアからイギリス行きの飛行機に乗った。

　ロンドンからロジャー・マシューズ教授が住むケンブリッジへ移動した。それから、マシューズ家の家族、ラプスウッズ夫妻と夕食を取った。ラルフ・ラプスウッズ博士は、かつて東大で客員研究員を務めていたことがある。

　次に、祖父のヘンリー・ワースが服地屋を経営し、父の生まれ故郷であるグロソップを訪ねた。そこで、祖母のグレース・グッドウィンと関係があると思われるグッドウィンさんを訪ねたが、彼女の親戚にグレースはいないとのことであった。夕食後、町を散策していると叔母の家にあった写真とそっくりの光景に出くわした。叔母からは、祖母がその写真の場所で生まれたと聞いていた。それから、祖父が通っていたと思われるメソジスト教会を訪ねたが、お墓を見つけることはできなかった。町の墓地も探してみたが、ワース家、グッドウィン家ともになかった。図書館で、出生届け、結婚届、死亡届けも見てみたが、最も古いものでも1880年までしか遡れなかった。そして、祖父の店を訪ねると、今ではタバコ屋になっていた。

　スコットランドとの境界に近いロングラウンでは、アーディスの曾祖母のアン・バクスターのお墓を探した。まず、聖公会の教会を探し、墓守に尋ね、墓石を順番に見て行くと、見つかった。それで、墓石のトレースをした。コベントリーではヒトラーによって爆撃された聖堂の廃墟を見学した。感激したのは、戦後、ドイツ青年のボランティアによって、隣に新しい聖堂が建設されていたことである。ブライトンでは、太陽エネルギーに関する国際会議が開かれていた。とても有益な会議であった。それから、ハイゲートでアラン・クライダーに会った。ICUで少年時代を過ごした彼は、立派な大人になっていた。

アメリカに戻ってからは、ネブラスカへ行った。それから、バークレーのBPMHに居を定めた。このホームに滞在するのは初めてであった。とても楽しい場所で、宣教師や海外在住のアメリカ人、国内の牧師たちが発表をしたり、おしゃべりをして過ごしていて、地域の教会とも交流があった。

LBLでは、太陽エネルギーの研究に取り組んだ。ハント博士はいくつもの研究を手がけていたが、私には太陽エネルギー吸収装置の開発を提案した。基本的なアイデアは、炭素粒子で太陽光エネルギーを吸収し、放射熱で気体を暖めようというものである。翌年の3月まで、私はこの研究に取り組んだ。実験装置を作るために、工作室にはよく通った。コンピューターや図書館も利用できた。昼食はカフェテリアで取り、ゲストによる講演会にも参加した。ハント博士は10から50ミクロンの粒子を用いた太陽エネルギー吸収に関心を持っており、炭素は最も効果的であった。炭素は太陽光の光子を吸収し、酸素があると酸化によって熱を放出するのである。私の仕事は、炭素のサイズによって、エネルギーの吸収がどのように変化するかということであった。

ロンドン

太陽光を模した高輝度のランプを炭素が入ったビンに照射した。不活性ガスを用いて、炭素を含んだ気体から、細かい炭素粒子を作り出すことは、まだ、この段階では行われていなかった。

アルストロメリア

第19章　中国訪問

　羽田に到着するとバーニー・ハーダーとウィリアム・スティールが迎えに来てくれていた。ハーダー家が、ワース家が住んでいた住宅に移っていたので、私たちは新しいアパートに入居した。アパートは2階建てで、タウンハウス形式だった。一部屋は畳部屋であったが、カーペットで覆った。

　チュラロンコン大学からは一般教育調査のために、ヴィラバリン博士、ピラワン博士、プッタナ博士がICUを訪問した。彼らを招待したのは、昨年、タイを訪れた柿内賢信教授である。パヤップ・カレッジからも学生の訪問があり、コーラスや影絵を披露してくれた。

　イスラエルのワイスマン研究所からは、デビッド・ファイマン教授夫妻を迎えた。彼らとはLBLで知り合った。ファイマン夫人は、歌舞伎に興味があっ

たので、観劇に出かけた。

1983年2月18日、北京師範学校からは、沈綺雲女史を迎えた。彼女は国営放送で物理教育を行おうとしていた。彼女はICU物理の卒業生でNHK勤務の高須賀清さんの紹介だった。我々、三人は演示実験について議論をし、撮影も行った。沈女史は、厚木にあるソニーの工場にも案内した。生産ラインやスタジオを見学させてもらい、昼食までご馳走になった。沈女史は設備に関心していたようだが、私はむしろ、職員が和気合い合いと働いていること、英語の他に中国語を話す職員がいたことに驚いた。彼らは中国で働いたことがあるそうだ。これは、言語習得の重要性を示すもので、だからこそ、ソニーは海外市場で成功しているのだろう。

ICU財団の総主事を退職するルース・ミラーがICUを訪問した。彼女のICUに対する支援は多大なものがあったので、ICU関係者が彼女の35年間の功績を褒め称えた。彼女はラルフ・ディッフェンドルファー博士の秘書であった人物である。また、ICUの最初の教養学部長であるカール・クライダー博士がゴーシェン・カレッジからいらっしゃった。彼は、ICUの設立、キリスト教主義の明確化、キャンパス・コミュニティの構築、一般教育の整備に貢献のあった人物である。ルース・ミラーの後任ベティ・グレイ女史がICUを訪問した。また、ケンブリッジでお世話になったラルフ・ラップウッド夫妻が訪問して来た。ラルフは、その後、訪れた中国で亡くなった。ナンシーはラルフが愛した中国に遺灰をまいたそうである。

リンデ夫妻から、ハントレー夫妻、パロッツ夫妻とともに、中国に旅行しないかという誘いを受けた。かつて、我々は中国に赴任する機会を逃したので、これはよい提案だった。リンデ夫人は、香港の旅行会社を通じて旅行を企画してくれ、彼女の父フランク・ハントレーの出生地、武漢を訪問先に加えた。1910年、フランクが9歳の誕生日を祝ってもらっている最中、孫文の革命が起こり、ハントレー家はイギリス大使館に避難したそうである。それから一家は、上海に移動したが、フランクの父は武漢で診療を続けたとのことである。

3月8日、まず、香港へ行き、そこから広州に移動した。広州空港での荷

物検査は厳しかった。係員は我々が聖書を持ち込もうとしていないか注意していた。それから、旅行中ずっと「国家ガイド」1名と地域ごとの「地方ガイド」1名が同伴した。桂林、衡陽を経て、武漢に到着した。武漢では武漢揚子江橋を見学した。これは、みごとな橋であった。それから、フランクの父が立てた病院を探した。ところが、「地方ガイド」は、そのような病院はないと言い張る。すると、バスの運転手が住人に聞いてくれ、病院を探し当てると、そこは小学校になっていた。小学校の先生は、ハントレー家の住居が、3年前に解体されたと言っていた。フランクはとにかく大感激であった。

　武漢から北京に移動した。ホテルは天安門広場のそばであった。それから、万里の長城を見学した。私とアーディス、ハントレー夫人は、あまり歩けないので、ハントレー夫人をラクダに乗せて写真を撮った。北京では、教会を探し、見つけたのだが、鍵が閉まっていた。私とアーディスが北京大学原子核研究所を見学している最中、他のメンバーは英語の授業を見学した。

　西安での滞在先は、ソ連の協力でできた居心地の悪いホテルであった。私とアーディスは、以前、アルデン・マシューズが訪問したという教会を探して、礼拝に出席しようとした。「地方ガイド」は協力してくれなかったので、ホテルでもらった地図を頼りに、自分たちで探した。ガイドが消極的であったのは、すでに日曜日は、兵馬俑見学と決めていたからである。

　日曜日の朝、ホテルを抜け出すと、通りは太極拳をする人で溢れていた。礼拝前には、牧師に会うこともできた。会堂の後ろの席に座ろうと思ったが、牧師は熱心に一番前に座るように勧めた。出席者は賛美歌を暗記して歌っていた。数分も経たないうちに、「地方ガイド」が現れ、バスに乗せられた。ガイドにとっては迷惑だったろうが、礼拝に出席できたことはよかった。会堂はいっぱいで、入れない人たちが、通りにまで溢れていたことには感激した。兵馬俑は実に見事だった。始皇帝の墓所を守るために、数千の馬と兵士たちの人形が埋められていた。

　上海は、他のどの都市よりも国際的であった。上海では、大型船が発着する埠頭やインターナショナル・ホテルを訪れた。1937年、このホテルは日本軍の砲撃を受け、エドウィン・ライシャワーの兄ロバートが亡くなった。日

本政府はライシャワー家に謝罪し、遺体が多磨霊園に到着するまで、警備を付けたそうである。

　私とアーディスは他の6人と別れて南京へ行った。無錫の運河も見学したかったが、南京へ行くことは、1950年からの夢であった。上海から南京までの飛行機は軍用機で、音がうるさかった。南京では、可愛い「地方ガイド」があてがわれた。南京大学へ行くと、写真でも見たことがある建物があったが、そこは、金陵女子大学だった。キャンパスを当てもなく歩いていると、偶然にも物理学科のChen Ting-Yang教授に会った。Chen教授は、キャンパスを案内してくれた。彼とは、その後、カリフォルニアでも会う機会があり、娘さんはカリフォルニア大学バークレー校に入学した。彼は、昔、私が赴任する計画があったということに関心を示した。

　それから、南京神学校を訪ねようとしたが、ガイドは場所を知らなかった。学校の名前は宗教研究所と変わっていた。探していたTing主教は不在であったが、代わりにHan副主教が案内してくれた。驚いたことに、Han副主教はWCCの会議で、何度もICUの武田教授に会ったことがあった。Han副主教によれば、現在は、神学生の数を増やすだけではなく、通信教育で各地のクリスチャン・リーダーに学習機会を提供しているとのことである。また、中国では牧師不足のために年配の牧師は過労気味で、若い牧師の育成が急務であるとのことであった。

　それから、蘇州で他の6人と合流した。杭州では、湖を見学し、有名な鼓楼堂教会を訪れた。アルデン・マシューズの友人である牧師は不在であった。同行した「国家ガイド」は、教会に入ることをためらっていたが、礼拝に出席し、キリスト教の説教を初めて聞いたと言っていた。私とアーディスは、この機会をとらえ、我々の聖書をプレゼントした。その後、彼が読んだかどうかは分からない。しかしながら、明らかに、彼はキリスト教に関心を示していた。

　杭州から香港に戻った。「国家ガイド」とも杭州で別れた。香港では、ICUの卒業生たちに会って、中国旅行の感想を話した。海外で卒業生に会うことは楽しいが、香港にいる卒業生は格別である。3月30日、成田に戻って来た。

　6月、メリーランドのカレッジ・パークで開かれたアメリカ物理教育学会

(AAPT)の大会に参加し、ネブラスカで、アーディスの高校同窓会に出席した。それから、D.C. でキャロルの家族に会い、フロリダへ行った。それから、アーディスはパデューで開かれた教会婦人合同会議に出席した。そして、サンフランシスコでドニーとアン、ポートランドでディビッドと彼女のエリザベスに会った。そのころ、ディビッドはアマゾン・モーターの修理工で、エリザベスは建築士であった。8月18日に成田に戻って来た。

12月には、理学館で、教職員とその家族、学生たちを交えて、持ち寄りパーティーを行った。クリスマスには、例年のクリスマス礼拝とともに、教育学研究科のクリスマス会、教職員のクリスマス礼拝がある。

1985年の出来事は以下の通りである。毎年、春、教団宣教師のリトリートが開催され、100名前後の出席者を集めてきたが、この年は、長老派だけ大磯のアカデミー・ハウスで開催することにした。それは、前年、アメリカで南北の長老派が和解し、合併したからである。実際、海外宣教師にとって、南北の分裂はあまり問題ではなく、以前から協力関係は構築されていた。ここでは、韓国への宣教師から印象的な話が聞けた。

秋には、*Japan Christian Quartery* の編集者であるジョージ・オルセンが「科学とキリスト教信仰」の特集をするので編集委員になってくれないかと言ってきた。私は引き受け、4名の執筆者を選んだ。お願いしたのは、原島鮮教授、柿内賢信教授、渡辺正雄教授、山本祐靖教授である。山本教授は、東京大学の物理学科教授でイェール大学大学院時代の同級生である。原稿を読んで編集作業をすることはよい経験になった。特集は評判が良かった。この経験を通じて、物理学者の意見を一般に公表すること、特に、信仰と科学的批判精神は両立することを伝えることの重要性を理解した。

ノーマが持っていた別荘会員権には、日本の宿も含まれていたので、3月の終わりに、久美浜へ行った。どうやら私たちが初めての外国人宿泊客だったらしく、英語が通じなかった。しかしながら、観光地としてはすばらしく、股の下から眺めると島が浮かんで見えるという天の橋立にも行った。ノーマの住んでいるベルビューは八尾市と姉妹都市だというので、帰りには、八尾に寄った。市長に会うことはできなかったが、別の職員が八尾の名産だと

いって、歯ブラシをたくさんくれた。

　7月には、孫のガスがカリフォルニアから、クリスがバージニアからやって来た。二人の違いを見るのは楽しかった。ガスは母親に似て、文学や創作に興味があった。筑波万博や京都では、漢字に興味を示して、意味を知りたがった。ところが、クリスは活動的で、武蔵境のゲームセンターが気に入っていた。筑波万博では、山の天気を再現したコーナーで、観客の頭の上に、本当に雨が降るのを喜んでいた。滞在中、彼は吉祥寺のプールに何度も行き、夜はエアコンのそばで寝ていた。

　ICUキャンパスには、「キャンパス・カルテット」と称して、不定期に、そして、人数も一定しないグループがあった。これは何か行事がある度に結成された。この年は、我々とデューク夫妻、リンデ夫妻、キダー夫妻が参加した。それから、ロジャー・ギースリン夫妻がICUを訪問した。数学を教えていたロジャーは理学館建設の恩人である。夫人のロイスはICU幼稚園の企画者である。

上　海

第20章　再びバークレー

　6月28日、ノースウエスト航空でサンフランシスコに到着した。7月、ネブラスカに滞在している最中、ドニーとドロシーに子供が産まれ、ルイス・アーチボルド・ワースと名づけられた。これはアーディスの父、アーチボルドから取ったものである。

　サンフランシスコの BPMH に戻って、9月から LBL で研究を始めた。まずは、ドニーの紹介で、ボルボ・ステーションワゴンの中古車を買った。それから、以前に通ったセント・ジョンズ長老派教会へ行った。牧師は変わっていたが、馴染みの教会員はそのままだった。バークレーでは、マカレスター・カレッジから交換留学生として ICU で学んだドロレス・キニー・レーダーに会った。彼女は ICU 財団に勤めたこともあって、サンフランシスコ・エリアの ICU 同窓生のまとめ役である。彼女は我々のために、卒業生でピクニックを計画してくれた。中には物理の卒業生もいた。9月には、ノーマ、ニール、アン・バクスターたちとバンクーバーで開かれていた万博へ行った。帰路、カリフォルニアのユーリカでは、長老派教会で ICU の話をした。これは、パット・シルビーの紹介によるものである。

　LBL の様子は、以前の滞在ですっかり把握していた。再び、ハント博士の下で、炭素による太陽エネルギー吸収に取り組んだ。その頃までに、最適な炭素のサイズは決定されていた。今回は炭素粒子を作成し、気流に注入すること、そして、発熱装置へと導くことが課題であった。優秀な大学院生フレッチャー・ミラーと研究をすることはとても楽しかった。彼は、その研究で博士号を取る予定であった。

　我々の作り上げた実験装置は、アセチレンやアルゴンなどの気体混合機、誘導管、熱分解を起こすための加熱装置、熱分解後の異物を除去するための装置、そして排出管からなっていた。気体の流量は、バルブで制御され、加

熱部分は、電気的に制御できた。炭素を含む気体について、それぞれ、どのような流量と温度であれば、均質かつ多量の粒子が生成されるかを調べた。もちろん、実験室は密閉され、排煙はきちんと外に逃がした。

「炭素粒子生成機」が完成すると、生成された粒子をコンプレッサーからの多量かつ高速の空気で長く太い管に注入した。そして、以前作った貯蔵装置に粒子を蓄積した。この装置は、完成の暁には、ジョージア工科大学の太陽エネルギー研究施設に持って行く予定であった。ジョージア工科大学では、高輝度の太陽光を再現することができた。それで、太陽光でどの程度発熱をすることができるか、そして、どの程度、実用に耐え得るかを調べることができるのである。残念ながら、私がLBLにいる間に、ジョージア工科大学でのテストはできなかった。その後、実験は成功だったとは聞いているが、詳細については分かっていない。

9月から翌年の2月までは、LBLで研究をしながら、多くの教会を訪問した。9月27日には、サンノゼで開かれた宣教フェアに参加し、ICUとBPMHについて話した。会場のサリナスには、日本人墓地もあって、日系人と縁が深い土地である。我々がサリナスに関心を持っていたのは、古屋牧師夫人のサチさんがサリナスで生まれ育ち、日系人収容所に入れられたという話を聞いていたからである。10月25日には、サンフランシスコ神学校でオープン・ハウスがあり、講演会も開かれた。とても楽しく、有益であった。神学校が一般の人々に門戸を開放するのはよいことである。感謝祭には、結婚40周年を祝い、ディビッドの33歳の誕生日を祝った。アラン・グリーソン、コニー・クレイジャンズ、メアリー・ムロ・ヨコカワ、ノーマ・ドリス、そして、ドニー、キャロル、アンが来てくれた。

1月になるとカリフォルニアのバーストにある太陽光発電施設とニューメキシコのサンディア研究所を訪れ、デンバーで開かれた太陽エネルギー学会大会に参加した。途中、サンタフェにアンを訪ね、ニュー・メキシコがメキシコ領だった時の支配者バッカの像を見た。スペイン人がサンタフェを支配していたのは、ピルグリム・ファーザーズがプリマスに上陸するよりも前のことである。

デンバーで滞在したのは、ノートン家である。ディックとメアリーは農村伝道神学校で長く教えていた長老派宣教師である。引退後は、デンバーで、自分たちで建てた家に住んでいた。ネブラスカでは、ニールとアンに会い、私とアーディスが結婚式を挙げたセント・ポール長老派教会で話をした。ネブラスカ州クラークソンの新シオン長老派教会でも話をした。ノッタゲ・テイシー牧師は、日本食でもてなしてくれた。

　ネブラスカ州バレーではバプテスト長老派教会にピーター・バンダービーン牧師を訪ねた。この教会は、バプテストと長老派の牧師を交互に任命するという変わった教会であるが、ICUのことを知りたがっていた。オマハのダンディー長老派教会では、私が礼拝で、二度話をし、アーディスが教会学校で話をした。私は、さらに、夕方の長老会でも話をした。オマハでは、カバナント長老派教会のビル・ベティ牧師と妻のクララにも会った。我々も楽しかったが、彼らもしばし教会での揉め事を忘れるよい機会だった。

　フェアヒル長老派教会では、女性グループの前で話をした。それから、アーディスとノーマの双方が学んだことがある長老派のヘイスティングス・カレッジでICUについて講演をした。世話をしてくれたのはボブ・メイズ牧師である。それから、リー・アンダーヒル牧師のいるヘイスティングス第一長老派教会でも話をした。3月6日の金曜日は世界祈祷日だったので、カンザス州サリナで教会を訪ねたが、別に礼拝は行われていなかった。それから、アビレーンのアイゼンハワー・センターを訪ね、貧しくとも道徳的であった彼の両親について知った。ウィチタでは、イーストミンスター長老派教会で話をした。日本に住んでいたことのある教会員もいたので、ICUのことを説明するのは楽しかった。

　3月11日、イリノイ州アーバナ・シャンペーンの第一長老派教会で、ICUのスライド・ショーを行った。すると、聴衆の中には、かつてカーネギー工科大学で光学を教わったケーラー教授がいた。彼によれば、私の成績はそれほど悪くなかったそうである。イリノイ大学のキャンパスは巨大で、カリフォルニア大学デービス校のようだった。かつてICUで教えていたディビッド・リンドストローム教授は、ここの出身で、農村社会学者であり、ICUの

農場を発展させた方である。ディビッドはすでに亡くなっており、妻のルシールも病気だった。

途中、ベリア・カレッジを訪ねようとしたが、旧友たちは不在であった。ケンタッキー州リッチモンドでは、西東京ユニオン教会で知り合ったフィルとボニー・ベンバウワー夫妻を訪ねた。シンシナチでは、カバナント第一長老派教会を訪ねた。オハイオ州オックスフォードでは、トルーマンとメアリー・ドッド・ハンターに会った。彼らは、かつて、日本IBMに勤務していて、ワープロとして使えるコンピュータの話を随分昔からしていた。トルーマンは、大学町に引退することがいかにすばらしいかを力説した。我々の退職後のことまで心配してくれることは嬉しいと思ったが、オックスフォードに住みたいとは思わなかった。

ペンシルバニアでは、ハービソン家に滞在し、グレンショー地域教会の婦人会で話をした。ここは、我々が日本に赴任して以降ずっと支援をしてくれている教会である。バージニアでは、アレキサンドリアにキャロルとダンを訪ねた。

バークレー

第21章　最後の日々

　1987年3月31日、成田に到着した。この頃までには、電車とバスを乗り継いで三鷹に帰ることには慣れていた。しかしながら、空港では丹羽芳雄教授夫妻が待っており、我々をキャンパスまで連れて行ってくれた。丹羽夫妻は、我々がデニーズによく行くことを知っていたので、その晩は三鷹のデニーズに行った。それから、E-101の新アパートに引越し、ハーダーズ夫妻から貸していた車を返してもらった。広瀬夫妻は、三番目の子供の1歳の誕生会に我々を呼んでくれた。

　1987年から89年まで通常通りに授業は行われた。これは、当然のことだと思われるかも知れないが、当然ではない時代もあったのである。ICUの講演会には、経験に基づいて、他人を触発できるようなゲストを外部から招いてきた。学者、政治家、財界人、作家、社会活動家などである。海外から戻って来たICUの教員が話をすることもあった。ICUの広報室長は、かつて新聞記者をしたことがあり、現在は語学科でジャーナリズムを教えるハロウェイ・ブラウンであった。彼と教養学部長が講師の手配を行い、客員教授に話をしてもらうこともあった。1987年4月23日には、チュラロンコン大学のピラワン一般教育部長に「今日のタイの大学」という題で話してもらった。

　6月3日には、マーサ・ホースレットがICUを訪問した。ホースレット夫妻は、1962年から68年までICUにいて、アイオワ州のルーサー・カレッジへ移った。1969年、我々はリーブの最中、彼らの息子の結婚式に出席したが、夫のシャーマンはその後、すぐに亡くなった。夫の死後、マーサはしばらくICUのFEPで教えた。娘さんのアンドレアはICUを卒業し、山本氏と結婚して東京に住んでいた。それから、マーサは再びアイオワに戻っていた。1975年のリーブで彼女に会ったことは、前述した通りである。マーサの歓迎会には、我々の他、デューク夫妻や新谷さんも参加した。

8月8日、ポートランドでディビッドとエリザベスの結婚式に出席した。ディビッドは当時、バンクーバーで操縦訓練のインストラクターとして働いており、パイロット試験の準備をしていた。エリザベスはポートランドの建築事務所で働いていた。

8月22日には、初の「卒業生キャンパス・セミナー」を開催した。これは、卒業生に近年の学問研究の動向を伝えると同時に、母校との絆を深めてもらうためである。私は「リサイクルが可能なエネルギーと不可能なエネルギー」について話をした。暑い時期ではあったが、卒業生たちは熱心に聞いてくれ、彼らの仕事の様子やエネルギーに対する関心について話してくれた。

シドとワラ・ワードがICUに戻って来た。シドはかつて社会科学科で法律学を教えていた日本美術の愛好家である。11月には、ICU財団の日本美術ツアーがあり、以前ICUで日本史を教えていたリチャード・ミラー教授夫人のミリアム、日本研究家のフェリシア・G・ボック博士が参加していた。ICU財団の事務局長ベティ・グレイも参加していた。12月には、ベリア・カレッジ時代の教え子で、テネシー大学の物理学科の教授になった学生が夫婦でICUを訪問した。我々はベリアでの生活と教育を思い出した。

物理学科の学生のために、私は工作室での講習会を始めた。2時間の実習を5回で、工具や機械の使い方を指導した。講習会は土曜日と秋学期終了後の休暇を利用した。参加は、任意なので、参加者はとても熱心だった。

1988年、3月には、ドニーとドロシーが20カ月のルイスを連れて2週間滞在した。我々はアパートの1階を彼らの専用にした。5日間で、ルイスは我々に慣れたので、ドニーとドロシーは先に旅行に出かけ、我々とは京都で落ち合うことにした。リスや鳥が多い御所で、ルイスが走り回るのを見るのは楽しかった。

4月には、アーディスの弟ニール・バクスターと妻のアンがやって来た。我々は彼らと九州に旅行し、北海道へは彼らだけで行った。我々が長崎へ行ったのは初めてだった。小浜温泉では、日本旅館に泊まり、島原では原城を見学した。ニールがロータリー・クラブの会員に連絡を取ると、島原を案内してくれた上に、お昼をご馳走してくれた。熊本からは阿蘇へ行き、博多

を経由して、京都へ行った。その後、我々はニールとアンをアジア学院にも案内した。

　ICU の日本人の教員はよく卒業生に仲人を頼まれることがあるが、私は頼まれたことはなかった。ただし、披露宴でのスピーチはよく頼まれた。通常は英語で行ったが、どうしても日本語でという場合には、翻訳してもらったものを読んだ。1988年、卒業生の福田邦夫君と石川佳代子さんが結婚した際には、アーディスと仲人を頼まれた。石川さんは卒業研究で私の学生であったので、不安ではあったが、引き受けることにした。

　我が家のゲスト・ブックを確認すると、彼らは1982年の新入生歓迎会で、一緒に我が家を訪れている。その意味では、仲人に相応しかったかも知れない。ただし、彼らが付き合っているというのは、4年生になるまで知らなかった。仲人の役目については、日本人の友人たちから教えてもらった。結婚式は、ICU 教会で、披露宴は品川のパシフィック・ホテルだった。外国人としての行き届かない面はあったが、何とか仲人の務めは果たせたことと思う。

　結婚式の次の日、福田君の父が我が家を訪れ、家宝の掛け軸をプレゼントしてくれた。結婚式後、17日目には、二人からお礼の電話があった。毎年、彼らには、結婚記念日に贈り物をすることにしており、彼らからは、近況を知らせる手紙をもらう。仲人の経験を通じて、これが日本の離婚率を下げているかも知れないと思った。実際、仲人は評判を落とさないように、夫婦関係の維持にも気を使っているのだ。

　11月、我々は ICU 教会婦人会と一緒に、日光へ行った。宇都宮から日光までの車窓はみごとだった。特に、日光近辺の松並木がすばらしかった。文化の日、私は思いがけなく、勲四等旭日小綬章を与えられた。国立劇場で授賞式があり、明仁皇太子から祝辞をいただいた。我々は他の受賞者たちの雰囲気に圧倒され、荘厳なセレモニーに感心した。私は翌年の年賀状に、受賞は ICU が日本に認められたことの証であると記した。それは、ICU 関係者、すなわち、教職員、学生、支援者、そして、彼らの家族たちすべてのものである。退職する教員はクリスマス礼拝で話をすることになっている。私は「光、調和、そして、愛。クリスマスの意味」と題して話をした。

1989年2月、電通大の石川教授に招かれて、「国際活動としての科学」という題で1時間半話をした。質問から判断すると、私の英語はよく通じていたようだ。私は「科学」という言葉が、世間、マスコミ、評論家、科学哲学者、科学研究者の間で、いかに様々に使われているかに触れ、私の自身の定義を述べた。私は「科学」を物理の視点からとらえており、物理的な現象の法則化に伴う実証的・理論的な営みであると考えている。

そして、数学や生物、社会科学、科学哲学との違い、変数を設定することの複雑さについて述べた。さらに、「公共科学」と「個人的な趣味」の違いについても述べた。結論としては、学会の役割、そして、文化的・宗教的背景と科学探求の関係について、もっと注意が払われてもよいのではないかと述べた。環境問題のような現代の課題は、ますます複雑性を増しているので、科学技術者により包括的なものの見方が必要なことにも触れた。電通大では、湯沢教授にICUの有賀三恵子さん、石川佳代子さんが卒業研究を指導してもらったことがある。彼らの研究はICUの教員からも電通大の教員からも高く評価された。

2月、ICU教会での最後の礼拝では、信仰、ICU創設者たちの信仰、科学の手法について述べた。22日には、東大原子核研究所の同僚たち10名が都心でお別れ会を開いてくれた。1959年から、核研は私に貴重な研究機会を与えてくれた。私は、核研が真に科学の国際化の象徴であると述べた。23日には、理学科のフォーラムで話をし、1954年からのICUの歴史について話をした。理学科は自然科学科として開始され、その後、教員も学生も数を増やして、1969年に現在の名称に変更された。私は、物理学科を拡充するに当たって、教職員の確保、設備の充実に苦労したが、これまでの卒業生たちがみごと期待に応えてくれたと述べた。24日には、昭和天皇の大葬の儀が行われた。

多くの人たちに別れを告げつつ、引越しの準備が忙しかった。アンが手伝いに来てくれた。大勢のキャンパスの住人たちから、お別れの夕食に招かれたのは、我々がかつて彼らをキャンパスに迎え入れたことに対する返礼のようにも思えた。まさに「あなたのパンを水の上に投げよ」である。

28日、ガーデン・パレスで開かれた送別会には、ICU関係者120名が出席してくれ、私とアーディスは感激した。司会をしてくれたのは理学科長の勝見允行教授である。多くのスピーチの後、吉野輝雄教授が昔の写真のスライド上映をしてくれた。その晩は、国際文化会館まで丹羽夫妻が車で送ってくれた。

　羽田から、台北へ向けて、日本を離れた。アジア、ヨーロッパを経て、ボストンに行く予定である。

室町通り（京都）

"The Role of Faith in Science and the Role of Faith in Christian Life"
Christianity—Week Lunch Time Special Lecture, May 27, 1988
(キリスト教週間ランチタイム特別講演)

Donald C. Worth

I would like to speak today about the roles of faith in the field of science and in the Christian life. I do not mean, of course, that they are of the same degree, but I think it is important to recognize that faith elements are indeed used in any of the sciences. Each of us, as we know, belongs to several communities or groupings. Now, members of a community have at least one thing in common. For example, all of us here today belong to the ICU community and have actually a number of ideas in common. This agreement even extends to acceptance, by faith really, of certain values. The same can be said about two other communities, which are larger and more extensive than the ICU community.

First, the community of science. We could speak of all sciences. I am thinking particularly of the physical sciences that I am most familiar with, the community of science, that large worldwide community, inter-cultural community, of those engaged in the study and the application of basic science.

And secondly, the community of the Christian Church. The even larger and more extensive community of those persons who believe in and are committed to Jesus Christ. Each of these two communities, that of science and that of Christian believers, have their own characteristics, affinities and conditions, their own faith assumptions, and commitments. This I know from my own experiences in both of them.

A word of my personal background and experience in these two communities.

I was sixteen years old, younger than you, when I made my commitment to Jesus Christ, as my own savior, not just the savior of mankind collectively. At that time I was baptized, came into and joined the Church, entered to its life, two years before going off to college, Carnegie Institute of Technology in Pittsburgh, Pennsylvania, to begin my studies in physics. Since that time, I have lived in these two communities, that of science, and that of the worldwide Church of Jesus Christ. On the basis of my experience in both of these communities over the years, I would like to say a few words about the nature and degree of ultimacy of faith assumptions and experiences in each of these areas.

I would like to speak first of faith assumptions in science. A common misconception among non-scientists is that scientists have no presuppositions and do not use faith, the characteristics of faith in their activities or beliefs. This is wrong. For instance, it has been erroneously said: In areas of confusion, complexity, or ignorance, one may have to proceed on faith; but in areas of exact scientific knowledge, we proceed on the basis of demonstrated fact. Now, not only does such a view or statement represent a distortion of the actual situation in science, it belittles human creativity in the sciences, something that those of us in science, particularly in a liberal arts college are quick to assert that science belongs in the liberal activities of mankind.

The fact is that the experimental sciences also have fundamental, if somewhat hidden, or tacit assumptions that can only properly be called faith assumptions. I would like to mention several of these, not comprehensively, but a few of them.

First, the assumption of a rational, that is knowable, consistent universe. It is tacitly, unvoicedly assumed that nature, as we study it in science, is not capriciously playing with nor attempting to frustrate man's attempts to investigate and understand the world. Farther more, "nature," if we use that rather vague term, is assumed to be comprehensible or understandable, not ultimate mystery, at least in a sense of immediate cause, the term that goes back to the time of Aristotle, immediate cause or at least in terms of correlation factors someone might prefer to say.

Secondly, there is the related assumption of the reproducibility of effects—effects can occur over and over again; it does not matter in which century, in which latitude, in which climate, in which culture—the reproducibility of the effects resulting from the same causes. It is in fact assumed that for each effect, there is one or more reproducible cause or causes or factor or factors. Farther, it is believed that empirical truths, the truths which come from our own observation rather than our own imagination initially are most closely approached as the number of the observation grows larger. Conversely science hardly knows what to do with a singular event. If we have photographed one event in cosmic ray physics, that is not enough to establish a trend. That has something to do with some of the claims of the Christian faith for the uniqueness of Christ, I believe. We hardly know what to do with a singular event until such time as more or we would say confirming data are available to put the singular event into the multiple data or multiple event categories.

A third point. There is, as you might have noticed and some might have been troubled by this, an indifference of the truth discovered by the scientific investigators, the indifference or separation from their own philosophical, or religious value systems. Historical and contemporary experience shows that an atheist, the person who denies the existence of God, and agnostic, the person who says, "I just can not make any statement about that," and Christian investigator of, let us say, the motion of freely falling bodies, one that we think so much so often about, having been begun by dramatized by Galileo or begun by some others earlier, these investigators will arrive at the same technical conclusions. It is a fact. This says more, however, about the restriction of the topic under investigation. We restrict our attention to those factors which can be objectified and in fact independent of religious perspectives, the restriction of the topic under investigation and the exclusion of values from the date being studied, then about the purported total objectivity of scientific studies. It is objective in the sense that all of these differences in personality do not and should not interfere with our study of falling body.

Fourthly, the belief, in fact the discovery, of the increasing precisions of measuring equipment causes increased uncertainty as to the general phenomena, the general picture. Paradoxically, is it not? Certain types of phenomena which might have been observed in more general, that is, less precise measurement are excluded by the very specificity of that equipment. An example: a low magnification, viewing devise, must be fastened along side and parallel to a high magnification telescope, in order to give the astronomer a perspective of the whole field of view which is being examined in detail by the large telescope. In quantum physics, as some of you know, this mutually excluded quantity type of uncertainty is recognized; and the limit of precision in the measurement of such excluded unanswerable quantities is specified in terms of the so-called Heisenberg uncertainty principle.

Now I want to add one summary comment before we leave the presuppositions of science. These faith elements in the field of science, physical sciences specifically, are not so ultimate or comprehensive except for those who are believers in "scientism." You may have heard that term. Those who attend to think, and who are attempted to think that science gives ultimate answers to all questions of life, those we would call believers in scientism, those are not scientists. Most of the scientism believers come in fact from outside of science, although they are a few rabbit people in science.

Turning now, in contrast, to a few general comments on the elements of faith in the community of the Christian faith, there is not time clearly to discuss common elements of faith to which all Christians make commitment. However, a striking difference exists between the faith commitment of a Christian believer on the one hand, and a member of the scientific community on the other hand. That of the Christian is more comprehensive and ultimate, more pervasive, penetrating every area and fiber of ones being than are the faith assumptions of the scientist as serious as important as they are. Also, the members of the community of science place reliance on their individual intellects and collective wisdom. There is a sense in which they rely on nature. But for interpretations, they are placing ultimate reliance on their own individual intellects and collective wisdom. But on the other hand, members of the worldwide Church of Jesus Christ, find their ultimate meaning and strength for daily living through surrendering their inner wills to God, giving up their own self deification by accepting and identifying with Christ's sacrifice on the cross, by dedicating their wills and their intellects to the empowering wisdom, the wisdom which comes from God and which provides power, and guidance. These believers have experienced and continue to experience the empirical truth in their lives of Christ's impressive statement, "whoever loses one's life for my sake will find it."

In conclusion, may God enable us to appreciate the mind-stretching findings of science, sometimes painfully in contrast with our own limited understandings, concerning the truth of God's world and universe and also to experience that life directing, life fulfilling power of God, which is made available to those who have given their ultimate loyalties and their lives to Jesus Christ.

Science and Christian Faith—A Personal Report

(*The Japan Christian Quarterly*, (Summer 1985): 149-153 より転載)

Donald C. Worth

Science Teaching as Christian Vocation

My own interest in the relationship between Christian faith and science grew out of my teen-age experience in both areas. Actually, so far as I am aware, my interest in science came first, for from late elementary school days, I had become very much interested in *building things*: model airplanes and boats, three-wheel "scooters" and skate-board "soap-box racers," mechanical and electric construction projects from boys' "handicraft" books, and especially *radios* (beginning with "crystal sets"). With growing interest in radio—initially, broadcast band, then short-wave, including amateur radio—I began studying to become a radio amateur. I remember the time in a junior high English class, where the assignment was to make a three minute oral presentation in which I presented (recited) to the class an explanation as to how a "Hartley Self-Excited Oscillator" operates: one of the theory topics on the forthcoming "Class B" amateur examination. Poor class, poor teacher!

By the time I had obtained my first amateur license, through the solicitous outreach of Christian next-door neighbors, I was introduced to a downtown Washington, D.C. church (Forth Presbyterian Church) where, through the nurture of the pastor (Rev. James S. Miers) and the love and witness of members of that Bible class and church, I had the joy of entering the Christian life, being baptized on Easter, 1939, at the age of fifteen. From then on, these two primary interests in my life, science and the newly-experienced Christian faith, formed the basis and driving force of my life.

But, as might be readily imagined, these two areas of activity—science and Christian faith—sometimes presented some internal puzzles and even conflicts to the mind of a young person immature in both areas. Here was science, which some of its most enthusiastic spokesmen projected as having an expansive (even near-ultimate character, apparently providing clear and lucid, answers to most, if not all, the questions of the natural world;

on the other hand, there was the newly-found Christian faith having a truly all-encompassing character and underlying all forms of ultimate truth. In this situation, how was one to affirm and enjoy the positive aspects of science without going to the extremes of *scientism* or (as I later learned to call it) "*rational positivism,*" modes of thought and belief clearly incompatible with the ultimate truths of the Christian life? On the other hand, how was one to affirm and experience the glorious transcendence and universality of the Christian life and at the same time avoid *dogmatism* in spiritual matters (paralleling that of the dogmatism of scientism and positivism), particularly dogmatism toward the obviously good elements of science? For me, in dealing with the balancing of the good and truncated elements in both science and Christianity, clearly the Bible had a pivotal role, and the weighing of "spiritual insight: the eyes of faith" *vs* "literalism" became an urgent question, one that continued for a number of years.

My college years at Carnegie Institute of Technology were intense and compressed, since Pearl Harbor and the resultant war-mobilization began midway through my freshman year. Along with my specialized training, there was a general growth in my awareness of and interest in societal factors and problems, particularly those relating to science and society. An important factor in this was the "Social Relations" course pioneered at Carnegie. After studying one year of basic social science topics in that "Social Relations" course, there was the option of writing, in the senior year, an independent-study thesis, on some topic, relating science/engineering to society. So it was that a fellow physics major who was a Christian, Don H. Gross, and I chose to write jointly a thesis on "Science and Christian Belief." To do this, we must have read altogether some twenty books relating to these areas, carrying on continuous, sometimes seemingly interminable, discussions among ourselves and with others. Under the pressure, uncertainty, sometimes-gloom-sometimes-excitement of those war years, we thought only a limited amount about "what to do after the war is over." Ironically enough, though Don and I went our separate ways just after graduation in June 1944, later that year we were both together again at the Naval Research Laboratory in Washington D.C. Then, happily, came the end of the war, and I began graduate study in physics at Yale University in New Haven, CT, and Don entered Episcopal Theological

Seminary in Cambridge, MA.

By early 1949, as I approached the end of my Ph.D. thesis research (experimental nuclear physics), naturally the dormant question of "what to do" after finishing graduate school studies became insistent. In those days, there was no excess of Ph.D.-holders, and I knew that there would be several teaching offers for each Ph.D. in physics; on the other hand, in the past I had been open to the idea of teaching abroad at a Christian university or college if such an opportunity presented itself. Probably the most decisive factor in trying to reach a decision in this matter was the example, as well as the obvious talent, excitement, and stimulating personalities of those rather numerous missionary appointees whom we had met in New Haven while they were at Yale's Institute of Far Eastern Languages studying Burmese, Chinese, Japanese, and Korean languages in preparation for service in those countries. And so, after prayerful consideration of the matter, my wife and I decided that we were being called to apply for service under the Board of Foreign Missions, Presbyterian Church, USA, the specific assignment being that of Assistant Professor of Physics at the University of Nanking, China. Accordingly, in the fall of 1949 we began the intensive study of Chinese. By the spring of 1950, however, the Chinese communist forces had swept into Nanking and were well on their way to overcoming the last of the Nationalist government forces, so that it became all too clear that it would be impossible for the Worths to go to Nanking.

In May, 1950, we were informed that a new international, inter-denominational post-World-War II university, to be called "International Christian University" (ICU) had just been organized, and that it was to open around 1952. Accordingly, in June, 1950, I applied for appointment to this new university. For the time being, until ICU was ready to open, it would be necessary to find a temporary teaching appointment in the U.S.

The temporary appointment that materialized in July, 1950, was at Berea College, Berea KY, and I served there from September, 1950 until July, 1953. Those three years at Berea were very valuable in many ways as preparation for assignment at ICU: not only was the physics department there a small one, but close student-faculty contacts were easily possible. From Berea I went to the College, University of Chicago, in the capacity of an

"Intern in General Education," in the academic year 1953-54.

That "intern-year" at the University of Chicago was a very profitable one, particularly in regard to my obtaining access to, and a great deal of experience with, their general education program in the physical sciences. There was also the valuable opportunity of "sitting-in" on the class of Christianity in Asia jointly taught at the Federation Theological Seminary of the University by Dr. Joseph Kitagawa and Dr. James Nicols. In both respects, the year's experience helped me prepare for teaching science at ICU, where I have been since 1954.

Without here attempting to detail the experiences at ICU upon which my ideas about the teaching of science in a Christian university have developed, nonetheless some generalizations can be made concerning the sort of questions which I have found that Japanese students have about science itself, as well as the relationship between science and the Christian faith. These have come to our attention most explicitly at such times as faculty-student discussions during Christianity Week, Freshman Orientation Camp, and during the Senior Integrating Seminar.

Frequently Raised Questions Concerning "Truth" in the Physical Science

a) *"Truth" in the Physical Sciences*: One area of frequent misunderstanding has to do with the question of the "possibility" or "impossibility" of deviations from the established "truths" in the physical sciences. Often the non-scientist and the beginner in science (and sometimes even the professional, who ought to know better) fail to understand the *tentative* nature of the processes used in establishing "truth" in the experimental sciences, as well as the deliberately limited nature of the resultant "truths." Central to these characteristics of truth in science is the process of forming hypothetical "conceptual images" or "models" in which are to be tested, then modified or abandoned, by comparing the "model" under consideration with the results of systematic experimentation to test the degree of "correspondence" between concept and experience. For, though this truth-seeking process of the experimental sciences represents a reliable but *"small-step approximation"* to the "proximate truth" of the situation, it is a continuous and unending process in which new discoveries are able to, even liable to, require revision–sometimes drastic revision–or even abandonment of the current "model." This does not mean that the established truths of experimental science are *merely subjective* in any fundamental sense of the term. However, it *does* mean that the truths of science–both the *truth* of *"empirical law,"* as well as the more remote, more abstract truth involved in the concepts and models of science *are liable to change* on the basis of further experience and experimentation.

Therefore, in connection with the changing truths of science, we cannot expect that the nature of the "truth" found through the experimental sciences has the same character as "revealed truth" in religion in general, and Christianity in particular. The ancient recognition of this fundamental distinction between "efficient cause" (immediate "model-associative cause," which we might call it today) and "ultimate cause" (which is the focus of the Bible in the person and action of God) remains a fundamental insight into the difference between an "explanation" in the physical sciences and an "explanation" in Christian terms. All the sad antagonism and misunderstanding in the eighteenth and nineteenth centuries between *people* taking up the cause of science and Christian theology, in perspective, seems totally unnecessary and fruitless. The "cause" being referred to in physical science is in essence a "correlation between parts of a MODEL," an "immediate 'cause'" description, a "HOW" description, rather than a statement of "ultimate cause" in the sense that philosophy takes up, or in the sense that Christian theology affirms, if not a complete "WHY" description, at least the *domain of the ultimate*. A mathematician might describe the different dimensions of "explanation" in science and explanation in Christian theology by saying that the "spaces of the two fields are of different dimensions," and a physicist might say that "there is essential orthogonality between science and theology." The essential point is that the models of physical science cannot be used *either* to "prove" or to "disprove" religious truths. Happily, modern physical scientists generally recognize this.

b) *Can the experimental Sciences Deal with the Singular?* In seeking to grasp how, to what extent, and in what sense the experimental sciences do or can deal with the *singular event or phenomenon*, it is important to understand the basic differences between the procedures, criteria for acceptance (as "valid"), and treatment of the singular in the experimental sciences, on the one hand, and the field of religious experience on the other. In the physical sciences, it is assumed from the beginning that the phenomena being studied and measured are *capable of being repeated and duplicated* (in *essentially identical form*) –i.e., that a given phenomenon, once established as "real" can re-occur, without numerical limit, whenever the requisite physical conditions are provided or duplicated. This means that the *precision of knowledge* about a certain phenomenon depends on the statistics of those repetitively obtained values.

Now, a *single* observation or measurement of a physical event has an intrinsic INDEFINITENESS as to whether that event "really exists"; but as the *number* of such observations or measurements increases, the precision of knowledge of this phenomenon or quantity correspondingly increases: PROVIDED that there is *consistency in the observations* and/or *convergence in measured* value of the quantities involved. For example, in a "normal distribution" of measured *values*, a set of 1000 measurements (of a given quantity) will have ten times the precision (1/10th the statistical UNcertainty) of 10 measurements of that same quantity. Within this so-called "normal distribution," there is assumed to be, due to uncontrollable errors in the measuring process of any one measured value, an inevitable statistical (Gaussian "bell-curve") variation of individual values over a certain "statistically-acceptable" range of (consistent) values. In repetitive measurements of the same natural phenomena over more and more trials, then, more and more measured values are found to be grouped closer and closer to the "most probable value" (or "mean value"); and this helps us understand why 1000 measurements give ten times the precision of 10 measurements.

If, then, a *single* ("deviant") measurement is found to be far different than the rest of the values–this is technically called a "huge error"–then this "deviant" value is rejected as being "anomalous" or "invalid," and is therefore *omitted* (discarded) from the set of measurements. A *single observation* (such as a single picture of the path left in a photographic emulsion by a previously unknown high-energy particle in cosmic-ray physics) serves more as a stimulus and encouragement to the experimenters to redouble their effort so as to obtain *at least several more* such observations, then as *proof* of the existence of the new particle. If *no more than one picture* can be obtained by various experimenters, the apparent phenomenon *must* be considered as "not-yet established": and, if *only one* observer–or only a limited group of observers–"finds" (experiences) that phenomenon, then it must be deemed as "not *scientifically* established." Of course, this is *not* the same thing as saying that the phenomenon "*does not occur*": its existence simply cannot be demonstrated within the realm and by the methods of science.

The above should indicate that physical science is, by its very nature, ill-prepared or *unable* to deal with the *singular* event, *even within* the field of "purely physical" phenomena and certainly for those events that modern or ancient peoples would term "miracles" (in the *religious* sense of the term). So, all that is known by modern science about the physical processes of birth and death is inadequate (also inappropriate) for making a scientific argument for, or against, the major miracles connected with Jesus Christ–his virgin birth and his resurrection. Of course, as all Christians know, these major miracles–as well as other subsidiary miraculous elements in the life, ministry, atoning death, and resurrection of Jesus the Christ–are to be understood and confessed for their meaning in the spiritual domain, rather than the domain of science.

c) Limits of Certainty in the Physical Sciences: Another essential point to be kept in mind when considering the process of measurement in the physical sciences–thus the very basis of "knowledge" in these experimental sciences–concerns what might be called (by likening the experimenter to a fisherman fishing in the "sea of the unknown") the "size, shape, and fitness of the experimenter's net." That is the more precise the experimenter's focus (and that of the associated equipment) becomes, the *smaller the range* ('compass') of the phenomena sampled and measured. (This is something like the *reduction in the filed of view* of a powerful telescope–which is why a *low*-power telescope is mounted along with, parallel to, a high-power telescope so that the latter will not miss the desired portion of the sky.) But not only is there the matter of reduction in the range of phenomena sampled as the "sensitivity" or precision of measurement (*magnification*, in the case of the telescope) is increased: *certain types of phenomena* which might have been observed in a more general (less precise) measurement are excluded, (i.e., *are not measurable*) by the *very specificity* of that precise apparatus*. Moreover, equipment designed to precisely measure certain properties of the nuclei of atoms *cannot* yield information about the properties of the outer parts of the atoms, and *vice versa*. This might be said to be the equivalent, in the field of measurement, of "more and more about less and less." Obviously, this problem of "increased precision" *vs* "loss of the general picture" must be kept in mind, not only by the research scientist, but also by anyone dealing with the range of validity of the "findings of science."

---

*In physics, this "mutually-excluded-quantity"–type uncertainty is recognized, and the limit of precision in the measurement of such excluded quantities is specified, in terms of the so-called (Heisenberg) "Uncertainty Principle."

第Ⅲ部　略年譜・主要業績目録

ドナルド・C・ワース（Donald C. Worth）教授略年譜

1923年10月20日	ニューヨーク（New York）州ブルックリン（Brooklyn）にて出生。生後、すぐにワシントン D.C. に引っ越す。父スタンレー・ワース（Stanley Worth）、母ローラ・カルホーン・ワース（Laura Calhoun Worth）。
1927年〜	D.C. のチェビー・チェース（Chevy Chase）で育つ。
1928年3月	弟ラルフ・スタンレー・ワース（Ralph Stanley Worth）誕生。
1929年	ブラウン小学校（E.V. Brown Elementary School）に入学。
1929年〜38年	チェビー・チェース長老派教会（Chevy Chase Presbyterian Church）に通う。
1931年10月	妹ジャネット・グッドウィン・ワース（Janet Goodwin Worth）誕生。
1935年	アリス・デール中学校（Alice Deal Junior High School）に入学。
1938年	ウッドロウ・ウィルソン高校（Woodrow Wilson High School）に入学。
1938年〜	カールソン（Carlson）夫妻の勧めで、第四長老派教会（Fourth Presbyterian Church）に通う。
1939年	アマチュア無線の免許を取得、ハーバード・ブック・アワード（Harvard Book Award）を受賞。
1940年	徴兵制度開始。
1940年	第四長老派教会のジェームズ・H・ミアーズ（James H. Miers）牧師から洗礼を受ける。
1941年5月	ウェスチングハウス・コーポラティブ奨学金（Westinghouse Cooperative Scholarship）を獲得。
1941年7月	イースト・ピッツバーグ（East Pittsburgh）にあるウェスチングハウスの工場で働く。
1941年9月	カーネギー工科大学（Carnegie Institute of Technology）へ入学。
1941年10月	兵役登録を行う。
1941年12月7日	日本軍による真珠湾攻撃。
1942年夏	ボルチモア（Baltimore）にあるウェスチングハウスの工場で働く。
1944年	海軍に志願するが却下される。
1944年6月	戦争のためカーネギー工科大学を早期卒業。
1944年夏	将来の妻アーディス・バクスター（Ardyce Baxter）に出会う。
1944年8月〜1946年8月	海軍研究所（Naval Research Laboratory）に勤務。
1944年8月31日	研究所に勤務したまま入隊。

1945年8月	太平洋戦争終結。
1945年12月	アーディス・バクスターと婚約。
1946年1月	コロンビア (Columbia) 大学で開かれたアメリカ物理学会 (American Physical Society: APS) の大会に参加。ロバート・オッペンハイマー (Robert Oppenheimer) に会う。
1946年春	イェール (Yale) 大学大学院物理学科に合格する。
1946年8月11日	アーディス・バクスターと結婚。
1946年8月	ニュー・ヘイブン (New Haven) に到着、ベネディクト記念長老派教会 (Benedict Memorial Presbyterian Church) へ通う。
1948年8月	長男ドナルド (Donald Baxter Worth (Donnie)) 誕生。
1948年末	長老派平信徒宣教師として南京大学に赴任することを決心する。
1949年1月	コロンビア大学で開かれたAPSの大会に参加。
1949年5月	イェール大学物理学博士号修得。
1949年夏	ハートフォード (Hartford) で開かれた赴任宣教師会議 (Outgoing Missionary Conference) に参加。
	ニューヨークで開かれた長老派宣教師 (Presbyterian Missionary) のためのオリエンテーションに参加。
	マコーミック神学校 (McCormick Theological Seminary) の平信徒宣教師研修コース (Lay Missionary Training Course) に参加。
1949年9月〜1950年6月	
	イェール大学で中国語を学ぶ。赴任先がICUへ変更となる。
1950年6月11日	長女キャロル・マリー・ワース (Carol Marie Worth) 誕生。
1950年9月〜1953年6月	
	ケンタッキー (Kentucky) 州にあるベリア・カレッジ (Berea College) に勤務。
1952年4月	ICU語学研修所開設。
1953年4月	ICU開学。
1953年夏〜1954年春	
	シカゴ大学 (University of Chicago) で一般教育研修受講。
1953年9月14日	次女アン・エリザベス・ワース (Ann Elizabeth Worth) 誕生。
1954年夏	ICUに赴任。
1955年4月	ICU三学期制開始。
1955年11月28日	次男ディビッド・スタンレー・ワース (Stanley Worth) 誕生。
1957年3月	ICU第一回卒業式

1957年4月	大学院教育学研究科開設。
1958年7月〜1959年7月	
	バージニア大学（University of Virginia）で研究休暇（National Science Foundation Science Faculty Fellowship）。
	ウェストミンスター長老派教会（Westminster Presbyterian Church）に通う。
1958年9月〜1959年2月	
	ドニーとキャロルが通っていたベナブル（Venable）小学校が人種統合をめぐって閉鎖される。
1959年4月	大学院行政学研究科設置。
1959年9月〜1981年3月	
	教員住宅342号に居住。
1959年9月〜	東京大学原子核研究所で共同研究に参加。
1961年10月	鵜飼信成学長就任。
1963年4月	大学院行政学研究科設置。
1963年5月〜6月	授業料値上げ反対運動
1963年7月〜1964年6月	
	ウィスコンシン（Wisconsin）大学マディソン（Madison）校で客員教授J・ギブソン・ワイナンズ（J. Gibson Winans）教授宅に居住。
	1963年 アメリカン・スクール（ASIJ）が調布に移転。
1963年11月	ジョン・F・ケネディ（John F. Kennedy）大統領暗殺。
1965年5月〜6月	食堂値上げ反対運動
1965年10月〜12月	
	生協設立運動
1965年12月	本館占拠。
1966年1月	理学館起工式
1966年3月	東海大学（台湾）で集中講義。
	ドニーがIBM奨学金（Presidential Merit Scholarship）を得て、アマースト・カレッジ（Amherst College）に合格。
1966年12月	理学館完成。
1967年1月〜1967年4月	
	能研闘争
1967年3月	卒業式中止。キャロルがレイク・フォレスト・カレッジ（Lake Forest College）に合格。

1967年6月	久武雅夫学長事務取扱に就任。
1967年6月	4月生を含む卒業式。
1968年5月	久武雅夫学長就任。
1968年夏	アリゾナ州立大学（Arizona State University）で開かれたアメリカ物理教育学会（American Association of Physics Teachers（AAPT））の大会に出席。
1968年8月	シカゴで開かれた長老派宣教師会議に出席。
1968年9月～1969年8月	ニューヨーク州立大学ストーニー・ブルック校（State University of New York at Stony Brook）で客員教授。 ドニーがカリフォルニア大学バークレー校（University of California at Berkeley）へ転学。
1969年2月	全共闘結成。
1969年3月	秋田稔学長事務取扱就任。
1969年4月	春学期中止　自然科学科を理学科に改称。
1969年7月	アポロ11号月面着陸。
1969年10月	三宅彰学長代理後に学長事務取扱就任、ワース教養学部長事務取扱就任。 D館の封鎖を解除、キャンパスを囲む塀を構築、授業再開。
1970年4月～1974年3月	ワース教養学部長
1970年	大阪万博
1971年3月	1968年以来の卒業式
1971年3月	宇治で開かれた教団宣教師会議に出席。
1971年9月	篠遠喜人学長就任。
1972年2月	母ローラ・カルホーン・ワース（Laura Calhoun Worth）死去。 アンがセント・ジョンズ・カレッジ（St. Johns College）に合格。
1973年7月	アーディスの父アーチ・バクスター（Arch Baxter）死去。
1973年9月	アーディスの母イレーン・バクスター（Irene Baxter）死去。
1974年4月	国際交流室開設・室長就任。
1974年6月	金栄作教授救出のためソウルへ出向く。
1974年6月～1975年3月	アメリカン大学（American University）で研究休暇。
1974年6月	アパラチアン州立大学（Appalachian State University）で開かれたアメ

	リカ物理教育学会 (AAPT) の大会に出席。
1974年9月	キャロルがダニエル・バッカ (Daniel Baca) と結婚。
1974年11月	父スタンレー・ワースがフロリダへ移住。
1975年1月	ヒューストン大学 (University of Houston) 太陽エネルギー学科 (Solar Energy Department) を訪問。
	アリゾナ州立大学大学太陽エネルギー学科 (Arizona State University Solar Energy Department) を訪問。
	アナハイム (Anaheim) で開かれたアメリカ物理学会 (APS)・アメリカ物理教育学会 (AAPT) 合同大会に出席。
1975年3月	ウィスコンシン大学太陽エネルギー研究所 (Solar Energy Research Institute) を訪問。
	プリンストン (Princeton) 大学、イェール大学、ハーバード大学を訪問。
1975年4月	視覚障害者入試委員会の設置。
1975年夏	夏季日本語講座開設・ディレクター就任。
1975年9月	中川秀恭学長就任。
1975年9月〜10月	中川学長とともにアジアの交換留学先開拓。
1976年4月〜1980年3月	
	ワース教養学部長
1977年5月	父スタンレー・ワース死去。
1978年4月	ICU 高校開校。
1978年8月	ドニーがドロシー・クルーガー・ヒューブリック (Dorothy Kreuger Haubrich) と結婚。
1979年5月	都留春夫教授とアメリカの交換留学協定校訪問。
1981年8月	イギリス訪問。
1981年10月〜1982年3月	
	ローレンス・バークレー研究所 (Lawrence Berkeley Laboratory (LBL)) で研究休暇。
	バークレー長老派宣教師ホーム (Berkeley Presbyterian Missionary Home (BPMH)) に居住。
1982年3月	ICU に戻り共同住宅 E-101 に入居。
1983年3月	中国旅行
1984年6月	メリーランド大学 (University of Maryland) で開かれたアメリカ物理教育学会 (AAPT) の大会に出席。

1984年秋	*Japan Christian Quarterly* の1985年夏号を編集。
1985年2月	大磯で開かれた教団宣教師会議に出席。
1985年3月	関西旅行
1986年6月〜1987年3月	BPMHに滞在しLBLで研究休暇。
1987年8月	ディビッドがエリザベス・ウィリアムズ（Elizabeth Williams）と結婚。
1988年3月	京都・九州へ旅行。
1988年11月15日	勲四等旭日小綬章受賞。
1988年12月	燭火礼拝で講話 "Light, Harmony, and Love—the Essence of Christmas"。
1989年1月	昭和天皇崩御。
1989年2月	電気通信大学で講演 "Science as an International Activity"、チャペル・トーク、東京大学原子核研究所の送別会。
1989年3月	送別会（東京ガーデンパレス）
1993年10月	ICU教会創立40周年記念礼拝で説教。
2003年	ICU創立50周年記念式典に来日。
2007年7月28日	カリフォルニア（California）州アルバニー（Albany）にて逝去。
2007年11月5日	ICU教会にて追悼記念礼拝。

ワース先生業績

A．執筆オリジナル論文

（出典は、1988年、ワース先生が叙勲を受けられた時点で、ICU の大学事務局によってまとめられた資料に依る。）

a. "Coincidence Measurement of Neutron Energies", *Physical Review* Vol.75, March 1, 1949, p.903 (L): D.C. Worth

b. "Recoil-Coincidence Absorption Measurement of Neutron Spectra from the Reactions 40A (d,n) and 15N (d,n)", *Physical Review,* Vol.78, May 15, 1950, pp.378-382: D.C. Worth

c. "Experimental Calibration of Scintillation Pulse Heights of Thin CsI Crystals", *Review of Scientific Instruments* 31, p.169: D.C. Worth and G.R. Haste

d. "Polarization in Proton-Carbon Elastic Scattering", Proceedings of Padova Conference on Direct Interactions & Nuclear Reaction Mechanisms, July 1962, pp.657-59: J.Sanada, K.Nishimura, I.Hayashi, N. Ryu, H.Hasai, D.C. Worth, H.Imada, K. Fukunaga, B.N. Sung and H. Hiratate

e. "A measurement of the Spin-Correlation Coefficient $C_{Kρ}$ in P-P Scattering at 52 MeV", *Progress of Theoretical Physics* 29, No.4, pp.616-17: K. Nishimura, J. Sanada, S. Kobayashi, K. Fukunaga, N. Ryu, H. Hasai, D.C. Worth, H. Imada, Y. Hiratate and T. Hasegawa

f. "Measurement of Spin Correlation Coefficients in P-P Scattering at 52 MeV", *Progress of Theoretical Physics,* Vol.30, No.5, Nov.1963, pp.719-20: K. Nisimura, J. Sanada, P. Catillon, K. Fukunaga, T. Hasegawa, H. Hasai, N. Ryu, D.C. Worth and H. Imada

g. "Proton-Proton Bremsstrahlung At 52.34 MeV", International Conference on Nuclear Structure, Tokyo, Sept.1967, Contributed Paper No.3.12: J. Sanada, M. Yamanouchi, Y. Nojiri, K. Kondo, S. Kobayashi, K. Nagamine, N. Ryu, H. Hasai, M. Nishi, M. Seki and D.C. Worth

h. "Differential Cross-Sections in Proton-Proton Scattering at 52.34 MeV", Proceedings of International Conference on Nuclear Structure, Tokyo, Sept.1967, p.615: J.Sanada, K. Kuriyama, Y. Takeuchi, Y. Nojiri, N. Ryu, H. Hasai, M. Ikeda, S. Kobayashi, K. Nagamine, D.C. Worth and T. Yamaya

i. "Isospin Forbidden Resonances in the Reaction ^{93}Nb (P, α) ^{90}Zr", *Physical Review Letters* 25, No.7, 17 Aug.1970, pp.453-6: N. Cue, L.M. Polsky and D.C. Worth

j. "Polarization of Neutrons from the D-T Reaction and in N-P Scattering", *Nuclear Physics* A180, 1972, pp.657-667: N. Ryu, J. Sanada, H. Hasai, D.C. Worth, M. Nishi, T. Hasegawa, H. Ueno, M. Seki, K. Iwatani, Y. Nojiri and K. Kondo

k. "Modern Physics Laboratoty Course Involving Construction Techniques", *American Journal of Physics* Vo.21, 239, March, 1953: D.C. Worth

l. "X-Ray Radiation In the Dental Office", *Journal of the American Dental Association,* Dec.1956: D.C. Worth and R.I. Todd, D.D.S.—a report summarizing the findings of a radiological survey of X-ray radiation fields in some twenty dental offices in central Kentucky, USA, conducted in the summer of 1953

m. 「一般教育と物理学」『日本物理教育学会誌』第四巻第二号、1957年2月
"General Education and Physics", *Nihon Butsuri Kyoiku Gakkai Shi* 4, No.2, 1956: D.C. Worth

n. 「国際基督教大学における物理教育と自然科学のカリキュラム」『日本物理教育学会誌』第五巻第三号、1958年3月
"Physics Teaching and the Natural Science Curriculum at International Christian University", Invited Lecture at Annual Meeting of Japan Physics Education Society, Univ.of Tokyo (Komaba), Oct.17, 1957—published in *Nihon Butsuri Kyoiku Gakkai Shi* 5, No.3—D.C.Worth

o. "Training of Physics Teachers in Japanese Universities", International Conference on Physics Education (Paris), July 28-Aug.4, 1960: A.Harasima, Y. Ikemoto and D.C. Worth

p. "Undergraduate Physics Education in Japan", International Conference on Physics Education (Paris), July 28-Aug.4, 1960: T. Kinbara, A. Harasima and D.C. Worth

q. "The Establishment of Mechanics", Booklet for NS II (gen.ed.), ca. 1964.

r. "Development of the Energy Concept—Landmark Papers", Publication No.9, ICU General Education Series, March, 1981 [31 pp.]: D.C. Worth, ed.

s. "Development of the Energy Concept—Notes", Publication No.18, ICU, General Education Series, May 1984 [80 pp.]: D.C. Worth

t. "Science and Christian Faith"—guest editor of a twenty-page section of *The Japan Christian Quarterly* (Summer, 1985) featuring articles solicited from five Christian physicists in Japan;

その他論文多数

B．叙勲　1988年11月3日　勲四等旭日小授章

C．ワース先生指導による学部学生卒業論文、大学院生修士論文タイトル一覧
（資料提供　ICU 大学事務局）
a. ICU 自然科学科または理学科卒業研究論文
  1．一負饋還附増幅器の特性について　1957.3
     Study of an Amplification with Negative Feedback
  2．結合エネルギー、分離エネルギーと原子核構造　1957.3
     Binding Energy, Separation Energy and Nuclear Structure
  3．ある囲いの中の音の有様：国際基督教大学放送室音響調査報告　1957.3
     Acoustic Condition in an Enclosure: ICU Broadcasting Room
  4．油拡散ポンプの設計と製作　1957.3
     Design and Construction of an Oil Diffusion Pump
  5．トランジスターの雑音測定　1958.3
     Measurement of Transistor Noise
  6．粉末水化物に於ける核磁気共鳴吸収　1958.3
     Nuclear Magnetic Resonance Absorption in Powdered Hydrates
  7．ゲルマニウムに於けるホール効果の測定　1958.3
     Measurement of the Hall Effect in Germanium
  8．X線回折装置の設計組立並びに結晶構造解析の理論　1958.3
     Design and Construction of an X-ray Diffraction Unit and X-ray Diffraction—Theory for the Analysis of Crystal Structure—
  9．ヨウド蒸気の振動吸収スペクトルの観察　1958.3
     Observation of the Vibrational Absorption Spectrum of Iodine Vapor
 10．X線粉末法による結晶解析　1961.3
     A Study on X-Ray Analysis of Crystals
 11．液体シンチレーターに関する二三の考察　1961.3
     Some Aspects of Liquid Scintillators
 12．トランジスタの放射線測定に於ける応用：実例—コインシダンス測定回路　1961.7
     Some Applications of Transistors to Nuclear Counting: With Special Reference to Coincidence Circuits
 13．シンチレーション・カウンター用直線型パルス増幅器　1962.3
     Linear Pulse Amplifier for Scintillation Counter
 14．ガンマ線後方散乱のエネルギーの角度分布の測定　1962.3
     Angular Energy Distribution Measurement of Backscattered Gamma Rays

15. トランジスター定数測定及びその回路設計への応用　1962.7
    Measurement of Transistor Parameters and Their Application to Circuit Design
16. フッ化リチウムの熱発光測定装置と線量計としての可能性　1963.3
    Apparatus for Measurement of the Thermoluminescence of LiF and the Feasibility of its Use in Dosimetry
17. p型ゲルマニウムに於けるホール効果の測定　1963.3
    Measurement of the Hall Coefficient of P-Type Germanium
18. 孟宗竹の弾性　1966.3
    Elasticity of Phyllostachy―a Pubescens Mazel―
19. 積分回路の設計　1966.3
    Actual Design of Integrating Circuit
20. 電子計算機　1968.3
    Introduction to Electronic Computer
21. 質量分析機の製作　1968.3
    The Construction of Mass Spectrometer
22. デジタル型電子計算機の論理回路におけるパルス回路について　1968.3
    Pulsing Circuits with Special Reference to the Digital Computer Logic
23. 硫化亜鉛粉におけるエレクトロルミネッセンスの研究　1968.3
    Studies on Electroluminescence of Zinc Sulphide Powder
24. 反導体の整流作用　1968.6
    Rectifying Action of Semi-Conductors
25. コンプトン散乱　1970.6
    Compton Scattering
26. ディジタル計算機回路　1972.3
    Digital Computer Circuits
27. 低温用太陽熱集熱器　1977.3
    The Performance of Low Temperature Solar Collector
28. シンチレーションカウンターによるガンマ線の測定と同時係数法　1979.3
    Scintillation Counting of Gamma-Ray and Use of the Sum Amplifier for Coincidence Studies
29. 集光器による太陽エネルギー利用　1979.3
    Application of Solar Energy by the Use of Concentration-type Collector
30. デジタル回路とそのデザイン　1980.3
    Digital Circuits and Design

31. 放物面型集中式集光器による太陽エネルギー集光器の研究　1980.3
    Study of a Parabolic-Type Concentrating Collector of Solar Energy
32. 太陽熱集光器：ウィストン型　1980.6
    A Study on a Solar Collector: Winston-Type Collector
33. 非焦点型集光器による太陽エネルギー集光システムの研究　1981.3
    A Study of Non-imaging Solar Concentrators Using One- and Two- Faced Symmetric Side-Wall Booster Mirrors
34. 太陽集熱系におけるリニア・フレネルレンズの応用　1981.3
    Application of the Linear Fresnel Lens in Solar Collector System
35. 太陽電池の複合放物面集光器（ウイストン型）への応用　1983.3
    Application of Solar Cells to a Compound-Parabolic (Winston-Type) Collector
36. 波長依存差による二重構造セル・コレクターの研究　1983.3
    Study of a Hybrid Solar Thermal-Electrical Collector Using a $CuCl_2$ Infra-Red Cell and Solar Cells
37. 黒色液体を用いたソーラ・コレクターの研究　1983.3
    Study of the Totally-Absorbing "Black Liquid" Type Solar Collector
38. 太陽電池を用いたフレネル・レンズ・タイプ太陽集行器の特性研究　1984.3
    Study of the Characteristics of a Fresnel Lens-Type Solar Collector Employing Photovoltaic Cells
39. ニュートンとゲーテの光と色の研究における科学的認識　1984.3
    Manner of Scientific Cognition—The Study of Newton and Goethe on Light and Color—
40. マイクロコンピューターの機能　1984.3
    Functioning of A Microcomputer
41. ラセン型太陽集熱器の研究　1984.3
    Studies on the Spiral Type Solar Concentrator
42. 新しい熱交換器を用いたブラックリキッドタイプソーラーコレクターの研究　1984.3
    Study of "Black Liquid" Type Solar Collector with the New Heat Exchange
43. TiO2, SrTiO3 n型半導体電極を用いた水の光化学効果による分解　1985.3
    Photoelectrolysis of Water with n-TiO_2 and n-$SrTiO_3$ Semiconductor Electrodes
44. フアクシミリの原理と機能　1985.3
    The Principle and Function of Facsimile
45. 太陽エネルギーによるポンプ（水）　1985.3
    Solar Energy Activated Water Pumps

46. 物理実験の電子工学的応用　1985.3
    Application of Analog-to-Digital Conversion to Data Acquisition and Analysis
47. 円錐輪切り型太陽集光器　1985.3
    Studies on the Conical Sector Collector
48. 樋型放物面鏡による小型一次元集光システム：その設計と応用　1986.3
    A Compact Zone-Parabolic Linear Solar Collector: Its Design and Performance
49. n型 GaP 半導体電極を用いた光化学効果による水の分解　1986.3
    Photoelectrolysis of Water with n-GaP Semiconductor Electrode
50. マイクロコンピューターの機能　1986.3
    Microcomputer Component Functioning
51. マイクロコンピューターのインターフエースと計測への応用　1986.3
    Microcpomputer Interfacing and Its Application to Measurement
52. わかる行列式　1986.3
    Alternation and Its Fundamental Properties
53. マイクロコンピュータの設計と実験的研究　1988.3
    Design and Experimental Study of a Microcomputer
54. コンピュータの階層的構造の研究　1989.3
    Study of Structured Organization of a Computer
55. 燃料電池の基本原理と将来展望についての考察　1989.3
    Research on the Fundamental Principle and the Future Prospect of Fuel Cell
56. 段差放物面鏡による太陽光集光に関する考察　1989.3
    A Study on Solar Energy Using the Stepped Parabolic Collector
57. 分光光度形による分光反射率の測定　1989.3
    Modification of a Spectrophotometer for Measurement of Wavelength Dependence of Spectral Reflectivity

b. ICU 教育学研究科理科教育専修課程修士研究論文

1. 量子力学とその物理教育への導入　1966J
   全反射の教育資料―物質波の全反射現象に光波を類推として使用する問題
   Explaining Total Reflection by Means of the Matter Wave and Light Analogy for Physics Education
2. X線回折の研究と教育　1966 E
   Studying and Teaching of X-Ray Diffraction
3. 量子論及びその物理教育への導入―原子構造について　1966 E

Quantum Theory and Its Introduction to Physics Education-Structure of the Atom
4. 高等学校における原子核物理に関するデモンストレイションの研究　1966 E
Study of Demonstration Connected with Nuclear Physics in High School Physics Courses

あとがき

編集委員　髙倉かほる

　ワース先生の追悼集を作ってはどうか、という電子メールを吉永さん（理学科物理学専攻）から頂いたのは、ワース先生が亡くなられた2007年の秋頃であった。私一人ではとても言い出さなかったことを、吉永さんが名乗り出て下さった。私は、この追悼集が刊行されることになったことは、吉永さんの決意が一番大きく寄与していると感謝を申し上げたい。ICU 現教員であられ、また ICU 牧師でもいらっしゃる永田竹司先生がこれに同調して下さり、ICU 教会への働きかけを含めて支援して下さったことは、この本の刊行に強いエネルギーを注ぐこととなった。吉永さん、永田先生、髙倉の3人がとりあえずの編集委員となって、何とかそれなりの形にすることができた。追悼集の中身はもちろん、先生の卒論生などワース先生をお慕いする ICU 卒業生の皆様、先生のお人柄を良く知る ICU 関係の先生方による寄稿によって出来上がった。そして、そのことはつまり、ワース先生のお人柄が、このような心暖まる追悼集を作りあげる原動力になったのである。ワース先生はキリストの召命に従って、ご自分の人生をかけて、今後どのようになるかわからない戦後混乱期の日本にいらして下さり、人の道を教えて下さった。人生をかけて ICU の設立に力を尽くし、ICU の学生を愛して下さった。そのことを、この追悼集に原稿を寄せて下さった方々の証言から、読み取る事ができる。ワース先生の魂と、ワース先生が愛した人々の魂と、そして、この追悼集の編集委員の一人として参加させて頂いた私の魂が重なり合う、幸運な瞬間である。ワース先生が残された、ICU への思いが、教育的理念が、現在のそして未来の ICU に根付き、いつまでも尊重されていくことを願い、この追悼集が、そのための記憶のよすがとなれば幸甚である。

　追悼集は、日本語と英語が混ざった形をとり、それぞれに英語訳、日本語訳をつけることはしなかった。著者の方々のそれぞれが、自分の得意とす

る言語で書くということで編集方針は決まった。2007年7月に亡くなられたワース先生の追悼集は、ある程度時間的な間を空けないで刊行される必要があるという考えである。英語訳、日本語訳の作業は莫大な時間と労力を必要とするため止めて、ワース先生への追悼の気持ちを、なるべく早くまとめるということが、この本の使命であると考えた。その後、時間を置いて、どなたかが、この本の翻訳の必要を感じたらそれをして下さるに違いない。必要を感じなかったら、それもまた良い、という考えである。

　聖書の中に、このような言葉がある。「ともし火をともして、それを器で覆い隠したり、寝台の下に置いたりする人はいない。入ってくる人に光がみえるように燭台の上に置く。隠れているもので、あらわにならないものはなく、秘められたもので、人に、知られず公にならないものはない。」(ルカ8章16-17節)

　ワース先生が意識的にも無意識にも、多くの人々に注がれた暖かいお気持ちと行いは、だれともなく語り継がれ、いつかまた、その光の下に顕わにされるということである。天国におられるワース先生に心からの感謝の言葉を捧げたい。

　ICU物理教室の創立当時からワース先生と苦楽を共にされて来た、三宅彰先生が、ご病気のため、2008年11月に天に召された。ワース先生の追悼集に原稿を寄せて下さることを約束しておられ、その原稿の出来上がりを編集委員として、心待ちにしていた矢先の知らせであった。三宅先生とワース先生は、今頃天国で、ICUのよもやま話に花を咲かせておられるのでしょうか？

執筆者一覧　（執筆順）

吉永契一郎	東京農工大学准教授 ICU 31 期　1987 年入学	
宮内　邦雄	元理化学研究所副主任研究員、㈱ウイ・プラン代表取締役、 ICU 2 期　1954 年入学	
高須賀　清	元 NHK プロデューサー、NPO あい・友事務局長、ICU 3 期 1955 年入学	
安間　総介	元 NHK プロデューサー、元東京工科大学教授、 東京工科大学名誉教授、ICU 5 期　1957 年入学	
永野　元彦	福井工業大学宇宙通信工学科教授、東京大学名誉教授、 ICU 5 期　1957 年入学	
佐柳　文男	日本基督教団隠退教師、ICU 8 期　1960 年入学	
古林　宏	元 IBM 流通産業営業部勤務、有限会社 FIT システム取締役社長、 ICU 8 期　1960 年入学	
神戸　宏	有限会社　ルネサンス・コンサルティング、ICU 12 期　1964 年入学	
関口　和寛	国立天文台光赤外線天文学研究部教授、ICU 25 期　1977 年入学	
池田三惠子	GE 横河メディカルシステム㈱技術本部、ICU 28 期　1980 年入学	
古屋　安雄	ICU 名誉教授、ICU 教会名誉牧師	
Randy Thrasher	President, Okinawa Christian Institute, Professor of English, Professor Emeritus ICU	
絹川　正吉	元 ICU 理学科（数学）教授、元 ICU 学長、ICU 名誉教授	
大口　邦雄	元 ICU 理学科（数学）教授、元 ICU 学長、ICU 名誉教授、元恵泉女 学園学園長	
勝見　允行	元 ICU 理学科（生物学）教授、ICU 名誉教授	
北村　正直	北海道大学名誉教授	
鎌島　一夫	元 ICU 理学科（物理学）教授	
石川　光男	元 ICU 理学科教授（物理学）、ICU 名誉教授、 ロイヤル・メルボルン工科大学日本校講師	
田坂　興亜	元 ICU 理学科教授（化学）、元アジア学院校長	
吉野　輝雄	ICU 物質科学デパートメント教授	
廣瀬　正宜	前 ICU 言語科学デパートメント教授、ICU 名誉教授、 名古屋外国語大学外国語学部英米語学科教授	

川上ひめ子	元 ICU 法人事務局部長・大学事務局部長
M. William Steele	Dean of the College and Professor of History, ICU
David W. Rackham	Professor of Psychology, ICU
永田　竹司	ICU 宗務部長，ICU 教会牧師，ICU 宗教学教授
髙倉かほる	元 ICU 理学科 (物理学) 教授
Ardyce B. Worth	Worth 夫人

口絵写真　　写真提供―大学広報部、吉野輝雄教授、勝見允行教授、宮内邦雄氏、関口和寛氏、佐柳文男氏、Mrs. Ardyce Worth―

回想のワース先生編集委員会
　髙倉　かほる
　永田　竹司
　吉永　契一郎

ICU リベラルアーツの心──回想のワース先生──

2009年10月30日　　初　版第1刷発行　　　　　　　　　　〔検印省略〕
　　　　　　　　　　　　　　　　　　　定価はカバーに表示してあります。

編著者Ⓒ回想のワース先生編集委員会／発行者　下田勝司　　印刷・製本／中央精版印刷

東京都文京区向丘1-20-6　　郵便振替00110-6-37828
〒113-0023　TEL(03)3818-5521　FAX(03)3818-5514　　株式会社　東信堂
Published by TOSHINDO PUBLISHING CO., LTD.
1-20-6, Mukougaoka, Bunkyo-ku, Tokyo, 113-0023 Japan
E-mail : tk203444@fsinet.or.jp　http://www.toshindo-pub.com

ISBN978-4-88713-946-6　C1037　　Ⓒ 回想のワース先生編集委員会

東信堂

大学の自己変革とオートノミー—点検から創造へ	寺﨑昌男	二五〇〇円
大学改革 その先を読む	寺﨑昌男	一三〇〇円
大学は歴史の思想で変わる—評価・FD・評価・私学	寺﨑昌男	二八〇〇円
大学教育の可能性—評価・実践	寺﨑昌男	二五〇〇円
大学教育の創造—歴史・システム・カリキュラム・教養教育	寺﨑昌男	二九〇〇円
大学教育の思想—学士課程教育のデザイン	絹川正吉	二八〇〇円
あたらしい教養教育をめざして—大学教育学会25年の歩み:未来への提言	大学教育学会25年史編纂委員会編	二九〇〇円
現代大学教育論—学生・授業・実施組織	山内乾史	二八〇〇円
大学における書く力考える力—認知心理学の知見をもとに	井下千以子	三二〇〇円
ティーチング・ポートフォリオ—授業改善の秘訣	土持ゲーリー法一	二〇〇〇円
ラーニング・ポートフォリオ—学習改善の秘訣	土持ゲーリー法一	二五〇〇円
津軽学—歴史と文化	弘前大学21世紀教育センター・土持ゲーリー法一編著	二〇〇〇円
IT時代の教育プロ養成戦略—日本初のeラーニング専門家養成大学院の挑戦	大森不二雄編	二六〇〇円
資料で読み解く南原繁と戦後教育改革	山口周三	二八〇〇円
大学教育を科学する—学生の教育評価の国際比較	山田礼子編著	三六〇〇円
一年次(導入)教育の日米比較	山田礼子	二八〇〇円
大学の授業	宇佐美寛	二五〇〇円
大学授業の病理—FD批判	宇佐美寛	二五〇〇円
授業研究の病理	宇佐美寛	二五〇〇円
大学授業入門	宇佐美寛	一六〇〇円
作文の論理—〈わかる文章〉の仕組み	宇佐美寛著	一九〇〇円
学生の学びを支援する大学教育	溝上慎一編	二四〇〇円
大学教授職とFD—アメリカと日本	有本章	三二〇〇円

〒113-0023 東京都文京区向丘1-20-6　TEL 03-3818-5521　FAX 03-3818-5514　振替 00110-6-37828
Email tk203444@fsinet.or.jp　URL:http://www.toshindo-pub.com/

※定価:表示価格(本体)+税

東信堂

大学再生への具体像――フンボルト理念の終焉？――現代大学の新次元	潮木守一	二五〇〇円
いくさの響きを聞きながら――横須賀そしてベルリン	潮木守一	二五〇〇円
国立大学・法人化の行方――自立と格差のはざまで	天野郁夫	三六〇〇円
大学の責務 D.ケネディ著	阿部・上比呂子訳	三八〇〇円
私立大学マネジメント――マネジメント・学習支援・連携	立川明・坂本辰朗編 (社)私立大学連盟編	二五〇〇円
大学行政論I	市川太一	二六〇〇円
大学行政論II	坂本和一	四七〇〇円
大学のイノベーション――経営学と企業改革から学んだこと	近森節子編著	二三〇〇円
30年後を展望する中規模大学	伊藤昇編著	二五〇〇円
もうひとつの教養教育――職員による教育プログラムの開発	川本八郎	二三〇〇円
政策立案の「技法」――職員による大学行政政策論集	伊藤昇編著	二五〇〇円
大学の管理運営改革――日本の行方と諸外国の動向	江原武一編著	三六〇〇円
教員養成学の誕生――弘前大学教育学部の挑戦	杉江均一編著	三六〇〇円
改めて「大学制度とは何か」を問う	福島裕敏編著	三三〇〇円
原点に立ち返っての大学改革	遠藤孝夫編著	三三〇〇円
戦後日本産業界の大学教育要求――経済団体の教育言説と現代の教養論	舘昭	一〇〇〇円
現代アメリカのコミュニティ・カレッジ	舘昭著	五四〇〇円
――その実像と変革の軌跡	飯吉弘子著	
アメリカ連邦政府による大学生経済支援政策	宇佐見忠雄	二三八一円
戦後オーストラリアの高等教育改革研究	杉本和弘	五八〇〇円
大学教育とジェンダー――ジェンダーはアメリカの大学をどう変革したか	犬塚典子	三八〇〇円
ホーン川嶋瑶子		三六〇〇円

【講座「21世紀の大学・高等教育を考える」】

大学改革の現在〔第1巻〕	有本章編著	三三〇〇円
大学評価の展開〔第2巻〕	山野井敦徳編著 山本眞一	三三〇〇円
学士課程教育の改革〔第3巻〕	清水一彦編著 絹川正吉	三三〇〇円
大学院の改革〔第4巻〕	江原武一・馬越徹編著 舘昭	三三〇〇円

〒113-0023 東京都文京区向丘1-20-6
TEL 03-3818-5521　FAX03-3818-5514　振替 00110-6-37828
Email tk203444@fsinet.or.jp　URL:http://www.toshindo-pub.com/

※定価：表示価格（本体）＋税

東信堂

グローバルな学びへ——協同と刷新の教育	田中智志編著	二〇〇〇円
教育の共生体へ——ボディエデュケーショナルの思想圏	田中智志編	三五〇〇円
人格形成概念の誕生——近代アメリカの教育概念史	田中智志	三六〇〇円
社会性概念の構築——アメリカ進歩主義教育概念史	田中智志	三八〇〇円
教育の自治・分権と学校法制	結城 忠	四六〇〇円
ミッション・スクールと戦争——立教学院のディレンマ	前田一男編	五八〇〇円
教育の平等と正義	老田慶喜編	三三〇〇円
学校改革抗争の100年——20世紀アメリカ教育史 大桃敏行・中村雅子・後藤武俊訳 K・ハウ著		三三〇〇円
国際社会への日本教育の新次元——今、知らねばならないこと 末藤・宮本・佐藤訳 D・ラヴィッチ著		六四〇〇円
ヨーロッパ近代教育の葛藤	関根秀和編	一二〇〇円
地球社会の求める教育システムへ		
多元的宗教教育の成立過程——アメリカ教育と成瀬仁蔵の「帰一」の教育	太田美幸	三二〇〇円
文化変容のなかの子ども——経験・他者・関係性	高橋 勝	二三〇〇円
教育的思考のトレーニング	相馬伸一	二六〇〇円
NPOの公共性と生涯学習のガバナンス	高橋 満	二八〇〇円
進路形成に対する「在り方生き方指導」の功罪——高校進路指導の社会学	望月由起	三六〇〇円
「夢追い」型進路形成の功罪——高校改革の社会学	荒川葉	二八〇〇円
教育から職業へのトランジション——若者の就労と進路職業選択の教育社会学	山内乾史編著	二六〇〇円
「学校協議会」の教育効果——「開かれた学校づくり」のエスノグラフィー	平田 淳	五六〇〇円
教育と不平等の社会理論——再生産論をこえて	小内 透	三二〇〇円
オフィシャル・ノレッジ批判 野崎・井口・M・W・アップル著 小草・池田監訳		三八〇〇円
新版 昭和教育史——天皇制と教育の史的展開——保守復権の時代における民主主義教育	久保義三	一八〇〇〇円
地上の迷宮と心の楽園〔コメニウス・セレクション〕 J・コメニウス 藤田輝夫訳		三六〇〇円

〒113-0023 東京都文京区向丘1-20-6
TEL 03-3818-5521 FAX 03-3818-5514 振替 00110-6-37828
Email tk203444@fsinet.or.jp URL:http://www.toshindo-pub.com/
※定価：表示価格（本体）＋税

東信堂

比較教育学——越境のレッスン	馬越徹・大塚豊監訳 M・ブレイ編著	三六〇〇円
比較教育学——伝統・挑戦・新しいパラダイムを求めて	馬越徹・大塚豊編著	三八〇〇円
世界の外国人学校	末藤美津子・浅沼茂・新井浅孝典編著福田誠治	三八〇〇円
ヨーロッパの学校における市民的社会性教育の発展——フランス・ドイツ・イギリス	新井浅孝典編著	三八〇〇円
世界のシティズンシップ教育——グローバル時代の国民/市民形成	嶺井明子編著	二八〇〇円
市民性教育の研究——日本とタイの比較	平田利文編著	四二〇〇円
多様社会カナダの「国語」教育（カナダの教育3）	関口礼子編著	三八〇〇円
国際教育開発の再検討——途上国の基礎教育普及に向けて	小川啓一・西村幹子・北村友人編著	二四〇〇円
アメリカの教育支援ネットワーク——ベトナム系ニューカマーと学校・NPO・ボランティア	野津隆志	二四〇〇円
中国教育の文化的基盤	顧明遠著・大塚豊監訳	二九〇〇円
中国大学入試研究——変貌する国家の人材選抜	大塚豊	三六〇〇円
大学財政——世界の経験と中国の選択	呂煒著・成瀬龍夫監訳	三四〇〇円
中国の民営高等教育機関——社会ニーズとの対応	鮑威	四六〇〇円
「改革・開放」下中国教育の動態	阿部洋編著	五四〇〇円
中国の職業教育拡大政策——背景・実現過程・帰結	劉文君	五〇四八円
中国の後期中等教育の拡大と経済発展パターン——江蘇省の場合を中心に	呉琦来	三八二七円
オーストラリア学校経営改革の研究——自律的学校経営とアカウンタビリティ	佐藤博志	三八〇〇円
オーストラリアの言語教育政策	青木麻衣子	三八〇〇円
バングラデシュ農村の初等教育制度受容	日下部達哉	三六〇〇円
中国高等教育の拡大と教育機会の変容——江蘇省と広東省の比較	王傑	三九〇〇円
マレーシア青年期女性の進路形成——多文化主義における「多様性」と「統一性」の揺らぎと共存	鴨川明子	四七〇〇円
「郷土」としての台湾——郷土教育の展開にみるアイデンティティの変容	林初梅	四六〇〇円
戦後台湾教育とナショナル・アイデンティティ	山﨑直也	四〇〇〇円

〒113-0023 東京都文京区向丘1-20-6
TEL 03-3818-5521　FAX 03-3818-5514　振替 00110-6-37828
Email tk203444@fsinet.or.jp　URL:http://www.toshindo-pub.com/

※定価：表示価格（本体）＋税

東信堂

〈未来を拓く人文・社会科学シリーズ〉(全17冊・別巻2)

科学技術ガバナンス	城山英明編	一八〇〇円
ボトムアップな人間関係——心理・教育・福祉・環境・社会の12の現場から	サトウタツヤ編	一六〇〇円
高齢社会を生きる——老いる人/看取るシステム	清水哲郎編	一八〇〇円
家族のデザイン	小長谷有紀編	一八〇〇円
水をめぐるガバナンス——日本、アジア、中東、ヨーロッパの現場から	蔵治光一郎編	一八〇〇円
生活者がつくる市場社会	久米郁夫編	一八〇〇円
グローバル・ガバナンスの最前線——現在と過去のあいだ	遠藤乾編	二三〇〇円
資源を見る眼——現場からの分配論	佐藤仁編	二〇〇〇円
これからの教養教育——「カタ」の効用	葛西康徳・鈴木佳秀編	二〇〇〇円
「対テロ戦争」の時代の平和構築——過去からの視点、未来への展望	黒木英充編	一八〇〇円
企業の錯誤/教育の迷走——人材育成の「失われた一〇年」	青島矢一編	一八〇〇円
日本文化の空間学	木村武史編	二三〇〇円
千年持続学の構築	桑子敏雄編	一八〇〇円
多元的共生を求めて——〈市民の社会〉をつくる	宇田川妙子編	一八〇〇円
芸術の生まれる場	木下直之編	一八〇〇円
芸術は何を超えていくのか？	沼野充義編	二〇〇〇円
文学・芸術は何のためにあるのか？	吉岡暁生・石田英明・遠藤勇治編	二〇〇〇円
紛争現場からの平和構築——国際刑事司法の役割と課題	荒川歩・川喜田敦子・谷川竜一・内藤順子・柴田晃芳編	二八〇〇円
〈境界〉の今を生きる		一八〇〇円

〒113-0023 東京都文京区向丘1-20-6
TEL 03-3818-5521　FAX 03-3818-5514　振替 00110-6-37828
Email tk203444@fsinet.or.jp　URL:http://www.toshindo-pub.com/

※定価：表示価格（本体）＋税